세븐 웨이브

KI신서 10412

세븐 웨이브

1판 1쇄 인쇄 2022년 9월 19일
1판 1쇄 발행 2022년 9월 28일

지은이 홍석철, 김수영, 이건학, 이준환, 임동균, 조동준, 한소원
펴낸이 김영곤
펴낸곳 (주)북이십일 21세기북스

서가명강팀장 강지은 **서가명강팀** 이지예
디자인 표지 허귀남 본문 푸른나무디자인
출판마케팅영업본부장 민안기
마케팅2팀 나은경 정유진 박보미 백다희
출판영업팀 최명열
제작팀 이영민 권경민

출판등록 2000년 5월 6일 제406-2003-061호
주소 (10881) 경기도 파주시 회동길 201(문발동)
대표전화 031-955-2100 **팩스** 031-955-2151 **이메일** book21@book21.co.kr

(주)북이십일 경계를 허무는 콘텐츠 리더

21세기북스 채널에서 도서 정보와 다양한 영상자료, 이벤트를 만나세요!
페이스북 facebook.com/jiinpill21   **포스트** post.naver.com/21c_editors
인스타그램 instagram.com/jiinpill21   **홈페이지** www.book21.com
유튜브 youtube.com/book21pub

서울대 가지 않아도 들을 수 있는 **명강**의! 〈서가명강〉
'서가명강'에서는 〈서가명강〉과 〈인생명강〉을 함께 만날 수 있습니다.
유튜브, 네이버, 팟캐스트에서 '서가명강'을 검색해보세요!

ISBN 978-89-509-4191-8 (03300)

세븐 웨이브

팬데믹 이후, 대한민국 뉴노멀 트렌드를 이끌 7가지 거대한 물결

홍석철 외
서울대학교 사회과학대학 교수 지음

SEVEN WAVES

21세기북스

대전환의 시대,
새로운 질서에 맞는 감각을 익혀라

코로나 팬데믹은 인류의 역사를 크게 바꾼 대사건으로 기록될 것이다. 3년이 채 안 되는 짧은 기간 동안 전 세계적으로 예상을 초월한 막대한 인적·물적 피해를 초래했다. 하지만 우리가 경험한 코로나의 영향은 사망자 수, 확진자 수, 경제적 손실과 같은 정량적으로 측정할 수 있는 피해 수준 이상이었다. 감염병 위기에 대응하는 과정에서 우리의 삶은 크게 달라졌다. 정부의 방역은 개인의 일상을 파고들었고 고강도 사회적 거리 두기가 지속되면서 사람 간의 관계와 만남의 방식이 달라졌다. 대면 기반의 교육 방식이 무너지고 회사에서의 근로 형태도 큰 변화를 겪었다. 또한 국제 교류가 줄고 세계화가 주춤하면서 자국 우선주의 성향이 뚜렷하게 나타나고 있다. 하지만 모든 변화가 부정적이었던 것만은 아니었다. 비대면 기술과 같은 팬데믹 대응 기술을 기반으로 사회·경제 각 분야에서의 혁신이 진행 중이며, 4차 산업혁명 시대의 도래가 더 빨라지고 있다.

오늘은 몇 명이 코로나에 걸렸나를 확인하는 습관이 줄어든 걸 보면, 팬데믹의 긴 터널을 지나고 코로나 발생 이전의 일상으로 빠르게 돌아가고 있음을 실감한다. 하지만 사람들의 삶의 모습을 과거 그대로 되돌리기는 어려워 보인다. 지난 2년 반의 경험은 사회의 틀, 그리고 개인의 인식과 선호를 크게 바꿔놓았기 때문이다. 그리고 현재 진행 중인 팬데믹의 여파와 미래의 또 다른 감염병 위기의 불확실성은 사회 변화의 수용성을 높이고 있다. 뉴노멀이 시작된 것이다.

뉴노멀은 지난 2008년 금융 위기 이후 새롭게 나타난 세계 경제의 특징을 표현하는 용어였다가 요즘에는 새롭고 큰 사회 변화를 의미하는 용어로 자주 사용된다. 저자들은 코로나 팬데믹을 거치면서 바뀌어가는 한국 사회의 변화를 '포스트 코로나 시대의 뉴노멀'로 정의한다. 뉴노멀은 개인, 기업, 시장, 정부, 국가 등 사회를 구성하는 각 주체들에서 동시다발적으로 나타나고 있다. 그 변화의 영역도 정치, 경제, 사회, 문화, 환경, 의료, 인구 등 전방위적이다. 따라서 사회의 특정 단면만으로 포스트 코로나 시대의 뉴노멀을 이해하기는 어렵다. 그런 취지에서 이 책은 사회과학의 가능한 많은 관점에서 코로나 이후 나타난 주요한 사회 현상과 가치 변화의 특징을 담고자 하였다.

책은 사회과학 7개 분야의 학자들이 선정한 7개의 독립적인 주제로 구성되어 있다. 처음 두 개의 장에서는 '사회학' 관점에서 코로나 이후 사회적 가치가 어떻게 변했고 '심리학' 관점에서 사회적 관계가 어떻게 달라졌는지를 진단한다. 코로나 이전의 익숙했던 일상이 무너지고 미래의 불확실성이 커지면서 우리가 따르는 사회적 가치의 좌표들이 어떻게 재정립되고 있는지를 살펴보고, 감염병 위기에 대응하는 과정에서 위협에 대한 지각과 정서적 반응의 변화가 사회적 관계와 커뮤니티를 어떻게 바꿨는지를 다룬다.

이후 세 개의 장에서는 방역 목적으로 확대된 개인 이동의 통제와 정부 감시 강화가 초래한 사회 변화를 심도 있게 짚어본다. '지리학' 관점에서 코로나 시대를 모빌리티 혁신의 현대 사회에서 임모빌리티라는 역설이 나타난 시대로 정의하고, 이동 통제가 우리의 삶과 공간에 어떤 영향을 미칠지를 살펴본다. 또한 '사회복지학' 관점에서 코로나 이후 강화될 디지털 전자 정부의 사회복지 정보 시스템이 갖는 통제적 속성을 논의하고, 사회 구성원들의 공동체성을 회복하기 위한 복지 제도의 필요성을 피력한다. 그리고 '언론정보학' 관점에서 개인정보 수집 과정에서 발생한 문제점을 파악하고 개인정보 보호를 위한 기술적 해법을 살펴보고자 한다.

마지막 두 개의 장에서는 좀 더 거시적인 관점에서 포스트 코로나 시대를 조망한다. 우선 코로나 이후 예상되는 피해 복구와 불평등 확산을 막기 위해 이전보다 정부의 지출과 역할이 더 커질 것으로 전망하면서, 더 큰 정부로의 전환이 갖는 문제와 도전적 과제를 '경제학' 관점에서 살펴본다. 끝으로 쉴새 없이 확대된 지구화가 전염병 대유행의 근본적인 배경임을 지목하고, 코로나 이후 나타나고 있는 지구화의 후퇴가 국제정치와 국제경제에 미치는 영향을 '정치학' 관점에서 조망한다.

　뉴노멀의 정착은 우리 사회의 체질을 바꾸는 과정이다. 큰 기대만큼 적응 과정은 순탄치만은 않을 것이다. 포스트 코로나 시대의 뉴노멀 방향을 제대로 이해하고 그 결과를 예측하는 것은 뉴노멀 적응의 사회적 비용을 최소화하고 뉴노멀의 긍정적 가치를 사회에 뿌리내리는 중요한 출발점이다. 포스트 코로나 시대의 뉴노멀은 언젠가 노멀이 될 것이다. 이 책이 뉴노멀의 희망적인 연착륙을 위한 유익한 가이드가 되길 바란다. 끝으로 책의 기획부터 출간까지 아낌없이 지원해준 재단법인 플라톤 아카데미와 21세기북스에 감사드린다.

2022년 9월

포스트 코로나 시대의 초입에서

사회과학 7개 분야 저자 일동

차례

Sociology
1장 | 가치의 재구성, 대한민국의 미래를 바꾸는 거대한 전환

Psychology
2장 | 관계의 해체, 다시 '우리'가 되는 새로운 방법

Geography ────────

3장 | 정지된 일상, 포스트 코로나 시대를 위한 지리의 법칙

Social Welfare

4장 | 복지국가의 역설, 펜데믹에서 발견한 돌봄과 통제의 양면성

Communication

5장 | 정보 시스템의 진화, 방역과 프라이버시의 균형점을 찾아서

Economics

6장 | 불평등의 가속, '큰' 정부에서 '더 큰' 정부로

Political Science and International Relations

7장 | 탈세계화, 팬데믹이 만든 시대정신의 변화

Sociology

가치의 재구성,
대한민국의 미래를 바꾸는 거대한 전환

임동균
(서울대학교 사회학과)

포스트 코로나 시대는 우리에게 익숙했던 기존의 모든 좌표가 동시에 변화하는 시기이다. 이전에도 기술적으로는 가능했지만 제한적으로만 받아들여졌던 비대면 상호작용이 빠른 속도로 일과 일상에 침투하였고, 취약 계층은 더욱 심한 불확실성으로 던져졌으며, 우리에게 익숙한 세상이 언제든지 무너질 수도 있다는 세계의 취약성에 대한 감각이 생겨났다.

이 글은 이런 낯선 시대의 불확실성에 대응하려면 우리 사회의 공통 가치에 대한 확인과 우리가 따를 가치 좌표들의 재정렬이 필요하다는 인식에서 작성되었다. 여기에서 제시하는 사회적 가치들은 완전히 새로운 아이디어들은 아니다. 하지만 포스트 노멀의 시대가 도래한 지금, 이 오래된 가치와 생각들은 새로운 얼굴과 무게감으로 우리를 기다리고 있다.

─────────── 팬데믹을 통해 발견한 사회적 가치의 힘

제2차 세계대전 이후 전 세계 GDP에 가장 큰 충격을 준 사건은 코로나 팬데믹이다. 영향을 받은 국가의 숫자로 따지면 1870년대 이후 최대의 타격을 끼친 것으로 여겨진다. 코로나 팬데믹은 우리로 하여금 많은 것에 대한 근본적인 성찰의 필요성을 일깨운다. 사람들의 일상과 사회적 삶을 사는 방식, 경제적 문제에 대처하는 방식, 전염병을 다루는 과학기술, 또 다른 팬데믹의 등장이나 기후 변화 등과 같은 전 지구적 위기에 대한 인식 등 많은 영역에서 전례 없던 변화를 겪으며 세계는 새로운 포스트 팬데믹 질서로 진입하고 있다.

이 글에서는 그러한 뉴노멀 세상에서 우리가 추구해야 할 새로운 가치 지향은 무엇일지에 대한 이야기를 해보고자 한다. 여기서 가치의 문제를 다루는 이유는 단순히 듣기 좋은 이야기를 하기 위해서 혹은 무언가 따뜻한 이야기를 하기 위해서가 아니다. 보다 근본적으로 현재와 같은 불확실성의 시대에서 서로 긴밀하게 연결되어 살아가는 사회 구성원들이 공유할 수 있는 공통의 이해와 합의점들을 찾는 것이 실용적으로 요청되고 필요하기 때문이다. 이는 곧 '가치의 가치(the value of values)' 문제이다. 일반적으로 사회적·문화적 가치라고 하면 마치 현실적으로 유용하지 않은 어떤 것, 실용성 개념과 배치되는 것으로서 추상적이고 비물질적이기만 한 무언가에 대한 것으로 들린다. 그러나 실제로 가치는 우리가 사는 물리적 방식, 우리가 취하는 구체적 행위를 바꿀 수 있는 현실적 영향력을 가지고 있다. 그렇기에 가치에 대한 논의는 정신적인 것과 물질적인 것 모두에 대한 청사진을 그린다는 함의를 지니고 있다.

우리 사회가 앞으로 추구해야 할 가치들에 대해 본격적으로 이야기하기 전에, 왜 우리는 포스트 코로나 시대의 가치에 대해 이야기하고 공동의 가치를 찾는 것에 주목해야 하는지 그 이유를 살펴보자.

첫째, 가치는 우리가 무엇을 두려워할 것인가를 정리해준다. 인간의 뇌는 어떤 것에 대해 불안해하고 두려워할지, 공포를 느껴야 할지에 집중하는 기관이다. 그런데 두뇌 작동 과정에서 잘못된 대상을 선정하여 두려움을 가지고, 결과적으로 잘못된 의사결정을 하거나 공격성을 드러내는 경우들이 빈번하게 일어난다. 게다가 공포와 두려움은 사회적으로 전이나 확산이 쉽게 이루어진다. 따라서 경제적 불안정이나 사회적 불안감이 만연한 상황에서는 작은 소음과 같은 사소한 계기로도 공격적 활동이나 극단적 대중 심리가 형성될 수 있다. 그 결과 대중들 사이에서 권위주의적 성향이 강화되거나 극단적 이데올로기가 확산될 수 있고 그러한 경향성들은 모두 실질적 민주주의의 침식으로 이어지게 된다. 그러한 과정에서 공동체가 몇 가지 중요한 사회적 가치에 대해 합의를 가지고 있고 사회적 상식을 지켜줄 수 있는 공동의 신성한 가치를 내재화하고 있다면, 그와 같은 정치적·사회적 위기에 빠지는 것을 막을 수 있다. 포스트 코로나 시대의 고도화된 불확실성 하에서 우리는 이와 같은 '가치의 힘'을 필요로 한다.

둘째, 가치는 딜레마 상황에서 해결 방안을 제시해준다. 사회적으로 갈등이 빚어지거나 정책적으로 의견 대립이 이루어지는 상황은, 많은 경우 어느 한쪽 집단이 절대적으로 옳고 다른 집단이 절대적으로 잘못된 사례라 볼 수 없다. 그보다는 각 집단이 지지하는 이상이 다르거나 정치적으로 다른 정체성을 가진 집단을 이루고 있거나, 아니면 상충되는 이해관계를 가지고 있기 때문에 발생한다. 즉 어느 한쪽을 분명하게 지지하기가 어려운 딜레마 상황이다. 거기에 만약 서로 다른 윤리적 원칙이 상충하는 윤리적 딜레마가 존재한다면 문제를 해결하기가 더욱 어려워진다. 많은 사회적 문제의 경우 정도의 차이는 있지만 이러한 딜레마나 트릴레마(세 가지 목표를 동시에 이루기 어려운 선택) 상황에 가깝다. 새로운 대안과 해결 방안들이 논의되어야 하는 포스트 코로나 시대에는 이와 같은 상황에 봉착하게 될 경우가 많을 수밖에 없다. 이때 사회적으로 다수 구성원이 합의하고 있는 가치의 원칙이 있다고 하면 문제를 해결하는 데 큰 도움을 줄 것이다.

셋째, 사회적 가치는 우리가 집단적으로 무엇에 동의할지, 현실을 어떻게 규정할지를 제시해준다. 인간은 자신이 위치한 환경과 주어진 상황이 어떠한 상태인지 끊임없이 파악하고 이해하고자 하는 동물이다. 현실을 규정하는 방법은 수없이 많으며, 주어진 환경에서 어떤 것에 주목해야 할지, 어떤 것에 초점을 맞추어 반응해야 할지는 그러한 해석과 규정, 상황 파악에 의해 결정된다. 주어진 상황에서 사회적으로 중요시하는 가치와 원칙들이 있다면, 복잡한 현실을 파악하고 해석하고 그에 맞추어 대응하는 데 큰 도움이 된다. 서로 다른 해석과 문화적 이해가 상충하고 충돌하는 것이 아닌, 상호 간에 공유하는 가치와 원칙을 바탕으로 한 현실 해석과 그것에 기반을 둔 사회적 문제 해결은 구심점을 갖춘, 안정된 사회를 만드는 데 도움을 줄 것이다.

넷째, 사회적 가치는 서로 배경과 선호가 다른 많은 사람이 함께 모여 사회를 이룰 때 어떠한 사회적 계약을 맺고 살아갈 것인가에 대한 암묵적 정의를 내려준다. 우리가 왜, 어떻게 모여 살고 있고 공동으로 추구해야 할 방향이 무엇인가에 대해서는 이미 오래전부터 홉스, 로크, 루소 등의 철학자들이 논의한 바 있다. 그들은 각기 서로 다른 인간 본성에 대한 관점, 사회가 아닌 자연 상태는 어떠한 상태인가에 대한 다른 이해, 또 그것을 바탕으로 한 사회의 본질과 바람직한 정치의 양식, 그리고 그러한 상태에서 인간이 어떠한 사회적 삶을 살아갈 것인가에 대한 인식을 바탕으로 서로 매우 다른 내용의 사회적 계약에 대해 논의한 바 있다. 이처럼 사회적 계약에 대한 논의는 우리는 누구인가, 우리는 어떤 사람들인가, 우리는 무엇을 원하는가와 같은 인간 자체에 대한 공동의 이해와 논의를 필요로 한다. 포스트 코로나 시대의 문제들을 극복하고자 하는 과정에서 우리가 합의를 이루고자 하는 가치에 대한 집단적 이해가 부재한다면, 힘들게 구축하고자 하는 사회적 계약은 어떤 예외적인 사건이나 소음에 의해 언제든지 와해될 수 있을 것이다.

포스트 코로나 사회를 논의하면서 가치에 관해 이야기하고자 하는 것은 위의 이유를 바탕으로 한다. 경제적 위기, 사회적 위치, 정치적 위기, 환경 위기, 사회적 재생산의 위기 등 여러 가지 종류의 쉽지 않은 도전 과제들이 복합적이고 중층적으로 주어진 지금, 우리가 무엇을 소중하게 여기고, 무엇을 신성한 것으로 여기며, 어떠한 원칙을 가지고 세상을 이해하고, 서로를 대하고자 할지에 대한 이야기와 합의가 필요한 시점이다.

그러한 공동의 가치를 발견하지 않으면 어떠한 결과가 나타날까? 생존주의가 지배적인 '마음의 레짐(regime, 묵시적이거나 명시적인 원칙)'으로 자리 잡은 현대 사회에서 우리 사회 구성원이 삶을 사는 의미와 초월적 지향점은 자리를 잃어갈 것이다. 정치 영역에서는 구심점 없이 정치적 이해관계에 따른 갈등과 합종연횡의 정략적 게임만 지속될 것이다. 국가적으로는 사람들을 하나의 공동체 구성원들로 연결해주고 신뢰를 북돋을 수 있는 공동 이해의 틀이 존재하지 않게 된다. 그래서 타인에 대한 불신, 사회적 냉소, 외부자들에 대한 배척과 경멸의 정서, 미세먼지와 같이 만져지지는 않지만 자욱하게 사회 전체에 드리워진 우울과 불안이 우리 사회와 개인들의 마음을 계속 지배할 것이다. 이러한 불안정과 어디론가 탈출해야 할 것 같은 집합적 정동(情動, 희로애락과 같이 일시적으로 급격히 일어나는 감정)은 한국인들의 미시적 생활 속에서, 타인들과의 일상적 상호작용에서 끊임없이 작동할 것이다.

필자가 보기에 우리가 사회적으로 같이 합의하고 형성하는 가치들이 결과적으로 낳을 수 있는 궁극적 산물은 바로 사회적 희망이다. 사회적 가치에 관한 이야기들과 토론들이 우리의 희망을 설계할 수 있게 해준다는 것이다. 희망 연구의 선구자인 릭 스나이더(Rick Snyder)는 희망이라는 감정을 다음과 같은 공식으로 표현한 바 있다.

$$희망 = 행위성 \times 가능성$$

(Hope = Agency Thoughts × Pathway Thoughts)

즉 희망은 어떤 구체적 목표를 달성하고자 하는 동기나 에너지와 같은 행위성에 기반하고, 그러한 목표를 달성하기 위한 실용적 방법을 알고 현실적 가능성을 기획하는 것을 바탕으로 하는 것이다(Gallagher and Lopez, 2018). 이러한 의미에서 포스트 코로나 시기의 가치를 모색하는 것은 개개인들이 동기와 에너지를 얻을 수 있는,

행위성의 원천이 되는 가치를 제시해주는 것, 그리고 가치의 실현을 가능하게끔 해주는 방법론적 가능성에 대한 희망까지 제시해주는 것이다.

이 글에서는 어떤 특정 가치와 관련된 소수의 개념어를 직접적으로 강조하거나 제시하지는 않을 것이다. 특정 가치에 대한 강조는 그와 상충하는 가치를 무시하는 결과를 낳을 수 있고, 이는 매우 복잡한 현실에서 문제를 일으킬 가능성이 있다. 사회적 문제들을 해결하는 데는 보다 다차원적이고 복잡한 현실적 상황을 고려할 필요가 있기에, 서로 상충하는 가치들의 동역학을 고려할 필요가 있다. 따라서 이 글은 어떤 특정 가치를 강조하기보다는, 여러 가치가 함축되어 있으면서 개인과 사회의 가치 체세로 작농할 수 있는 몇 가지 사회적 지향점을 그려내는 것을 목표로 한다. 사회적 가치의 더욱 구체적인 내용은 많은 시민이 모여 숙의적 과정을 통해, 평등하고 열린 토론과 대화를 통해, 정제되고 진정성을 표출할 수 있는 커뮤니케이션의 장을 통해 조심스럽게 정성을 기울여 만들어가야 한다. 이 길지 않은 글에서는 그러한 가치의 가능성을 논의하는 데 참고할 만한 우리 사회의 몇 가지 요소, 사회적 가치의 핵심을 이룰 요소들에 초점을 맞추어, 각각에 대해 우리가 어떠한 생각을 하고 어떠한 점들을 고려할 수 있는지를 지나치게 학술적이지 않은 방식으로 논의해보고자 한다.

—— 개인주의 vs 공동체주의, 딜레마에 빠진 한국 사회

코로나 기간 주목을 받았던 문제 중 하나는 바로 개인과 공동체 간의 관계였다. 코로나 확산을 막고, 사회적 거리 두기 정책을 시행하면서 확진자·밀접 접촉자 등을 가려내고 추적해야 하는 공중 보건 문제가 발생하자, 개인정보가 공유되고 개인의 자율성을 제약하는 문제가 발생한 것이다. 이는 어떻게 보면 개인의 자유와 공동체의 공공의 이익 간 대립 구도의 문제였고, 사람마다 이를 이해하고 어디에 가중치를 두는지에 대한 방식이 다른 것으로 나타났다. (단기적 차원에서) 이러한 개인의 욕구와 집단 전체의 웰빙 간의 상충은 국가 간 차이에서 더욱 크게 드러났다. 일부 서구 국가들에서는 감염자가 폭증하는데도 불구하고 사회적 거리 두기에 신경을 쓰지 않는 것은 물론이거니와 마스크를 쓰는 것조차 사회적으로 낙인이 찍히는 행위가 될 만큼 철저하게 개인의 자유를 절대 기준으로 삼는 등 우리 사회의 분위기와는 극심하게 대조적인 풍경이 펼쳐졌다.

개인의 욕구를 지탱하는 개인주의, 그리고 공동체가 집단 수준에서 집합적 문제를 해결하기 위해 필요로 하는 일정 정도의 공동체주의는 코로나 상황 이외에도 수많은 영역에서 부딪칠 수가 있다. 대표적으로 기업과 같이 이윤 추구를 하는 경제적 조직에서 과연 개별 노동자들이 얼마만큼 조직과 기업에 헌신하면서 공동의 이익을 위해 자신을 바쳐야 하는지, 국가의 발전을 위해 개별 시민들은 얼마나 자신을 희생해야 하는지, 공동의 프로젝트가 성공하기 위해 개별 구성원들은 얼마나 자신에게 균등하게 할당된 몫을 넘어 그 이상의 기여를 해야 하는지, 사적 삶의 영역에서도 가족 구성원들은 가족이라는 집단을 위해 얼마만큼 희생해야 하는지 등과 같은 문제들과도 관련되어 있다.

그런데 이와 같은 개인과 공동체 간의 긴장은 최근 들어 명백하게 개인주의 사회로 비가역적 이행을 하고 있음을 보여준다. 1인 가구의 증가, 온라인 플랫폼과 소셜미디어 등에 의해 강화되는 개인 취향, '개인'이 성스러운 숭배의 대상이 되는 모든 과정은 개인은 소중하고 보호받아야 할 절대적 존재이며, 개인의 선택과 취향은 가장 정당성이 높은 것으로, 개인이 가지는 권리는 그 어떤 경우에도 응당 보호받아야 할 그 무엇으로 자리 잡았다. 이러한 움직임은 개인의 가치를 발견하고 약자의 위치에 처할 수도 있는 개개인들의 권리와 웰빙을 보호한다는 장점도 있다. 그러나 이와 동시에, 성숙한 '개인주의'가 발전하고 자리 잡을 시간이 없었던 우리나라 같은 경우에는 공동체주의와 집단주의로부터 도망치고자 하는 맥락에서 '개인화'가 먼저 이루어진 문제가 있다. 개개인이 서로 멀어지고, 서로가 개인의 신성한 프라이버시 공간을 해치지 않기 위해 조심하면서 거리 두기를 하고 살아가는 외로운 현대인의 모습이 많은 한국인의 현실이 되었다.

그런데 그러한 개인주의의 사회가 되었다고 해서 사람들이 관계의 욕구나 소속감의 욕구마저 상실한 것은 아니다. 역설적으로 그렇게 다 함께 외로운 개인들은 어떤 주류로부터 이탈하고 혼자 뒤처지는 것에 대해 두려움(FOMO: fear of missing out)을 가지고 살고 있으며 개인주의를 바탕으로 한 느슨하고 자유로운 만남과 관계를 맺기를 욕구한다. 예를 들어 2020년 한국학중앙연구원에서 실시한 한 설문 조사에서 이루어진 설문 결과를 보면 〈그림 1-1〉과 같다.

설문에서는 개인들에게 '공동체에 많이 기여하고 많이 받는 삶, 공동체에 적게 기여하고 적게 받는 삶, 공동체에 기여하지도 않고 받지도 않는 삶' 세 가지 중에 어떤 것을 선호하는지를 물어보았다. 요즘 사람들은 '공동체'라는 단어 자체부터 거리감을 가지고 있고, 부담을 주지 않는 취향에 기반한 자유로운 '느슨한 공동체'를 원한다고 하지만, 설문 조사 결과는 반드시 그렇지는 않음을 보여준다. 예를 들어 세 가지 응답 선택지 중에서 '공동체에 많이 기여하고 많이 받는 삶'을 선택한 비율은 53퍼센트로서 과반을 차지한다. 공동

〈그림 1-1〉 자신과 공동체의 관계에 대한 선호[1]

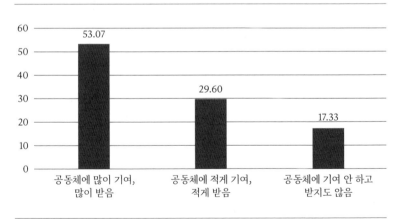

체에 기여하지도 않고 받지도 않는, 호혜적 삶의 양식과 거리를 두고자 하는 비율은 17퍼센트 정도밖에 되지 않는다. 40세 미만의 비교적 젊은 세대만을 놓고 설문 응답 분포를 살펴보면, '끈끈한' 공동체를 선호하는 비율이 약간 줄어들지만(43.6퍼센트), 여전히 가장 큰 비율을 차지한다.

개인주의 사회에서 관계 지향적 움직임들의 등장은 온라인 공간에서도 확인할 수 있다. 비록 현재는 코로나로 인해 제약이 커졌지만, 온라인을 통해 취향과 관심사·취미를 공유하고 같이 즐기고자 새로운 사람들과의 만남을 시도하는 사람들이 많으며, 실제로 실천을 하지 않았다고 하더라도 그에 대한 욕구를 가지고 있는 사람들의 비율 또한 높은 것으로 나타난다(이재열 외, 2021).

즉 개인주의 사회라고 해서 반드시 개인들이 서로 관계를 맺고자 하는 욕구가 없고 상호 단절되어 있는 것이 아니다. 오히려 자유롭고 열려 있는 개인들 간의 상호 존중을 바탕으로 한 사회를 새로이 구축할 가능성이 있는 것이다. 이러한, 어떻게 보면 역설적인 가능성을 하나의 사회적 가치로 삼고 긍정적인 방식으로 현실화될 수 있게끔 하려면 어떻게 해야 할까? 필자가 공부했던 대학의 사회학과가 위치한 건물의 1층에는 심리학자이자 철학자였던 윌리엄 제임스가 남겼던 인상적인 문구가 크게 벽에 전시되어 있었다. 그것은 바로 "공동체는 개인의 생동력(impulse)이 없이는 정체된다. 그러한 생동력은 공동체의 지지가 없으면 쇠퇴한다"는 것이다. 개인의 자율성, 독립성, 자유롭게 창의력을 발휘할 수 있는 환경이 없으면 그들이 모여 사는 공동체 또한 번영할 수 없으며, 동시에 개개인들을 지지해주고 잘 자랄 수 있게 해주며 품어주는 공동체 없이는 그러한 개인의 장점과 개인이 가진 힘들 또한 자라날 수 없다는 것이다. 개인과 공동체 간의 이러한 상호 보완적 관계, 끊임없는 긍정적인 상호 피드백의 관계는 개인과 사회가 번영하는 데 필요한 이중성을 잘 드러낸다.

이러한 개인주의의 장점과 공동체주의의 장점을 동시에 추구하는 방안으로 필자는 여기에서 두 가지 개념을 제시하고자 한다. 하나는 관계적 자율성(relational autonomy)이고 다른 하나는 자기실현적 시민성(self-realizing citizenship)이다.

관계적 자율성은 개인들이 독립적으로, 자신들이 스스로 원하는 바를 자유롭게 추구하는 자율성을 누리면서도, 개인이라고 하는 존재가 타인과 상관없이 별도로 존재하는 것이 아니라, 필연적으로 타인들과의 관계 속에서 존재하며 상호 영향을 주고받음을 의미한다. 이 개념은 보건학과 의료 윤리 등에서 주목받는데, 자율성 개념을 개인주의적으로 해석했던 기존 연구와 논의들의 한계를 극복하고 관계주의의 맥락 안에서 다시금 자율성을 재해석한 것이다. 개인의 정체성들, 욕구들, 이해들이 모두 관계적 맥락 안에서 형성되며 모든 개인이 늘 타인들과의 관계망 안에 놓여 있음에 주목하는 것이다. 관계적 자율성은 개인주의와 공동체주의의 이분법적 구분의 한계를 넘어, 양자를 조화롭게 고려하면서 각각의 장점을 놓치지 않는 데 도움을 줄 수 있는 개념이라 생각된다.

다음으로, 자기실현적 시민성 개념 또한 개인주의와 공동체주의 모두를 추구하는 데 도움이 되는 개념이다. 이 개념은 개인들이 공동체 속 시민으로서의 삶을 살면서, 자기 자신의 이상적 자아의 모습과 이상적인 삶의 모습, 자아실현을 이룩한 개인으로서의 모습을 그려보았을 때 어떠한 사회적 삶을 영위하고 있을지를 생각해보고, 그 이상적 모습에 최대한 비슷한 모습으로 사는 것을 추구하는 것이다. 대부분의 경우, 자신의 '이상적 삶'의 모습들에는 남을 돕는 이타적 행위자의 모습, 시민으로서의 의무 수행을 통해 자신이 속한 공동체에 기여하고자 하는 모습, 자신의 일이 세상을 더 나은 곳으로 만드는 모습들이 어느 정도 담겨 있다. 어떤 개인'주의'나 공동체'주의' 때문에 친사회적인·이타적인 행동을 하는 것이 아니라, 자신이 그러한 사람이 되고 싶기 때문에, 그러한 행동이 바람직하고 사람으로서 마땅히 추구해야 할 행동이라 생각되기 때문에, 더 좋은 사람이 되고 싶기 때문에 공동체를 위한 일에 동참하는 것이다. 자기실현적 시민성에 담긴, 자율적이면서도 이타적인 행위자의 모습은 개인주의와 공동체주의의 사이에서 약간의 아노미 상태를 겪고 있는 한국 사회의 개인들에게 의미 있는 지향점이 되는 것으로 보인다.

코로나 기간 한국 사회는 일반 국민의 높은 시민성과 책임감, 과학적 상식 수준을 보여주었다. 이 경험을 통해 관계적 자율성의 감각을 가진, 자기실현적 시민성을 가진 사람들이 되는 것, 그것이 개인주의와 공동체주의 간의 긴장을 해소하며 양자의 장점을 같이 취할 수 있는 바람직한 길임을 알 수 있었다. 앞으로 포스트 코로나 시대의 한국 사회는 끊임없는 혁신과 창조, 기존의 틀로부터 벗어나는 개방적인 상상력이 요구되는 국제적·산업적 압력 속에 놓이게 된다. 그러한 상황에서 생동력 있고, 분위기에 얽매이지 않는 창조적이며 자율적인 개인들, 그러면서도 사회적 책임성을 잃지 않는 개인들이 요구된다. 근대의 한국은 늘 '과도기'의 위기를 경험하면서 성장해왔지만, 앞으로의 한국은 그러한 과도기를 넘어 개인주의와 공동체주의가 잘 절충된 매우 성숙한 사회로 진입할 수 있음을 믿고자 한다.

──── 일상의 영역에서 완성하는 새로운 패러다임

포스트 코로나 시대 한국 사회가 추구해야 할 가치는 결국 일상생활 영역에서의 실천의 변화까지 이어져야 한다. 그러한 삶의 양식, 미시적 실천의 방식은 더 큰 차원에서의 패러다임 변화를 요청한다. 여기서 필자가 강조하고 싶은 것은 한국인들이 이제는 일상적이고 미시적인 영역에서의 건강한 삶의 토대를 갖추어야 한다는 것이다. 그동안 성장, 발전, 경쟁, 형식, 성공, 체면 등 형식적이고 외관에 가까운 것을 채우느라 일상적 삶의 풍성함이 지나치게 경시되었고 이는 행복이나 삶의 질에 있어, 그리고 심리적 건강에 있어 많은 문제를 낳았다.

20세기 한국은 식민지 시기 이후 독립적인 근대 국가를 만들어 가며 양극화된 세계 정세 속에서 모든 목표와 사고·담론들이 국가에 초점을 맞추어 작동했던 하나의 '집단'이었다. 사람들의 일상을 관장하는 전통적 규범과 윤리 체계는 매우 집단주의적이었고, 강력한 경제 발전 지상주의와 국가주의적 이데올로기 속에 사회의 구성원들은 개인이 아닌 국민으로서 존재하던 시기였다. 대통령의 딸이 국민을 만나면서 '훌륭한 국민'은 '충효 사상'을 가져야 한다고 이야기하면 사람들은 그에 수긍하고 그것이 신문에 기사로 실리던 시기였다. 일반 시민들도 자신의 직업과 일을 통해 국가의 발전에 기여함으로써 자기 삶의 의미를 구성하였다. 국가라고 하는 절대적 기표는 모든 가치와 의미가 수렴되는 매우 높은 정당성을 가진 상징이었다.

그러한 강력한 국가 중심적 사회가 가졌던 장점들은 분명히 있었다. 사람들의 행동과 의식을 집단적으로 통제하는 것은 개인들의 희생을 통한 물질적 부의 축적, 그리고 국가라고 하는 전체가 빠른 속도로 특정 목표를 성취하는 데 매우 효과적이었다. 그러한 효과에는 단지 물질적인 것뿐 아니라 잘사는 국가를 만들고자 하는 정신적인 목표 또한 어느 정도 포함되었다. 이는 비단 우리나라만의 경험이 아니었다. 19세기부터 동아시아 국가들이 서구의 제국주의적 팽창의 영향을 받으면서, 우리나라뿐 아니라 중국이나 일본 또한 강력한 근대 국가로 우뚝 서는 것에 대한 열망이 자리를 잡기 시작하였다. 그러한 강력한 독립 국가, 세계를 상대로 떳떳하게 자신의 정체성과 힘을 보여줄 수 있는, 굴욕을 경험하지 않는 번영하는 국가의 꿈을 꾸는 것은 19세기 말부터 20세기 초에 이미 한·중·일 지식인들의 글과 사상에서 공통적으로 뚜렷하게 나타나기 시작하였다. 1945년 독립 이후, 경제 성장을 위한 국민의 엄청난 노력과 희생의 이면에는 이와 같은 정서가 놓여 있기도 하였고, 정치 지도자와 엘리트들은 그러한 열망을 효과적으로 활용하였다.

이러한 과정은 20세기 후반부까지 지속적으로 이루어졌고, IMF 금융 위기로 불린 난관을 극복하는 과정에까지 이어졌다. 이러한 역사 속에 개인들은 기본적으로 국가를 중심으로 한 담론, 국가라는 개념을 늘 중심에 놓고 살았다. 개인 수준에서의 성공이라고 하는 것 또한, 전통적 의미에서 '입신양명'의 근거 또한 국가 혹은 이 사회의 중심에 더 가까이 가는 것이었다. 위계적 사회 구조의 정점은 국가 관료제의 정점과 맞닿아 있고, 이러한 인지적 구조가 한국인들이 세상을 보는 시각을 구성하였다. 개인보다는 조직이, 시민보다는 국가가, 지방보다는 서울이, 로컬보다는 중심이, 교실보다는 전체 교육과정이 인지적 우선성을 가져왔다. 이는 로컬 단위 거버넌스 체제나 지역사회 협력 체제, 주민 자치의 부재 혹은 미성숙으로 연결되었다.

이와 같은 강력한 국가 중심적 패러다임은 여러 가지 문제를 낳았다. 그 문제들을 몇 가지로 크게 구분하면 다음과 같다. 먼저 국가의 경제적 성장이라고 하는 것이 지탱해주던 많은 제도화된 삶의 방식들이, 성장이 둔화됨에 따라 문제를 일으키기 시작하였다. 널리 알려진 것처럼 'IMF 시기'를 지나고 저성장 단계로 진입함에 따라 모든 것이 바뀌기 시작하였다. 한국 사회는 사회경제적 구조의 양극화와 이중화의 심화, 불안정 노동의 확산과 함께 신자유주의 질서로의 편입을 경험하기 시작하였다. 남성 노동자들이 생계를 부양하고 여성들이 가정에서의 사적 복지의 제공자가 되던 구조 또한 흔들리기 시작하였다. 이중화된 구조의 심화, 돌봄의 공백, 사회적 관계가 단절된 외로운 개인들의 증가, 고령화의 문제가 중층적으로 쌓이면서 한국 사회는 복합 위험 사회로 진입하였다. 그런데 국가가 이와 같은 여러 가지 문제를 모두 쉽게 해결해줄 수 없음은 자명하다. 그렇다고 그것을 모두 개인들의 힘만으로, 시장의 힘을 통해 해결하는 것 또한 쉽지가 않다.

이러한 문제들을 극복할 방법은 시민사회의 영역, 사회적 자본의 힘이 발휘될 수 있는 제3섹터의 영역을 키우는 것이다. 이를 위해 동네·마을·일상·교실에서의 관계들과 실천들로 사회의 중심성이 옮겨져야 한다는 주장이 지속적으로 제기되어왔다. 기존에 '국가-개인'으로 이루어지던 사회적 삶의 구성이 '국가-마을-개인'으로 이어지도록 하여, 사회적 힘(social power)이 탄탄하게 축적될 수 있도록 하자는 것이다. 이를 위해서는 거대 시민 단체의 힘이 강화되는 것이 아니라, 거주지 단위·동네 단위 사회적 자본이 강화될 수 있음이 강조되고 그러한 사회적 실핏줄들이 강화되고 튼튼해져야 사회 또한 건강해진다는 관점이 가치관으로 자리 잡혀야 한다. 주민 자치, 동네 주민 숙의, 지역 환경 운동, 동네 행사, 지역을 중심으로 한 자조 모임, 협동조합 운영 등 생활 정치로 전반적인 무게중심이 옮겨가야 그러한 사회적 모세혈관에 피가 통하게 된다.

지역사회의 역량이 강화될수록 지역 주민들의 역량 또한 강화되고, 개인의 역량이 강화되어야 지역이 같은 수준의 인프라를 가지더라도 그것을 더욱 잘 활용하면서 삶의 질이 올라갈 수 있다. 개인 수준의 인적 자본과 역량은 그와 같은 지역사회의 사회적 질에 뿌리를 둔다. 지역사회와 지역 공동체는 그 내부에서의 끊임없는 미시적 상호작용을 통해 개인들의 정체성과 뿌리를 형성하고 삶의 기회(life chances)를 제공한다. 이는 아마르티아 센(Amartya Sen)이 제안한 잠재 역량 접근이 주장하는 바와 일맥상통한다. 그리고 '오래된 미래로서의 마을'이 구현하고자 하는 것이 이러한 삶의 양식이다. 물론 이러한 변화는 다양한 주체들의 진정성 있는 노력이 요구되는 어려운 작업이다. 정부나 공공기관에서도 자칫하면 지역·마을 개발이라는 명목으로 아까운 예산을 실질적인 성과 없이 그냥 낭비해버리기 쉽다. 실질적인 정책 효과와 시민들의 삶의 변화를 위한 방법론 개발과 지식 축적에 관심을 기울여야 할 것이다.

교육에서도 학교들이 자체적으로 빠르게 변화하는 세상에 맞춰 진화할 수 있도록 자율성을 부여하고 자유롭게 경쟁할 수 있게 하는 영역이 많아져야 한다. 근대 국가 형성 과정에서 필요했던 국민 교육을 위한 국가적 관리 때문에 학교 단위나 작은 교실들에서 창발적으로 일어날 수 있는 자유로운 교육과 혁신이 통제되고 도태되지 않도록 해야 한다. 국가 교육의 백년대계를 초당적으로, 초정권적으로 세울 수 있도록 하자는 취지로 2022년 7월에 대통령 직속으로 설치되는 국가교육회의가 우리나라 교육의 방향을 잘 수립할 수 있도록 제도적 정비를 충실하고 면밀하게 진행해야 할 것이다.

지역 기반 사회적 자본을 강화하는 데는 여가 또한 중요한 역할을 한다. 코로나 이후 직장 회식이나 모임이 많이 약화된 것 또한 근래의 중요한 변화이다. 52시간 근로제 등 노동 시간 감소로 인해 상대적으로 빨라진 직장인들의 귀가 시간이 개인적 시간으로 그치지 않고 사회적 자본으로 연결될 수 있도록 해야 한다. 여가와 민주주의와의 관계에 관한 연구들은 타인과의 소통에 기반한 여가 활동과 공동체의 현안들에 대한 정보를 얻게 되는 여가, 개인의 자율성과 자기 효능감을 강화시킬 수 있는 여가, 타인과의 의미 있는 연대를 낳을 수 있는 여가가 궁극적으로 개인과 사회의 사회적 자본을 강화하고 결과적으로 민주주의에 기여하는 것임을 강조한다. 미국의 정치학자 로버트 퍼트남이 『나 홀로 볼링』에서 주장했던 것처럼, 개인들이 집에서 TV만 시청하는 것은 여가 시간이 사회적 자본이나 민주주의로 이어지지 않는 반대 사례라고 할 수 있겠다.

일상 영역, 미시적 실천의 영역으로 삶의 균형추가 기울게끔 하는 것은, '시장'의 영역에 포함되었던 개인들을 그 반대 방향으로 이끄는 것이다. 철학적으로 여가라고 하는 것은 '무료, 무용, 무보수'와 연결되는데, 이는 유용함과 본질적으로 대비되는 개념이다. 일상의 의무, 유용성, 일에 포섭된 삶으로부터 자기 자신을 떨어뜨려 놓고, 자신과 주변 사람들, 세상 전체를 보다 큰 그림으로 관조하는 자세로 이어진다. 이러한 여가의 마음의 상태는 스트레스와 압박으로부터 벗어난 자아의 더욱 정상적이고 지혜로운 작동 상태이다. 또한 더 건설적 방향으로 비판적 정신이 작동할 수 있게끔 하는 조건이다. 따라서 여가라고 하는 상태는 민주적 사회가 번영할 수 있는 근본적인 기초라고 할 수 있다. 그런데 여기서 여가의 조건이나 향유에 있어 계층 간, 사회적 집단 간 차이가 클 수 있다는 점 또한 고려되어야 할 것이다. 휴식과 여가에 대한 사회적 관심도 커지고 있고, 정부에서도 예를 들면 사회보장위원회에서 한국인의 쉼에 대해 사회적 담론을 활성화하고 공론화하기 위한 작업을 하고 있다. 여가와 쉼에 대한 우리 사회의 전반적인 풍토를 바꾸기 위한 그러한 노력이 더 많이 이루어져야 할 것이다.

이러한 여가·휴식·쉼·회복에 관한 이야기들은 결국 어떻게 하면 한국인들의 삶을 더 건강하고, 자연스럽고, 억압이 덜하고, 실질이 결여된 상징 투쟁에 덜 휘말리게 하는 성숙한 것으로 만들 것인가와 관련되어 있다. 많은 한국인이 가정이나 사회에서 폭력적 관계, 경쟁 과정에서의 실패나 경쟁에의 몰입으로 인한 정서적 폐해를 경험하며 정신 건강 측면에서 여러 문제를 가지고 있다. 이는 극단적인 경우에는 높은 수준의 자살률로, 일상적인 수준에서는 낮은 수준의 행복감·삶의 만족도와 삶의 의미를 쉽게 찾기 힘든 정서적 황폐함으로 나타난다. 무언가 '중심'을 쳐다보지 않고 살아도 괜찮고, 내가 뿌리를 내리고 사는 지역과 동네가 있으며, 마주치는 사람들과 편견이나 격의 없이 편안하게 상호작용하고 인간적인 교류를 할 수 있는 사회적 분위기가 마련되어야 한다. 무엇을 쌓았고 무엇을 벌어들였는가가 아니라, 개인적으로 어떤 의미 있는 것을 성취하였고, 어떤 것에 대해 생각하였으며, 무엇을 배우고 경험하였는지를 서로 중요하게 여기고 표현하는 삶의 방식이 마련되어야 한다. 개인이 무언가를 원해서 경험을 하고, 그것을 통해 무언가를 느끼고, 느낀 바를 솔직하게 표현하면서 정서적 유대가 이루어지는 사회적 관계가 탄탄하게 구성되어 사람들의 삶의 양식을 구축해야 한다. 그러한 미시적 영역에서의 건강함이 없다면, 일상적 삶에서의 자연스러움과 소소한 기쁨의 감정들이 없다면 개인의 경제적 번영과 국가의 영광도 모두 공허한 껍데기로만 남을 것이다.

—— 복지 공동체, 팬데믹 위기를 관리하는 대안적 해법

포스트 코로나 시기 뉴노멀로의 진입에 있어 가장 두드러진 흐름은 경제적 불안정성의 지속 및 강화라고 할 수 있다. 1980년대부터 2000년대까지 시대를 지배하였던 신자유주의적 질서가 2008년 이후 꺾이고 비판적이고 대안적인 다양한 자본주의 질서에 대한 담론들이 등장하고 반자본주의 운동들까지도 등장하였지만, 기존의 '워싱턴 컨센서스'를 대체할 만한 어떤 뚜렷한 방법이 제시되지는 못하였다. 정치적 진영별로, 계층별로, 사회적 위치별로 서로 다른 논리와 입장이 충돌하면서 대안적 질서의 구축을 위한 어떤 합의에 도달하지 못한 상황이다.

사회적 합의를 만들어냄에 있어서 중요한 것은 계층 간·계급 간 연대라고 할 수 있다. 특히 중산층의 태도와 인식이 중요하다. 역사적으로 보았을 때도 노동자 계층이 어떤 집단적 움직임을 보이든, 주류 자본가 계급이 어떤 움직임을 보이든, 결국 그 결과를 결정짓는 데는 사회의 상당 부분을 차지하고 있는 중산층이 어떠한 생각을 가지고 어떠한 집단의 이해와 자신을 동일시하는가가 중요하였다. 지금과 같은 불안정성의 시기에 그러한 중산층의 역할은 더욱 중요하다고 할 수 있다. 이중화된 노동시장에서 '외부자'들은 그들의 힘만으로 복지 국가·복지 공동체가 등장할 수 있는 판을 마련하기 힘들다. 이미 대다수가 서비스 섹터의 불안정 노동이나 점차 증가하고 있는 플랫폼 노동 등에 편입되어 있고, 스스로 자신들을 조직화할 역량이나 조직화를 통해 고용주들에 대한 협상력을 가질 수 있는 여지를 상당 부분 상실한 상태이다. 노동자 계층이 그들 스스로 의미 있는 계급적 힘을 만들기가 힘든 것이다. 그들 스스로 조직화된 정치적 세력을 만들기에는 현재의 정당 구조와 정치 제도, 선거 제도가 너무나 강력한 경로 의존적 형태와 인지적 정당성을 가지고 있다.

또한 설사 다양한 계층들과 직업 집단들을 대표할 수 있는 여러 정당이 원내에 진출하고, 연립 정부를 구성할 수 있는 제도적 장치가 마련된다고 하더라도, 불안과 불안정의 시대에 혼란스러움을 안고 표류하는 대중들이 가지게 되는 에토스(ethos, 기풍이나 관습 등)는, 사려 깊고 숙고하며 관용을 가지고 사회적 공감을 형성하는 민주적 태도나 시민성과는 거리가 멀 가능성이 크다. 불안은 민주주의에 독소로 작용한다. 유럽과 미국의 사례에서 볼 수 있듯이 불안의 시대에서 대중들은 오히려 공격적이고 배타적인 정치적·사회적 태도를 표출할 가능성이 크다. 그리고 온라인상의 정보 및 의견 교환은 필터버블(filter bubble, 이용자의 관심사에 맞춰 걸러진 인터넷 정보로 인해 편향된 정보에 갇히는 현상)과 에코 챔버(echo chamber, 폐쇄된 메아리방) 효과를 통해 양극화된 구조하에서 더더욱 정치적 갈등을 야기할 가능성이 크다. 미국의 경우 정당 지지에 따른 백신 접종률의 크나큰 차이는 모든 것이 정치화되어 있을 때, 심지어 과학 지식에 대한 태도와 라이프 스타일까지 균열이 일어날 수 있음을 보여준다.

이 때문에 이중화된 노동시장에서 우리 사회의 비교적 안정적인 중산층까지 포괄하는 '내부자'들이 외부자들과 연대하는 것이 필요하다. 그런데 이를 위해서는 그러한 연대가 필요하다는 감정적 인식과 합리적 유인 기제가 필요하다. 그렇다면 이러한 복지 '공동체'를 형성하기 위해 필요한 '감정'은 어떻게 마련해야 할까?

사회가 공동체적 상태에 있는 것을 사회적 통합 혹은 사회적 응집성이 강한 상태라고 한다면, 그러한 상태를 달성하기 위한 다양한 방법들이 있지만, 크게 보면 가장 필수적인 세 가지 요소를 통해 이루어지는 것으로 밝혀졌다(Schiefer and van der Noll, 2017). 첫째는 사회적 관계이다. 사회 구성원들 간에 서로 맺는 관계와 상호작용, 연결망, 주변 사람들과의 돈독하고 신뢰를 바탕으로 한 끈끈한 관계가 그것이다. 가족·친구·이웃·커뮤니티에 속한 사람들과의 관계가 사회적 응집성의 핵심을 차지한다. 둘째는 소속감 및 정체성이다. 이는 특히 자신이 속한 지리적 단위에 대한 정체성을 기반으로 한다. 이러한 소속감과 애착, 정체성이 없이는 다른 구성원들에 대한 호혜적 태도와 믿음이 형성되기는 힘들다. 세 번째는 공동선에 대한 지향이다. 공화주의적 시민성과도 관련이 되는 이러한 문화적 태도는 사회적 규범으로부터 파생될 수도 있고 개인적 믿음에 연유할 수도 있으나, 결과적으로 사회의 공동선과 타인들에 대한 책임에 대한 감각을 가지고 있는 것을 의미한다. 이 밖에도 사회적으로 공유되는 공통의 가치(shared values), 일정 수준의 평등, 그리고 객관적·주관적 수준에서 구성원들의 삶의 질과 웰빙이 사회적 응집성을 위해 필요하다.

이러한 점들을 고려하였을 때 우리 사회에서 서로의 삶이 연결되어 있다는 감각을 바탕으로, 모두가 생애 주기에서 마주할 수 있는 위험을 공동으로 모아(pooling) 관리하고, 복지를 통해 사회 전체가 순간적인 외부 충격에 면역성을 가지고 있고 높은 수준의 회복 탄력성을 가진 복지 공동체를 구성하는 것이 포스트 코로나 시대가 낳을 수 있는 균열과 양극화의 심화를 막는 데 필요하다는 것을 알 수 있다. 그러한 복지 공동체를 구성하기 위해서는 어떻게 해야 하는가? 앞서 언급한 대로, 일상 속 미시적 실천과 생활 세계에서 사람들이 더 많은 사회적 관계를 맺고, 여가 시간을 가지고 사회적 상호작용을 하면서 공동체 혹은 커뮤니티에 배태된 삶의 양식을 영위할 수 있도록 해야 한다. 그러한 사회적 맥락에서 신뢰의 경험, 상호

부조의 경험을 쌓을 수 있게 된다. 그렇게 뿌리를 둔 정체성을 바탕으로 우리 사회의 다른 시민들과의 호혜적 관계에 대한 믿음과 긍정적 태도를 지닐 수 있게 된다. 필자가 2020년에 실시했던 설문 조사에서도 이웃 혹은 지역사회의 일에 참여하는 사람들일수록 사회적 거리 두기와 같은 사회적 방역에 더욱 열심히 참여하는 것으로 나타난 바 있다. 사람들이 사회적으로 단절되어 있지 않고 상호 간 호혜성을 경험할 수 있게끔 하는 그러한 미시적 경험들이 공동선에 대한 지향과 공동의 가치에 대한 고려를 더 많이 할 수 있게끔 할 수 있다.

다른 한편, 많은 시민이 복지 공동체를 건설하는 데 동참할 수 있게 하는 합리적 유인 기제는 누구나 생애 주기에서 발생할 수 있는 위험을 공동으로 모아 관리할 수 있다는 판단이 들도록 해야 한다. 이는 결국 정책 그 자체에 대한 사람들의 수용성을 높이는 것과 관련되어 있다. 그것을 위해서는 자신들로부터 거둔 세금이 어떤 영역에서 어떻게 효율적이고 투명하게 쓰이는지에 대한 신뢰를 줄 수 있어야 하고, 사회적 안전망을 구축하는 데 직접 쓰이고 있다는 확신을 줄 수 있어야 한다. 정치학 연구에는 정책에 대해 사람들이 어떤 태도를 보이는가에 대해 '가시성'의 차원과 '근접성'의 차원 두 개가 2차원 공간을 만들고, 각 정책이 그 공간의 어디에 놓여 있는가에 따라 대중들이 다르게 반응을 한다는 모델이 있다(Soss and Schram, 2007). 기본적으로 이 두 차원의 점수가 높은 정책들이 많은 사람으로부터 지지를 받는다. 자신들을 구체적으로 도울 수 있는 근접성 높은 정책들이 가시적으로 보이고 논의될 때, 그것을 위해 사람들이 공공재를 위해 기여하면서 복지 공동체를 만드는 작업이 촉진될 수 있을 것이다.

다른 한편, 복지 공동체의 건설에 있어서 중요한 메커니즘은 물론 정치적 메커니즘이며 이는 다름 아닌 민주주의의 발전임을 잊지 말아야 한다. 모든 것이 정치로 귀결될 수는 없지만, 정치적 영역에서의 문제가 산적한 채 사회의 다른 영역들이 제대로 작동하는 것은 불가능하다. 그런데 우리 사회 시민들의 정치에 대한 관심 혹은 시민으로서 민주주의에 참여하는 양식은 그 경로 의존성 때문인지 아쉬운 점이 많았다.

사회과학에는 대중 여론과 사회 정책이 어떠한 관계를 맺고 상호 피드백을 하는가에 대해 연구하는 분야가 있다. 즉 대중 여론이 정부 정책에 영향을 미치는지, 그리고 정부가 펼친 정책이 대중 여론에 영향을 미치는지가 그것이다. 이상적인 민주 정치라면, 정부의 정책과 대중 여론 사이에는 긴밀하고 지속적인 상호 피드백 관계가 형성되어 있어야 한다. 정부의 정책이 긍정적인 효과를 발휘하는 경우에는 그것을 바탕으로 대중들이 그 정책에 대한 호감을 표현하고, 별다른 효과가 없는 경우 그에 대한 대중들의 비판적인 피드백이 있어야 한다. 그리고 대중들이 보이는 어떠한 요구나 정책 선호가 있는 경우, 그것은 정부의 정책에 반영되어야 한다. 이것들이 선거 정치와 정당 정치, 대의 정치 등 민주 정치의 주요 골격이 되는 제도적 장치를 통해 실현되기를 우리는 희망한다. 하지만 우리가 가진 이상

만큼 현실적으로 그것이 실제로 작동하지는 않는 경우가 많다. 미국 정치학자 길렌스와 페이지(Gilens and Page, 2014)는 미국의 1779개의 정책적 이슈들에 대한 대중들의 선호와 실제 정책 실행 간의 관계를 분석한 결과, 일반 대중들의 정책 선호는 실제로 정책이 실행되는 데 거의 아무런 영향력도 가지지 않음을 보여준 바 있다. 반면 경제적 엘리트나 기업들의 이해는 그러한 정책 실행을 유의하게 예측하였다. 미국의 민주주의적 기초가 사람들이 의도한 것과 다른 방식으로 작동함을 보여준다.

한국의 경우는 어떠할까. 역사적으로 이루어져 온 한국의 그 수많은 주요 시민운동, 대중들의 목소리 표출이 주로 '정치'에 대한 피드백 혹은 '정치인'에 대한 피드백이었지 '정책'에 대한 피드백으로 이루어진 것이 아니었던 점은 아쉬워해야 할 부분이다. 정치의 세계는 마치 주식시장 같아서 실제 가치(value)와 평가된 가치(valuation)가 일치하지 않는 경우가 많다. 즉 어떤 정치인이 인기를 얻고 주목을 받고 높은 득표율을 얻는다고 해서, 그 정치인이 실제로 그에 상응하는 가장 좋은 결과를 가져다줄 인물은 아닐 가능성이 크다. 그런데 다른 많은 나라와 마찬가지로 우리나라에서도 사람들은 정치에 대한 환멸을 느끼고 냉소를 가진 나머지, 결국 자신들의 희망과 정치적 반감을 정치인에게 투사하고 자신이 감정을 가진 정당에 투사한다. 더 정확한 의미에서 가치를 낳을 수 있는 민주 정치라면, 시민들은 정치인이 아닌 '정책'의 세계로 민주 정치를 끌고 가야 한다.

이를 위해서는 '문제 해결'에 집중하는 정치가 이루어져야 한다.

인간의 행동 메커니즘을 보는 사회학적 행위이론에서 인간의 행위는 본질적으로 문제 해결에 초점이 맞추어진 실용주의적 행위자이다. 그런데 그 '문제'라고 하는 것이, 사회정치적으로 왜곡된 지평 위에 제시되어, 불필요한 소모전과 갈등의 맥락 속에 형성되는 문제라면, 실제로 중요한 문제가 무엇인지를 포착하고 해결하는 것은 요원해진다. 모든 것이 정치적 양극화와 정치적 프레임, 집단 간 갈등 구조의 질곡에 묶여 있게 된다. 무엇을 문제라고 인식하는지, 그 문제의 프레임의 초점을 우리가 해결하고자 하는 사회경제적 문제 그 자체에 맞추고, 그 문제 해결을 위한 과학적 진단과 정책적 수단의 실행이 이루어질 수 있도록 해야 한다. 복지 공동체의 건설을 위한 노력이 양극화된 정치적 담론 구조에 휩쓸리고, 그것에 밀착되어 존재하는 언론사들의 프레임에 종속된다면, 실용적이고 문제 해결 중심적인 방법으로 복지 공동체의 건설 작업이 이루어지지 못할 것이다.

기존 연구들은 대중들의 경우 사람들이 이상적으로는 불평등 수준이 매우 낮은 사회를 선호한다고 하더라도, 정책에서는 그러한 결과를 낳지 않는 것을 선호하는 경우가 많음을 보여준다 (Bartels, 2005; Fong, 2001). 이는 개인의 자기 이해 때문일 수도 있고, 정치적 태도 때문일 수도 있다. 결국 복지 공동체의 건설은 사람들에게 있어서 현실과 이상 간의 간극을 줄일 수 있도록 하는 것이다. 그것을 고려해보면 복지 국가 건설에 대한 어떤 희망과 유토피아적 상상을 자극하는 것 또한 한 가지 전략이 될 수 있다.

정치학계(Badaan et al., 2020)와 심리학계(Fernando et al., 2018)에서

진전시킨 '유토피아적 사고'의 정치적 효과에 관한 연구를 보면 그것이 바람직한 선택이 될 수 있음을 시사한다. 그들의 실험 연구에서는 사람들로 하여금 이상적 사회에 대해 생각하게 만들면, 현 상태를 수동적으로 정당화하기보다는 변화에 대한 더 강한 동기를 가지게 하고, 집합적 행동에 대한 참여 의사 또한 강화시키는 것으로 나타났다. 포스트 코로나 뉴노멀 시대의 어려움과 불확실성을 맞이하면서, 우리나라 사람들이 집단적 리스크에 공동으로 대응할 수 있는 하나의 복지 공동체를 건설할 수 있음에 대한 긍정적이고 희망적인 상상력을 끊임없이 이야기하고 그것을 실현하기 위한 도구들을 하나씩 실험해보아야 한다. 그러한 유토피아적 상상은 결국 사회적 희망을 만들고 실현하는 밑거름이 되어줄 것이다.

─────── 팬데믹을 넘어 사회적 희망을 설계하라

K자형 양극화와 자산 가격 폭등으로 인한 좌절, 자영업자들과 취업 준비생들의 고통 등 포스트 코로나 시기의 여러 문제가 산적해 있다. 그런데 어려운 상황에 처할수록 대중들은 합리적이고 이성적인 방식으로 문제를 해결하려 하기보다는 오히려 답답한 심정을 풀어줄 수 있는 방식을 종종 선택하고는 한다. 그것은 강력한 지도자를 꿈꾸는 것으로 나타나기도 하고 어떤 특정 집단에 대한 공격적인 태도로 나타나기도 한다. 그리고 모든 복잡한 문제들을 일거

에 해결할 수 있다고 주장하며 그 방법을 제시하는 인물이나 집단에 끌리기도 한다. 그동안 우리 사회는 어떤 문제들을 '한 방'에 해결하고자 하는 경향이 짙었다. 그 한 방은 하나의 논리나 아이디어가 될 수도 있고, 하나의 정책이 될 수도 있으며, 한 명의 인물이 될 수도 있다. 당면한 문제들이 복잡하고 난해하다 보니 그것들을 해결할 수 있는 그 하나의 강력한 방법에 자연스레 끌리는 것이다.

하지만 그 어떤 방법도, 그 어떤 인물도 지금 한국 사회에 산적한, 복잡하게 얽혀 있는 문제들을 단칼에 해결할 수는 없다. 현재 전 세계적으로 문제시되고 있는 불평등 문제에 대해 세계적으로 유명한 경제학자들이 그 해법에 대해 쓴 글을 모은 『불평등과 싸우기(Combating Inequality)』라는 책을 보자. 그 책을 보면 현재 불평등이 중요한 문제라는 데에는 세계적 거장인 경제학자들 모두 대체로 동의하나, 구체적인 솔루션 부분에서는 상이한 생각과 답을 내놓는다.

미국인들의 경우, 경제적 불평등에 대한 설문을 해보면, 불평등의 수준이 대체로 실제 상태보다 훨씬 더 낮은 것으로 인식하고 있고, 그러면서도 이상적인 불평등의 수준은 스웨덴 정도의 수준인 것으로 생각한다(Norton and Ariely, 2011). 실제로는 대부분의 사람이 '이상적인 사회'라고 한다면 불평등의 수준이 그다지 높지 않은 사회를 떠올리는 것이다. 하지만 그러한 경제적 양극화의 정도에 대한 평가와 각자 본인이 실제로 가진 정책에 대한 선호 사이에는 불일치가 존재함을 기존 연구들은 보여준다. 즉 비록 마음 한편으로는 이상적인 사회의 모습에 대한 별도의 상을 가지고 있더라도, 다른 한편에서는 자신의 이해득실이나 정파적 이해를 바탕으로 한 선호를 별도로 가지고 있는 것이다.

여기서 우리가 생각해야 할 것은 그 양자 간의 간극을 좁히는 것이 결코 불가능하지 않다는 점이다. 우리가 생각하는 이상적인 사회의 모습은 무엇인지, 그것에 대한 컨센서스를 확인하고, 공동으로 그려나가면서, 그러한 모습의 사회에 어떻게 도달할 수 있는지에 대한 과학적인 지식을 확보하고, 그것을 통해 이상적 사회를 만들어나가는 것을 사회적 계약으로 만들어 그 성취에 조금씩, 1퍼센트씩 다가가는 것을 목표로 하는 것이다. 그러한 점진적 과정에서 사회적 희망이 생겨난다. 그것은 단순한 낙관주의나 무조건 잘될 것이라는 맹목적 믿음이 아니다. 어떠한 방식으로 진전할지, 우리가 실패를 통해 어떻게 새로운 사회적 학습을 하고, 그것을 통해 어떤 정보를 획득하여 진화해나갈지를 시스템화하고, 그것에 의지하여 여러 굴곡이 있더라도 1년 뒤에는 지금보다 얼마만큼 더 나은 사회, 5년 뒤에는 그보다 얼마나 더 나은 사회가 될 것이라는 전진에 대한 믿음과 감각을 공유할 수 있다. 그것이 바로 개인 수준에서 사람들이 가질 수 있는 희망을 사회적으로 만들어나갈 방법이다.

그러한 과정은 앞서 이야기한 여러 가지 새로운 가치 추구를 통해 이루어질 수 있을 것이다. 정치가 아닌 정책이 시민과의 지속적 피드백을 주고받고, 개인들의 위험을 공동으로 관리하는 복지 공동체를 구성하며, 삶의 토대와 사회를 지탱해주는 버팀목들이 시민사회와 지역 공동체를 기반으로, 사회적 자본이 모세혈관처럼 우리 사회에 뿌리를 내리도록 하고, 공동체적 관심을 가진 자유로운 개인들의 창의성과 잠재력을 발휘할 수 있게끔 해주는 자유로운 공기의 사회를 만듦으로써 경제적 번영과 문화적 풍요로움을 발휘할 수 있는 사회를 꿈꾸고 기획해야 한다. 코로나는 한국전쟁 이후 그 어떤 사건보다도 더 큰 타격을 우리 사회에 안겼다. 하지만 이는 우리가 어디로 가야 할지를 짚어보고 근본적으로 재정비할 수 있는 계기를 마련해준 것일 수도 있다. 그 안에서 우리는 새로운 사회적 희망의 씨앗을 발견할 수 있을 것이다.

2장

Psychology

관계의 해체, 다시 '우리'가 되는 새로운 방법

한소원

(서울대학교 심리학과)

인류 역사에 존재했던 기아·전쟁·천재지변과 같은 위기와 달리 코로나 팬데믹은 다른 사람과 관계를 형성하고 함께 살려는 인간 본성과 사회적 관계의 구조를 재조명하고 있다. 위협에 대한 지각과 정서적 반응은 집단에 대한 의식과 의사결정을 변화시킨다. 집단 정체성, 자기가 소속한 그룹에 대한 긍정적 차별성과 남의 그룹에 대한 부정적 차별성은 집단을 형성하고 살아갈 때의 기능적인 기제라 할 수 있다. 그러나 위기 상황에 드러나는 편견과 차별은 세계 곳곳에서 문제점을 드러냈다. 스트레스 대처와 적응, 사회적 불평등에 대한 인식, 기존 집단의 해체와 새로운 집단의 형성은 사회적 관계와 커뮤니티를 변화시키고 있다.

공포의 전파력이 빠르고 강한 이유

팬데믹 속에서 가장 중심이 되는 정서는 공포라고 할 수 있다. 인간은 다른 동물과 마찬가지로 생태학적인 위기 속에서 방어하는 기제가 있다. 위협 속에서 부정적인 정서는 주변으로 쉽게 전염되고 공포감은 위협을 더 위급하고 크게 지각하게 만든다. 이런 위협의 전파는 소셜네트워크를 통해 더 빨라졌다. 상황을 인지하지 못하고 직접적인 상호작용이 없더라도 정서적인 상태가 소셜미디어를 통해 전염되어 동일한 감정을 경험하게 할 수도 있다.

위협을 지각한다는 것은 생물학적인 면에서는 생명을 보호하려는 기제일 수 있으나 심각한 위협을 지각한다고 해서 행동이 바뀌는 것은 아니다. 사람들은 스스로의 행동이 의미 있는 상태의 변화를 가져올 수 있다는 자기 효능성이 있을 때 위협의 지각이 행동의 변화를 일으킨다. 공공 보건과 관련된 메시지의 경우 공포감을 조성한다는 것만으로 사람들의 행동을 변화시키지는 않기 때문이다.

위협의 지각과 관련하여 사람들은 반대되는 기제도 가지고 있다. 자기 자신에 대한 '긍정 편향'이다. 사람들은 나쁜 일이 다른 사람에게 일어나더라도 나에게는 일어나지 않을 것이라는 믿음이 강하다. 이런 긍정 편향의 믿음은 일시적으로 삶의 질을 높이는 데는 도움이 될 수 있으나 실제로 위기에 대응하는 능력을 저하시킬 수 있다. 팬데믹 속에서 이런 편향은 오히려 공공 보건 메시지를 무시하는 행동을 낳을 수 있다. 사람들은 스스로가 긍정적 상태일 때는 긍정적 정보에, 스스로가 부정적 상태일 때는 부정적 정보에 초점을 맞추는 경향이 있다. 실제로 주어지는 사실적인 정보보다 나의 정서가 위험에 대한 지각을 결정하는 것이다.

─────────── 사회적 맥락이 집단의 형성을 결정한다

접촉이 바이러스를 전파하는 상황은 사회적 행동에 대한 큰 전환을 가져왔다. 사람들은 다른 사람에게 인정받고 사회적인 집단에 소속하려는 경향이 있다. 따라서 소속한 집단에 의해 행동의 변화를 만들고 정확하지 않은 정보를 결정적으로 받아들이기도 하는 것이다. 그러나 소셜네트워크의 영향은 정확한 정보와 잘못된 정보를 모두 증가하게 만들었다. 과거의 뉴스와 신문이라는 채널이 아니라 친구의 네트워크, 친구의 친구의 네트워크는 사회적인 전염을 새로운 차원으로 만들어왔으며 전통적인 집단과 다른 형태를 보여주고 있다.

개인에 대한 개념이 얼마나 독립적인가 또는 얼마나 서로 연결되어 있는가의 차이는 문화에 따른다. 전통적인 서구 문화는 개인주의를 강조하는 경향이 크다. 서유럽이나 북미를 제외한 대부분의 문화권은 개인주의보다는 집단과 연결되어 있는 것을 중요시한다. 팬데믹에 대한 대처는 이런 다른 사회 속에서 다른 모습으로 나타났다. 의료 시스템의 상황도 중요한 역할을 했으나, 개인주의적인 또는 집단주의적인 문화도 영향을 미쳤다. 특히 동양권의 국가들은 사회적 규범을 따라가는 것을 강조했으며 개인의 정보나 불편함을 감수하는 것에 대한 수용도가 높은 경향을 보여주었다.

문화에 따라서 그 집단이 얼마나 견고한가 또는 느슨한가의 차이도 있다. 사회적으로 빗나가는 것에 대한 처벌이 강한 집단도 있고 사회적 일탈에 대해 훨씬 허용적인 문화도 있다. 진화론적인 측면에서 볼 때 사회의 전체적인 위협에 대해서는 견고한 사회적 규범을 가지고 있는 것이 더 유리하다. 그러나 견고한 사회적 구조가 새로운 문제를 해결하는 데 항상 도움이 되는 것은 아니다. 허용적인 문화에서 더 창의적인 방법을 찾아낼 수 있고 더 기술적인 혁신도 가능하다. 그러나 변화와 불확실성이 일상이 된 시대에 사회 규범에 대한 문화적인 차이는 집단 내에 혼란과 분쟁을 가중시킬 수도 있다.

공포 정서가 만드는 편향과 차별

공포는 환경의 위협에 대응하는 기제의 복합적인 구성으로 존재한다. 위협이 지각되었을 때 나타나는 부정적인 정서는 전염성이 크다. 공포라는 정서는 즉각적인 반응을 만들어서 생존을 돕는 기제라고 할 수 있다. 그런데 공포가 위협 상황에서 유용한 정서로 기능하려면 생명체가 스스로 대응이 가능하다는 자기 효능감이 있는 상황이어야 한다. 그러나 환경의 위협을 개인이 대응하는 것은 역부족이다. 그래서 사람들이 공포에 대응하기 위한 가장 중요한 전략은 사회적 연대를 이루고 커뮤니티에 속하는 것이다.

위협에 대한 공포를 경험하는 것은 사람들이 자기 자신에 대한 지각과 자신의 주변을 인식하는 것을 바꿀 뿐 아니라 다른 사람들에 대해 어떻게 반응하는지를 변화시킨다. 즉 나의 그룹(in-group)과 남의 그룹(out-group)에 대한 반응에 영향을 준다. 위협을 경험하는 상황은 종종 남의 그룹에 대한 편협함을 늘리고 허용적이지 않은 상태로 만든다. 공포감이 클수록 남의 그룹에 대한 징벌적인 태도가 커지게 된다. 내 그룹과 남의 그룹을 구별하려는 경향이 커지고 사회적으로 거리가 멀어질수록 남의 그룹을 비인격화하고, 공감하지 않으며, 처벌하려는 경향이 커지게 된다.

그러나 반대로 전 세계적인 팬데믹은 종교와 인종의 차별을 줄이는 기회를 제공한다. 개인과 사회와 정부가 합심해야 바이러스의 전파를 막을 수 있다는 것이 확실해졌다. 공동의 목표가 있을 때 사람들은 협동할 수 있고 내 그룹과 남의 그룹의 문제보다 더 큰 전체의 커뮤니티를 생각할 수 있다. 이런 전체적인 범주화—우리는 다 한배를 타고 있다—는 모든 사람의 상태가 같을수록 더 효과적이다. 실제로 협조와 호혜적인 관계가 이루어진다는 것을 아는 지식은 이런 편견을 막고 세계적인 협동을 고무하는 데 도움이 된다(Writght et al., 1997).

불행한 청년과 행복한 노인의 역설

코로나19로 가장 큰 타격을 받은 연령층은 청년이다. "코로나 걸릴까 봐 불안해서 집에만 있다시피 해요. 내가 아픈 것보다 나 때문에 코로나가 주변에 확 퍼질까 봐 겁나기도 하고요. 경제도 안 좋으니 취업도 어렵고 우울해요."

매년 발행되는 「세계 행복 보고서」는 2022년에 10주년을 맞았다. 「세계 행복 보고서」는 유엔 산하 자문 기관인 지속가능발전해법 네트워크가 매년 발표하는 보고서로, 세계 각 나라 거주민들의 행복을 정량화하여 행복 지수로 표현하고 있다. 팬데믹이 세계를 강타한 2020년의 「세계 행복 보고서」에 사람들은 특별한 관심을 보였다. 전 세계가 록다운이 되고 여행도 모임도 하지 못하고 우울했던 시기에 당연히 행복 지수가 떨어졌을 것 같지만 예년에 행복 지수가 가장 높았던 핀란드, 아이슬란드, 덴마크 등 국가의 행복 지수는 떨어지지 않았다. 코로나 블루, 코로나 레드 등 정신 건강의 문제가 많이 우려되던 해의 행복 지수는 국가·인종·성별·경제·연령 등에 따라 다른 영향을 받았음이 나타났다.

평소에 많은 모임과 풍성한 사회적 관계를 누리던 청년은 사회적 활동이 극히 제한되는 것에 더 타격이 컸다고 한다. 외향적인 사람이 코로나 팬데믹으로 인한 우울이 더 심하다는 조사도 있다. 친구가 많은 사람이 팬데믹이 더 힘들었다고 한다. 직업과 미래에 대한 불확실성이 이들을 더욱 불행하게 만들었다. 흔히 생각할 때 노인이 더 코로나에 직격탄을 맞았을 것 같다. 일단 고령자가 코로나에 더 취약하다. 명절에 가족 모임도 금지되었다. 나이가 들면 그렇지 않아도 외로울 것 같은데 자녀가 오지도 않으니 얼마나 더 불행할까 생각이 든다. 그런데 결과는 이와는 반대로 나왔다. 10~20대가 가장 불행하고 연령이 높아지면서 점차 행복 지수가 높아져서 70대 이상이 가장 행복한 것으로 나타났다.

이런 결과가 심리학에서는 놀라운 것이 아니다. 노년에 더 행복하다는 것은 널리 알려져 있다. 스탠퍼드대학의 심리학자 로라 카스텐슨은 사회정서 선택이론을 주창했다. 나이가 들면 정서적인 목표에 더 선택과 집중을 하게 되고, 그로 인해 정서적인 조절을 더 잘하게 된다는 것이다. 이 이론에서 중요한 것은 사회적인 정서이다. 사람들은 사회적 관계에 대한 욕구가 강하다. 사회적인 관계에 대한 사람들의 필요는 배고픈 느낌처럼 감각으로 경험할 수 있는 것이다.

건강하게 나이 드는 것, 장수하는 것에 대한 연구에서 '장수 마을'이 자주 등장한다. 도대체 왜 이탈리아의 사르디나 섬에서는 예전부터 100세까지 건강하고 활동적으로 사는 것이 흔한 일일까. 이에 대해 지중해식 식사에 대한 이야기가 끊임없이 나왔고, 바닷가의 자연 지형 때문이라는 의견도 많았다. 그러다가 최근의 연구들은 식생활이나 자연환경, 유전보다도 사회적인 요소가 훨씬 중요하다는 것을 보여주고 있다. 사회적인 연결이 강하고 고령자가 많은 이탈리아는 팬데믹 초기에 특히 큰 타격을 받았다. 그러나 팬데믹이 장기화되면서 부각된 경제적·사회적·심리적 문제들은 사회적인 거리 두기로 해결할 수 있는 것이 아니었다.

장수 마을이라고 꼽히는 이탈리아의 사르디나 섬이나 일본의 오키나와의 경우 사람들이 평생 그 지역에 살고 평생지기 친구, 이웃들과 가깝게 지내는 것으로 알려져 있다. 장수하는 사람이 있는 것이 아니라 장수하는 마을이 있는 것이다. 나이 들어서 새로운 곳으로 이사하는 것은 힘든 일이다. 이것은 단순히 같은 집에 산다는 것 이상의 의미가 있다. 내가 살고 있는 곳, 나의 커뮤니티가 중요한 것이다. 삶의 여러 세대가 함께 있고 삶의 지혜와 행복을 주고받을 수 있는 공동체가 필요하다.

외로움의 크기를 결정하는 것은 실제로 내 주변에 있는 사람의 숫자가 아니다. 나의 사회적인 기술도 아니다. 타고난 경향성도 있으나 외로움을 결정하는 것은 나의 정서적 조절 능력이다. 외롭다는 것은 인간의 기본적인 본성이다. 인간이 외로움을 느끼는 것은 사회적인 모임을 추구하도록 만든 기제이다. 나의 정서적 조절 능력뿐 아니라 다른 사람에 대한 지각도 외로움을 결정한다. 사회적 관계는 양보다 질이 중요하다. 팬데믹으로 모임이 제한되어 외롭다고는 하지만 만나기 싫은 사람을 만나지 않는 것은 좋다는 의견도 많다. 직장의 모임에 참석을 안 하면 사회성이 떨어진다는 소리를 들을까 봐 나가기도 했었고 따돌림을 당하는 것에 대한 두려움도 있었다. 그런데 팬데믹은 사회적 관계를 재점검하게 만들었다. 매일 만나고 자주 회식을 하던 동료가 나에게 얼마나 의미 있는 관계였는가 생각하게 되었다. 내가 특별히 가치를 두고 중요한 친구들에게 더 집중하게 되었다. 외로운 시기를 보내고 있는 사람들은 관계의 가치를 다시금 생각하게 되었다.

팬데믹, 사회적 관계, 스트레스

팬데믹의 사회적인 영향은 지역사회, 국가와 같은 큰 사회에서만 있는 것이 아니다. 팬데믹은 1인 가구의 경우 혼자 있는 시간을 압도적으로 늘렸고, 가족이 함께 사는 경우 가족들 간의 문제에서 완충 지대가 될 수 있는 공간이 사라지게 했다. 격리 중인 사람들은 혼돈과 분노를 경험하기 쉽다. 특히 여러 사람이 좁은 공간에 함께 격리되는 것은 공격성이 폭발할 가능성이 커지는 위험한 상태를 만든다(Greenaway et al., 2015). 팬데믹이 시작된 이후 가정 내 폭력이 크게 늘었다는 통계가 많다. 다른 스트레스가 없더라도 경제적 스트레스 역시 관계적인 위기를 만들기도 한다.

미국에서 1989년 허리케인 휴고가 닥쳤을 때 이혼율이 급증했다 (Cohan & Cole, 2002). 그러나 허리케인 연구는 환경적인 위기가 결혼율과 출산율 역시 높였음을 보여준다. 이혼율, 결혼율, 출산율이 모두 높아졌다는 것은 위기 상황이 친밀한 관계를 바꿀 수 있음을 시사한다. 큰 스트레스는 가족을 포함한 가까운 관계의 방향을 바꾸어놓았다. 그러나 어떤 요인들이 구체적으로 스트레스로 인한 관계의 변화에 긍정적 또는 부정적 영향을 끼치는지는 간단하지 않다.

전염성이 심한 바이러스를 막기 위한 록다운과 사회적 거리 두기가 장기화되면서 위협적인 상황에 대응할 사회적 연대가 어려워졌다. 가까운 신체적 접촉으로 인사하는 서양의 문화에서는 이전에 가장 친근한 행동이던 볼 키스도, 허그도, 악수도 방역 수칙을 어기는 행동으로 다른 사람을 위협에 빠뜨리는 격이 되었다. 팬데믹으로 인한 정신 건강의 문제가 심각하게 드러났다. 재택근무와 원격 교육, 일자리를 잃은 상황 등으로 외로움을 호소하는 사람들이 급격히 늘었다. 가족과 함께 있는 경우 역시 심각한 문제가 늘었다. 팬데믹이 가장 먼저 시작된 중국의 우한 지역에서는 록다운이 시작되면서 이혼율이 급격히 증가했다. 다른 나라도 마찬가지의 추세를 보였다. 가정 내 폭력이 증가했고, 여성·아동 학대의 심각한 문제가 드러났다. 팬데믹으로 인한 경제적인 스트레스는 상황을 악화시켰다.

코로나 팬데믹이 모든 사람에게 똑같은 영향을 미친 것이 아니었다. 모두가 비대면으로 근무할 수 있는 것은 아니다. 인종과 사회적·

경제적 편차가 어떻게 영향을 미치는지 더 이상 감출 수 없다. 팬데믹 동안 늘어난 스트레스는 여성에게 더 심해졌다. 아이와 남편이 모두 집에 있는 주부의 스트레스에 대해 많은 보고가 있지만, 1인 가구로 사는 여성의 경우도 마찬가지다. 팬데믹으로 늘어난 실업률은 여성이 더 높았다. 판매직이나 서비스직에 여성이 더 많았다는 점에서 비대면으로 노동 구조가 변한 상황이 원인이었다.

코로나 확산을 막기 위해 초중고 학생들이 학교에 거의 가지 못하면서 긴 시간이 지났다. 비대면 수업의 장점이 있다는 학생도 있고 편하다는 학생도 있다. 그러나 교육의 격차가 커지는 위험, 사회적 관계의 부재로 인한 심리적 위험, 집을 피할 수 없는 상황 속에서 아동 학대의 위험이 존재한다. 이런 위험의 수위가 얼마나 높은지는 확진자 수치로 계산하는 감염률과 객관적으로 비교하기 어렵다.

미국의 로드아일랜드주는 초기에 코로나 감염률이 가장 높은 주 중의 하나였다. 주지사 지나 레이몬도는 학교를 닫지 않는 것을 가장 큰 코로나 대응의 목표로 세웠다. 방역 수칙에 최선을 다했으나 감염되는 선생님과 학생들도 나왔다. 계속 변하는 상황 속에서 그때그때 위기에 대처하면서 학교를 열었다. 마스크를 쓰고 사회적 거리 두기를 하는 학교보다 학교 밖에서 감염되는 경우가 더 높으며 이것이 감염 경로의 대부분이라는 통계 수치는 레이몬도 주지사에게 더 확신을 가지고 정책을 결정할 수 있게 했다. 《뉴욕타임스와》의 인터뷰에서 레이몬도 주지사는 이렇게 답했다. "제가 생각하는 수치는 이렇습니다. 코로나로 인한 감염의 가능성이 작지 않습니다. 그러나 학생들이 교육을 비대면으로만 진행할 경우에 학업 성과가 떨어지고, 심각한 정신 건강 문제가 생기고, 영양을 제대로 섭취하지 못하고, 아동 학대와 방치를 당하게 될 가능성은 100퍼센트입니다.”

코로나 팬데믹이 정신 건강에 미치는 영향에 대한 우려도 크다. 그러나 심리학자들은 록다운과 재택근무, 원격 교육 등으로 인한 외로움이 포스트 코로나에 장기적으로 영향을 미칠 것으로 생각하지는 않는다. 코로나 이후 당분간은 대면 만남의 모습이 변화할 것이다. 한국은 자살률이 높은 편이지만 코로나 팬데믹이 시작된 이후 더 높아졌다. 2020년에는 코로나로 인한 사망보다 자살로 인한 사망이 20배나 많았다. 정신 건강의 문제는 시간이 지난다고 해결되는 것이 아니므로 적극적으로 대처해야 한다.

─────── 위협은 '가십'의 사회적 기능까지 바꾼다

우리는 늘 타인에 관한 이야기를 화젯거리로 올린다. 회식이나 모임에서 사람들과 앉아서 무슨 이야기를 했는지 기억해보자. 가족·친구·이웃·동료·정치인·연예인 이야기가 대부분이다. 사람들의 대화를 분석한 연구에 따르면 남에 관한 이야기가 가장 큰 비율을 차지한다고 한다. 사람들은 왜 가십을 하는 것일까? 심리학자들은 가십이 단순히 시간을 때우거나 재미를 위한 것이 아니라 우리에게 유익하고 사회적 기능이 있는 도구라고 한다.

가십의 어원은 고대 영어의 'godsibb', 즉 대부나 대모, 세례 후원자를 말한다. 문자 그대로는 '하느님 안에서 관련된 형제자매나 친지'를 뜻한다. 중세 영어에서 가십은 친한 친구 또는 다른 사람들 이야기를 같이 하는 사람이라는 의미로 사용되었다. 이후에 가십이 만담·잡담이라는 뜻으로 사용되기 시작했고 현대에는 남의 이야기를 하는 것, 특히 구미가 당기는 재미있는 소문의 의미를 담고 있다. 그러다 보니 가십이 나쁜 소문을 퍼뜨리는 것과 동격으로 사용되기도 한다. 가십을 연구하는 학자들은 그 자리에 없는 다른 사람의 이야기를 하는 것으로 가십의 정의를 넓게 사용하고 있다. 실제로 대규모 데이터를 분석한 메타 연구에 따르면 가십의 75퍼센트는 긍정적이지도 부정적이지도 않은 내용이다. 다른 사람이 나에 대해 이야기하는 것은 우리가 생각하는 것보다 더 긍정적이라고 한다. 그리고 부정적인 내용의 가십도 듣는 사람에게 해가 가지 않도록 정보를 공유하는 목적인 경우가 많다.

코로나 팬데믹 동안에 사람들은 부정적인 정서와 불안감이 늘어갔고 집단을 만들고자 하는 동기가 증가했다. 위협을 경험하는 상황에서는 집단에 대한 의식과 의사결정을 변화시켜서 편견을 증가시킬 수 있다. 나의 집단과 남의 집단을 구별하는 집단 정체성은 자기가 소속한 그룹에 대한 호감과 남의 그룹에 대한 부정적 차별성을 늘린다. 코로나로 인해 많은 가십이 온라인으로 옮겨갔다. 그러나 온라인 가십은 악한 의미로 변형되기 쉽고 집단 간 경계를 더 심화시킨다. 위기 상황에 드러나는 편견과 차별은 세계 곳곳에서 문제

점을 드러냈으나 전 인류가 코로나라는 공통된 문제를 대면하고 있
다는 것이 세계 전체에 대한 유대 의식을 만들기도 했다.

—— 감염병 시대에는 제로섬 사고의 극복이 필요하다

커뮤니티 안에 살고 있는 개인들은 도덕적인 규범과 가치에 따라
행동을 조절한다. 사회적으로 옳다고 인정되는 행동을 하는 사람들
은 사회에서 존중받을 수 있으나 사회적인 규범에 벗어나는 행동을
하는 사람들은 사회적으로 가치를 인정받지 못하고 소외될 수 있
다. 이런 사회적인 행동의 기제는 법적인 처벌이 아니더라도 사회적
인 가치 체계가 내재화되어 사회적으로 옳다고 여겨지는 행동을 하
고 잘못된 행동을 피하도록 만든다. 도덕과 협력에 관련된 연구들
은 개인과 집단의 친사회적 행동을 이끄는 기제를 설명한다.

사람들은 기본적으로 다른 사람의 이익이 나의 손해라는 '제로
섬' 사고를 가지고 있다. 특히 경쟁 관계 집단에 속한 누군가의 이
익은 나의 손해가 되고 그 사람의 손해가 나의 이익이 된다는 사고
이다. 바이러스로 인한 팬데믹에서는 이야기가 다르다. 다른 사람이
감염된 것이 나와 모든 사람에게 위협이 되는 것이다. 제로섬 사고
방식은 필요 이상으로 마스크를 쟁여놓고 손 소독제를 사재기하거
나 백신을 맡아놓으려는 행동을 설명할 수 있다. 그러나 필요 이상
의 사재기는 다른 사람의 감염을 막는 데 해를 끼치고 결국은 나에

게 해를 부르는 행동이다. 팬데믹을 대처하는 데 제로섬 사고가 방해된다는 것을 의식적으로 인지하는 것은 감염병의 확산을 막는 데 도움이 되기도 하고 협력하는 사회를 이루는 기제를 구성할 수 있다.

감염병과 팬데믹 자체는 제로섬의 원리로 이루어지지 않지만, 팬데믹과 관련된 자원의 배분은 제로섬이 되는 경우가 많다. 병원과 치료의 가능성은 한정된 자원이다. 백신을 누구에게 먼저 주는가에 대해서는 사회적인 합의가 어느 정도 되어 있었다. 백신은 감염병의 전면에 나와 있는 의료진에게 가장 먼저 가고, 그다음에 고령자, 기저 질환자, 학교 선생님의 순서로 간다는 합의이다. 순전히 감염률을 낮추기 위해서는 활동량이 많은 젊은 사람들에게 먼저 백신을 주는 것이 효용이 높을 수 있다는 의견도 있었다. 그러나 생명이 관련된 문제에서는 수치화하는 효용론은 거부감을 줄 수밖에 없다.

팬데믹과 맞서 싸우기 위해서는 세계 전체의 협력이 필요하다. 그런데 전체를 위한 협력이란 개인의 이익을 희생하는 것도 요구한다. 사람들이 어느 선에서 전체의 이익을 위해 자신의 이익을 희생할지는 상황에 따라 다르다. 팬데믹에서 다른 점은 집단의 위계가 여러 층이라는 점이다. 나와 나의 가족, 이웃, 나의 직장, 지역사회, 국가 그리고 전 세계적인 집단이 팬데믹과의 싸움에서 모두 연관된다. 진화론적인 시각에서는 나의 이익을 가족 전체의 이익으로 연결하여 추구하는 것은 나의 유전자를 보존한다는 점에서 그다지 희생이 아니다. 사람들은 또 단계적인 집단이 있을 때는 큰 집단보다 좀 더 지역적이고 가까운 집단의 이익을 먼저 추구한다. 가족이나 친족, 내가 속한 커뮤니티가 더 중요한 것은 놀라운 일이 아니다.

개인의 이익과 집단의 이익이 충돌할 때 궁극적으로 사회 전체의 시각에서 협력이 이루어지는 것이 개인에게도 유익하다. 그렇다면 어떻게 협력을 더 향상시킬 수 있는지를 고려해볼 수 있다. 이런 협력은 다른 구성원들도 협력할 것을 알 때 더 잘 이루어질 수 있다. 사람들은 협력자에게 보상이 있고 규범을 어기는 경우 제재가 있다는 것을 알 때 더 협력한다(Rand et al., 2009). 다른 사람들과의 긍정적인 상호작용은 사회 전체의 협력을 높일 수 있는 것이다. 사람들이 협력에 대해 의식적으로 생각해볼 수 있고 이타적인 행동을 늘릴 수 있는 상황과 환경이 더 가능할 때 협력하는 행동을 늘릴 수 있다 (Capraro et al., 2019). 남들도 협력한다는 것을 알 때 더 협력하고, 도덕적인 행동이 어렵지 않은 환경이 조성될 때 더 협력하는 것이다.

——————— 사회적 버블에 가려진 커뮤니티의 재발견

팬데믹은 바이러스에 감염되지 않은 사람에게도 불안감과 경제적인 타격으로 인한 스트레스를 가져왔다. 특히 감염병 전파를 막기 위한 사회적인 거리 두기 정책은 사회적 고립과 관계적인 문제를 가져왔다. 백신이 나오기 전인 2020년 한 해는 팬데믹에 대응할 유일한 방법이 사회적 거리 두기였다. 그러나 거리 두기는 불안할 때 더 다른 사람들과 함께하고자 하는 인간 본성과 부딪치는 것이다(Baumeister & Leary, 1995). 사회적 관계는 사람들이 정서를 조절하며 스트레스에 대응할 수 있게 해줌으로써 힘든 시기를 극복할 수 있는 회복 탄력성을 키울 수 있다. 반면 외로움과 사회적인 고립은 스트레스에 대항하는 능력을 저하시키고, 면역 체계와 심혈관 건강을 악화시킨다(Hawkley & Cacioppo, 2010).

외로움은 심리학적인 개념이고 주관적인 마음의 상태이다. 외로움은 주관적으로 느끼는 사회적 연결의 결여라면 고립은 객관적인 사회적 상호작용의 부재이다. 외로움은 객관적인 사회적 연결의 수치로 나오는 것이 아니다. 혼자 있어도 외롭지 않을 수 있고 집단 속에서도 외로울 수 있다.

팬데믹이 관계의 부정적인 측면만 높인 것은 아니다. 좁아진 사회적 네트워크 속에서 가족이나 가까운 친구, 이웃의 중요성이 커지기도 했다. 내가 속한 커뮤니티를 다시 돌아보고 돕고자 하는 경향도 높아졌다. 팬데믹이 다른 위협과 차별화되는 지점은 나 혼자만의 문제가 아니라는 것이다. 사람들은 환경의 위협에 제로섬의 사고를 하는 경향이 있다. 한정된 자원을 가지고 살아가야 한다는 가정 아래 남의 이익을 나의 손해로 보는 것이다. 그러나 바이러스에 의한 감염은 제로섬이 아니다. 팬데믹이 길어지면서 제로섬 논리의 이기적인 행동보다는 정의, 불평등에 대한 사회적인 의식이 상승되었다.

사람의 관계는 가족이나 아주 가까운 관계가 아니라도 가벼운 일상적인 만남이 커뮤니티에 속한다는 소속감을 낳고 사회적인 요구를 충족시킬 수 있는 역할을 한다. 이런 가벼운 만남이 가능하지 않은 상황이 길어지면서 사람들은 어떻게든 적응하고자 한다. 팬데믹에서 깨달은 것은 사회적 관계의 중요성에 대한 자각이다.

항상 사람으로 가득 차 있는 활기 있는 도시의 대명사였던 맨해튼이 팬데믹 초기에 록다운과 사회적 거리 두기로 멈추어버렸다. 혼자 살면서 활발한 사회적 활동을 즐기던 뉴요커들은 큰 타격을 받았고 불안과 패닉 속에 시간이 지나갔다. 팬데믹이 장기화되는 것을 부인할 수 없게 되면서 사람들은 적응하기 시작했다. 사람들과의 만남 자체가 위협이 되는 상황에서 내 바로 주변에 사람들이 살고 있다는 것을 다시 보게 되었다. 옆집에 혼자 사는 할머니가 계신 것을 보게 되었고 아랫집에 개를 키우는 사람이 있다는 것도 알게 되었다. 아무 데도 갈 수 없고 사람들을 만나는 것이 제한된 상황에서 이웃에 사람이 살고 있다는 것을 아는 것만으로도 유대감을 느낄 수 있었다. 저녁때 집 주변을 걸어 다니는 것이 세상과의 물리적인 접촉의 통로가 되었고 나와 비슷한 시간에 반려견을 데리고 나오는 아랫집 이웃과 몇 마디 인사를 시작하면서 새로운 친구가 만들어졌다. 옆집에 혼자 사는 할머니가 이 팬데믹 속에 괜찮으신지 걱정이 되어 조심스레 안부를 묻기도 했다. 서로 방해하지 않는 것을 전제로 살면서 몇 년 동안 인사 한 번 안 하던 이웃 간에 관심이 가게 된 것이다.

이런 새로운 관계가 쉽게 이루어지는 것은 아니다. 개방적이고 다른 사람에 대해 친근한 성격의 사람들에게 더 가능한 일이다. 다른 사람들에게 먼저 말을 붙이는 데는 노력과 의지가 필요하다. 옛 친구들과 관계를 다시금 보기도 한다. 화상으로만 사람들을 볼 수 있는 상황이 되자 가까운 곳에 살든, 지구 반대편에 살든, 직접 만나지 못하는 것은 마찬가지가 되었다. 몇 년 동안 연락하지 않던 옛 친구들과 다시 연락하고 모처럼 화상으로 만나기도 한다. 원격 근무를 하며 새로운 곳에서 살면서 친구를 만나기도 한다. 흔한 경우는 아니지만, 원격 근무가 일반화되면서 예전에는 쉽지 않던 새로운 라이프 스타일이 모험심이 강한 적극적인 사람들 속에서 이루어지기도 한다.

───────── 전통적 집단의 해체에서 디지털 우정까지

사회적 연결은 '절친'만으로 이루어지는 것은 아니다. 가장 가까운 이너 서클에 들어올 수 있는 사람의 수는 한정되어 있다. 우리가 깊이 있는 관계를 유지하기 위해서는 시간적·정신적·물리적 투자가 필요하고 우리의 시간은 한정되어 있다. 이너 서클이 아니더라도 나의 커뮤니티를 만드는 중간 서클이 있다. 의미 있는 사회적 연결은 절친끼리만 맺는 것이 아니다. 함께 등산을 가는 동아리에 참여하여 같이 산행을 하는 날 그 만남은 의미 있다. 친환경 이슈에 관심을 가지고 온라인 커뮤니티에 참여하여 정보를 공유하고 지역사회에서 활동하거나 좋아하는 뮤지션의 팬클럽에서 활동할 때도 사회적 만남들은 의미 있다. 이너 서클이 될 만큼 가까운 관계가 없는 경우라도 의미 있는 사회적 연결은 우리의 삶의 질을 향상시키고 행복을 만든다.

개인화의 진행은 이전부터 이루어지고 있었으나 코로나 팬데믹은 전통적인 집단의 해체를 가속화시켰다. 새로운 세대는 회사를 평생직장으로 생각하지 않은 지 오래다. 대졸 신입 사원 중 50퍼센트가 입사한 지 1년 이내로 회사를 그만둔다는 통계는 이런 추세를 잘 보여준다. 회사에서 승진에 대한 관심도 급격히 줄어들었다. 회사에서 성공하는 것이 나의 인생의 성공이라고 보지도 않는다. 회사에 기대하는 것과 일에 대한 시각도 변했다. 내 시간이 중요해졌다. 이제 유튜버, 블로거, 인플루언서 등은 가장 인기 있는 직업 서열에 들어간다. 유튜브를 비롯한 온라인과 스마트 기기를 통한 학습은 내 손안의 퀵 러닝으로 커리어 변화에 적응할 수 있는 자립형 직업인을 만들어낸다.

이전 공동체의 연결망은 느슨해지고 전 세계가 연결된 공동체로 재구조화되고 있다. 멀리 떨어져 있다는 것은 더 이상 공동체를 구성하는 데 제한이 되지 않는다.

2020년 기준으로 서울시의 1인 가구 비율은 34퍼센트이다. 서울의 주택 가격은 일해서 돈을 벌어 집을 사는 것이 불가능한 수준이다. 코로나 팬데믹으로 재택근무가 확산되면서 주거에 대한 관심이 더 높아지고 있다. 원격 근무가 가능하다는 것은 주거의 옵션을 바꾸었다. 2020년에 외국에서 근무하는 사람들이 한국에 와서 밤낮을 바꾸어가며 일하는 경우가 많았다. 유학생들이 한국에서 원격으로 강의를 들으며 한 학기 혹은 1년을 지내는 경우도 흔하다.

코로나 팬데믹은 환경오염을 줄어들게 했다. 친환경에 대한 의식도 더 높아졌다. 전 세계적으로 코로나로 인한 록다운은 환경오염을 줄인다는 예상치 않은 이점을 만들었다. 원격 근무가 가능한 업종의 경우 재택근무를 하는 것은 매일 출퇴근으로 만드는 공해를 줄일 수 있다.

코로나로 실내 활동이나 대규모 모임이 제한되었지만, 사람의 신체적·심리적 건강에 도움이 되는 공간은 걸어 다니면서 상호작용할 수 있는 곳이다. 기술을 이용해 지속 가능하며 살고 싶은 도시를 추구하는 친환경이 스마트 시티의 중요한 요소이다. 자전거로 유명한 코펜하겐이나 음악의 도시 빈도 스마트 시티 순위에 빠지지 않고 들어간다. 팬데믹은 걸어 다니고, 이웃과 만남이 있고, 자연과 함께하는 삶을 부각했다. 스마트 시티라고 불리는 형태는 차가운 기술과 무인 자동차로만 이루어지지 않는다. 살고 싶은 도시는 공원이 있고, 산책로가 있고, 출퇴근 전쟁이 필요 없는, 기술이 삶의 질을 높이는 곳일 것이다.

팬데믹의 초반에 감염병 확산을 막는 데 성공적이었던 한국에서는 록다운이 심하지 않았다. 그런데 록다운 제약이 컸던 뉴욕 등의 지역에서는 누구와 살 것인가에 대한 생각이 바뀌었다. 이전에는 뉴요커로 혼자 아파트에 살면서 활발한 사회적 활동을 하는 것이 부러움의 대상이었다. 혼자 집 밖에 전혀 안 나가고 사는 삶이 외롭고 정신 건강에 위험한 상황이 되면서 사람들은 새로운 삶의 모습을 찾기도 한다. 결혼해서 부부와 자녀가 산다고 해서 정답인 삶의 모습이라고 생각하기도 어렵다. 누구와 살 것인지는 한 가지 정답을 낼 수 없는 문제가 되었다.

친구들과 같이 사는 경우는 원래부터 많았으나 젊은 시절 가정을 꾸리기 전까지 룸메이트와 산다는 일시적인 모습으로 생각하는 경우가 많았다. 그러나 이제는 친구들과 같이 사는 것은 삶의 한 모습이 되었다. 도심에서 떨어진 곳에 있는 주택에 대한 수요가 높아졌다. 팬데믹은 가까운 이웃과의 만남, 작은 도시의 걸어 다니는, 자연과 함께하는 모습을 추구하는 새로운 모습을 만들기도 한다. 스마트 시티가 추구하듯 중앙 집중이 아닌 분산된 도시, 재활용, 친환경 주거가 선호되고 있다.

옥스퍼드대학의 인류학자이자 진화심리학자인 로빈 던바는 개인이 사회적으로 유지할 수 있는 관계의 숫자를 150명 정도라고 주장한다(Dunbar, 2014). 사람이 가지고 있는 인지적·정서적인 한계로 인해 아주 친한 친구의 숫자는 4명에서 6명을 넘어가기 어렵지만 아주 친하지 않더라도 사회적인 관계를 유지하는 지인들이 있다. 사회적 관계는 우리가 지속할 수 있는 양에 한계가 있다. 새로운 절친이 생기면 자주 연락하기 어려워지는 친구들이 생긴다. 우리의 사회적 관계 중에 절반은 5년에서 7년 주기로 바뀐다는 연구 결과도 있다. 팬데믹이 3년째 지속되면서 사회적 관계가 재정립되고 있는지도 모른다.

비대면 시대에 온라인을 통한 연결이 크게 늘었다. "사회적 거리 두기"보다는 "신체적 거리 두기"라고 표현하는 것이 더 좋다는 의견도 있다. 온라인을 통한 연결도 심리적인 만족에 도움이 될 수 있다. 수동적으로 소셜네트워크를 이용할 경우나 소셜미디어에 표현되는 남과 나를 비교하는 것은 우울감을 높인다는 연구가 많다. 온라인 상의 연결이라도 상호작용이 시간적으로 일치하고, 풍부한 내용을 포함하고, 두 사람의 대화 형식으로 이루어질 수 있다면 연결과 공감을 만들어준다(Waytz & Gray, 2018).

소통의 방법은 변하고 있다. 이전의 효율을 위한 기술에서 소통을 위한 사회적 기술로의 변화는 포스트 코로나 시대의 가장 두드러진 모습 중 하나일 것이다. 이런 사회를 살면서 기술에서 소외된다는 것은 생존의 문제가 될 수 있다. 기술에서 소외될 수 있는 계층에 대한 특별한 사회적인 관심이 필요하다.

팬데믹으로 인해 가까이 있는 친구나 멀리 있는 친구나 만나기 힘들다는 점에서는 똑같이 되었다. 이제 1년에 한두 번 연락하던 외국에 사는 고향 친구와 매주 통화하는 것이 익숙해졌다. 그러나 매일의 일상에서 스쳐 지나가는 마이크로 만남들, 절친이 아니라도 체육관에서 필라테스 수업을 듣고 몇 마디 인사를 주고받으며 운동 이야기를 하는 이들, 직장에서 마주치면서 맛집 정보를 알려주던 동료들, 이런저런 모임에서 마주치면 이야기하는 이들과의 가벼운 관계가 사라지는 것도 외로움을 늘린다. 절친이 아닌 사회적 관계도 중요한 것이다.

내가 사는 공간이 더 중요해졌다. 이제 그 공간은 쉬는 곳일 뿐 아니라 일하는 곳이고, 나를 표현하는 곳이고, 사회적인 만남이 이루어지는 곳이다. 그러나 만남 자체에 대한 사람의 본성은 바뀌지 않았다. 대부분의 사람은 팬데믹이 지나면 다시 예전의 사회적 집단으로 돌아갈 것이다. 팬데믹 이전에 외롭던 사람들은 사회적 거리두기로 인한 관계의 변화가 좀 더 큰 영향을 줄 수도 있다. 그러나 팬데믹 이전에 외롭지 않던 사람들은 팬데믹 이후에 장기적으로 외롭지는 않을 것이라고 예측한다. 디지털 네트워크는 이미 사람들 간 관계의 형태를 바꾸고 있었다. 온라인과 정보를 위한 도구에서 소통을 위한 도구로 확장되었다.

온라인 퍼블릭 공간에서의 소통, 온라인과 오프라인의 하이브리드 소통이 늘어나고 있다. 온라인의 다양한 집단은 주제별 토론과 사교의 공간으로 관심 분야가 겹치는 새로운 공동체를 만들고 있다.

온라인 회의와 업무를 하면서 그 장점을 무시할 수 없게 되었다. 한국에 앉아서 세계 곳곳의 활동에 참여할 수 있다. 그러나 물리적 만남이 없는 것으로 인한 단점도 크다. 교육의 경우 직접 학교에 가서 배우는 것은 수업 내용을 익히는 것보다 훨씬 큰 의미가 있다. 사회적 관계를 맺고 단체와 커뮤니티를 이해할 수 있기 때문이다. 따라서 온라인과 오프라인을 병행하는 형태의 업무와 회의는 포스트 코로나에도 지속될 것이다.

페이스북 친구는 어느 정도 친밀할까? 인스타그램, 트위터 팔로 워는 나에게 얼마나 의미가 있는 사회적 관계일까? 우리 생활을 송

두 번째 바꾼 스마트폰은 2007년에 나왔다. 아주 오래전도 아닌 것 같은데 이제는 스마트폰 없이는 하루도 살 수가 없는 판이다. 심지어 '거의 하루 내내' 스마트폰을 붙들고 사는 사람도 적지 않다. 가족이나 친구들끼리 식당에 앉아 있을 때도 스마트폰을 들여다보고 있는 상황이 낯설지 않다. 디지털 기기는 사회적 관계를 바꾸고 있다.

소셜미디어가 사람들의 정신 건강과 사회적 관계에 미치는 영향에 대한 연구는 아직 새로운 분야이다. 한때 소셜미디어 사용이 외로움을 늘리고 심리적 안녕감을 낮춘다는 연구 결과가 언론에 많이 보도되었다. 그러나 이 결과는 참여자의 연령에 따라 많이 다르다. 캐나다의 심리학자 제프 핸콕은 2006년부터 2018년까지 출판된 소셜미디어 사용과 심리적 삶의 질의 관계를 연구한 226개의 논문을 메타 분석 방법론을 이용하여 살펴보았을 때 소셜미디어가 심리적 삶의 질을 높이는 측면과 낮추는 측면이 모두 있다는 것을 발견했다(Hancock, 2019). 27만 5000명이 넘는 사람의 자료를 바탕으로 한 연구의 결과로 핸콕은 개인의 기술 사용에 관한 변인까지 모두 고려할 때 소셜미디어가 삶의 질에 미치는 영향은 "거의 제로"라고 결론지었다.

그러나 소셜미디어를 친구와의 소통을 위해 사용하는 경우는 삶의 질을 높일 수 있다. 이런 경향은 나이 든 사용자들에게 더 높았다. 핸콕의 메타 연구에서도 연구 결과를 연령별로 분석하면 장·노년층에게는 소셜미디어의 사용이 사회 관계적 삶의 질을 눈에 띄게 높였다. 장·노년층의 소셜미디어 사용은 이미 장성한 자녀와 더 가깝게 하고 같은 지역에 살고 있지 않은 친구들과의 소통을 더 많이 하게 하는 연결과 사회적 관계의 통로가 되고 있다고 한다.

미시간주립대학의 케이스 햄튼은 2255명의 성인을 대상으로 한 연구에서 소셜미디어를 사용하는 사람들이 오프라인에서도 더 활발하고 튼튼한 사회적 관계를 유지한다는 것을 보여주었다 (Hampton, 2011). 예를 들어 페이스북을 사용하는 사람들이 그렇지 않은 사람보다 도움이 필요한 일이 있을 때 더 도움을 받고, 조언을 받거나 친밀한 사회적 관계를 유지한다는 것이다. 햄튼은 이 연구 결과를 소셜미디어를 활발하게 사용하는 것이 (페이스북을 하루에도 몇 번씩 체크하는 등) 결혼을 하거나 누군가와 함께 사는 것의 절반 정도 의 사회적인 지지 효과가 있다고 설명한다. 이런 연구 결과들은 일 반적인 우려와는 달리 소셜미디어 사용이 삶의 질에 모두 부정적인 영향을 주는 것은 아니라는 것을 말해준다.

이미 가까운 친구들이 오프라인에 있다면 온라인으로도 연결되 는 것은 사회적 연결을 더 깊게 한다. 온라인 집단은 보통 오프라인 에서 시작한다. 학교 친구, 동네 친구, 직장 동료 등 이미 오프라인에 서 시작한 사회적 관계는 온라인에서도 연결될 때 더 돈독해질 수 있다. 보통 페이스북 친구의 25~30퍼센트는 실제로도 친구라고 한 다. 소셜미디어는 잊혔던 친구를 다시 연결해주기도 한다.

사회적 연결의 모습은 변했다. 소셜미디어는 사회적 연결망을 늘 렸다. 그러나 그 넓어진 연결망이 모두 깊이 있는 연결은 아니다. 소 셜미디어에서 연결된 친구 중 대부분은 절친은 아니다. 앞으로도 절친이 되지는 않을 것이다. 평생 만날 일이 없을 수도 있다. 그러나 소셜미디어로 인해 우리는 서로의 사는 모습을 알고 있다. 아이가 태어난 것도 알고 직장을 바꾼 것도 알고 있다. 마라톤을 뛰는 것도 알고 취미가 음악 연주와 요리라는 것도 알고 있다. 환경 문제나 차별, 사회적 부정의와 같은 정치·사회적인 이슈에 적극적으로 활동하는 것도 알고 있다. 우리가 동의하는 사회적 이슈가 올라오면 기부도 한다. 절친이 아니라고 해도 소셜미디어는 우리의 커뮤니티를 만들고 있다.

──────────── 불확실한 미래에도 희망은 있다

코로나 팬데믹으로 인해 몇 년이 그냥 없어진 것 같다고 말하는 사람들이 있다. 그러나 그 시간이 그냥 흘러간 것이 아니다. 산업과 사회에 엄청난 변화가 일어났고 사람들의 사고의 패러다임도 급격히 변했다. 초기에는 감염병을 두려워했고 불확실한 미래에 대해 당황했다. 끊임없이 누군가를 탓하기도 하고, 내가 비난의 대상이 되면 어쩌나 하는 불안감도 계속 있었다. 경제적으로 고통받는 사람들이 급증했고 외로움과 우울을 호소하는 사람들이 많아졌다.

하지만 이전으로 되돌아가는 것이 아니라 새로운 시대가 시작되는 것이라는 것이 점차 확실해지면서 사람들은 적응하고 변화하기 시작했다. 코로나 팬데믹은 기술의 발달을 가속화시켰을 뿐 아니라 변화를 받아들이는 속도도 빠르게 했다. 변화를 받아들이는 데는 시간이 걸린다. 그러나 팬데믹은 변화를 받아들일 수밖에 없는 상황을 만들었다.

가상 회의를 위한 플랫폼들이 점점 많아지고 있으며 가상 사무실뿐 아니라 가상 파티를 위한 플랫폼이 앞다투어 출시되고 있다. 줌에서와 같은 떠다니는 머리로 이루어진 화면 대신 잔디 언덕과 가상 지도가 있고 참가자는 화살표 키를 눌러 주변을 이동한다. 실제 모임에서처럼 사람들은 무리 지어 모이거나 헤어질 수 있다. 다른 사람에게서 멀어질수록 목소리도 더 멀어진다.

원격 근무와 가상 회의의 출현은 업무의 사회적 측면과 실제 업무 수행의 분리를 의미했다. 동료들과 점심을 먹고 잠시 쉬면서 이런저런 이야기를 하는 대신에 다시 근무하는 것이다. 직장 생활의 사회적인 기능이 줄어든 것이다. 점심시간이나 저녁 회식까지 직장 생활의 일부로 여기던 이전의 조직 문화는 현재의 젊은 세대들에게는 맞지 않는 개념이기도 하다. 팬데믹이 끝난 후에도 원격 근무나 가상 회의가 없어지지 않고 전통적인 사무실과 가상 공간의 하이브리드 형태의 근무가 널리 받아들여질 전망이다. 그렇지만 전통적인 대규모 컨퍼런스도 어느 정도는 다시 되돌아올 것으로 예측한다. 팬데믹 초기에 감염병 슈퍼 전파를 만들었던 대규모 국제 컨퍼런스가 다시 시작되더라도 원격 참석의 선택은 확실히 계속될 것으로 전망한다.

코로나 팬데믹을 겪으면서 메타버스라는 단어가 실생활에 깊이

들어왔다. 메타버스는 가상과 초월을 의미하는 '메타(meta)'와 세계와 우주 등의 현실 세계를 의미하는 '유니버스 (universe)'의 합성어로 3차원 가상 세계를 의미한다. 이전에도 분명히 있었던 개념인데 최근에 각광받는 이유는 통신과 그래픽 기술의 발전으로 실시간 소통이 가능하고 많은 사람이 동시에 참여할 수 있기 때문이다. 메타버스는 아바타를 이용해서 가상 현실 속의 사람들과 대화도 나누고 업무도 할 수 있는, 사회적·경제적·문화적 활동을 하는 3차원의 가상 세계이다. 이전까지는 이런 가상 현실, 증강 현실을 게임이나 오락으로만 생각해왔으나 이제는 삶과 업무와 사회생활을 위한 플랫폼이 되었다. 특히 증강 현실은 의료, 교육, 제조업 등 산업 전반에서 활용되고 몰입감 있는 경험과 교육 효과를 만들어내고 있다.

가상 현실과 증강 현실 기술은 가까운 시일 내에 기업과 교육 시장에 넘쳐날 것이며, 이 새로운 기술 사회적 상호작용을 변화시킬 것이다. 스탠퍼드대학의 제레미 바일렌슨(Jeremy Bailenson) 교수는 심리학 연구를 통해 가상 공간에서의 만남이 사회적 상호작용을 본질적으로 어떻게 변화시키는지 연구하고 있다(Bailenson, 2018). 한 예로 가상 경험이 친환경 행동, 공감 및 건강 행동을 변화시킬 수 있다는 결과가 있다. 가상 현실로 실제로 참여해보기 어려운 상황을 참여해보면서 새로운 경험을 하는 효과가 있다. 바닷속을 가상 현실로 경험하면서 미세 플라스틱과 오염 장면을 보는 것은 환경 문제와 기후 변화를 더 절실히 느끼게 하고 친환경적 행동을 늘릴 수도 있다. 증강 현실 공간에서 시뮬레이션된 반려동물이 사회적 상호작용을 변화시킨다는 것을 보여주기도 했다. 이런 결과는 가상 현실에서의 경험이 우리의 인식에 영향을 미치고 사회적인 의의를 가지는 것을 보여준다.

알파고가 등장했을 때 가졌던 충격이나 인공지능에 대한 반감, 두려움은 사라지고 있다. 이제 어떻게 기술을 활용할 것인가, 어떻게 윤리적인 기술을 만들 것인가가 초점이 되고 있다. 학생들은 기계 선생님과 공부하고 교육은 초개인화되어간다. 기계 선생님은 틀린 문제 오답 노트를 만들어주는 등 개별화된 교육의 장점이 있다. 외국의 어떤 대학에서는 교수보다 프로듀서를 더 활발히 고용한다는 소식도 들린다. 안내 로봇에 대한 수요가 급증했다. 자율 주행차도 계속 발달하고 수용이 늘어가고 있다. 원격 의료에 대한 관심도 높아지고 있다. 교육은 초개인화되어가고 있다.

정보와 커뮤니케이션 기술은 우리 삶의 가장 최전선에 자리하고 있다. 마이크로소프트의 홀로렌즈의 첫 데모에서는 딸과 증강 현실로 만나서 노는 아빠가 나온다. 이 기술은 산업체의 효율을 위해서도 사용될 수 있지만 사회적인 연결을 향상시키고 우리가 더 인간적인 삶을 살도록 쓰일 수 있다. 포스트 코로나 시대에 새로운 희망이 있다. 그 희망의 중심에는 변화를 수용하는 인간의 능력이 있다. 코로나는 기술 발달을 가속화시켰을 뿐 아니라 변화를 받아들이는 것을 가속화시켰다. 이전으로 되돌아가는 것이 아니라 새로운 시대가 시작되는 것이다.

3장

Geography

정지된 일상,
포스트 코로나 시대를 위한 지리의 법칙

이건학

(서울대학교 지리학과)

세계화 시대의 공간 이동은 사람들의 일상이자 세계 경제를 움직이는 동력이다. 하지만 절대 멈추지 않을 것 같은 모빌리티 세상이 코로나로 인해 한순간 정지하였다. 전염병의 확산을 막기 위한 사회적 격리와 거리 두기는 우리의 삶과 질서에 새로운 변화를 강요하였다. '모빌리티가 가져온 임모빌리티 세상의 역설'은 우리가 불가피하게 선택한 모빌리티 통치의 결과일지 모른다. 하지만 무엇보다 중요한 것은 우리가 이미 모빌리티 전환기에 들어섰다는 점이며, 새로운 모빌리티 노멀이 우리의 삶과 공간에 어떤 영향을 미칠지에 대한 고민, 그리고 그 노멀이 만들어낼 새로운 격차와 불평등, 공간의 변화가 무엇인지에 대한 진지한 성찰이 필요하다는 것이다.

팬데믹이 만든 임모빌리티 세상

　2020년 3월 11일, 테드로스 아드하놈 게브레예수스 WHO(세계보건기구) 사무총장이 코로나19(COVID-19) 감염증을 글로벌 팬데믹(세계적 대유행)으로 선언한 이후, 코로나19는 전 세계 사람들의 일상에 전방위적인 영향을 미치고 있다. 2019년 겨울, 중국에서 첫 확진자가 발생한 후 2020년 2월 무렵 아시아 지역은 이미 경계 태세에 돌입하였고 세계적 전염이 진행되었다. 그러나 그때만 하더라도 명시적인 고백이 없는 상황에서 코로나는 국지적 유행 정도로 치부되고 있었다. 하지만 3월 초 WHO의 팬데믹 선언은 급격한 전환적 시점이 되었으며, 전염이 심각해진 지역의 국가를 중심으로 발 빠른 대응이 시작되었다. 각 국가는 코로나의 전염을 늦추거나 막기 위한 각종 보호 조치와 사회적 제재를 시행하였다. 국가별 방역 정책과 법적·제도적 규제와 정도는 모두 달랐지만, 카페·음식점·쇼핑몰·극장 등의 폐쇄와 지역 봉쇄, 그리고 사회적 거리 두기와 같은 개인 간의 공간적 격리 정책은 21세기를 살아가는 모든 사람의 모빌리티(mobility)[1]에 커다란 도전이 되었다.

실제로 코로나 팬데믹은 우리의 일상에 엄청난 영향을 미치고 있다. 도시 속 사람들의 움직임을 바꾸었고 우리가 알고 있던 공간과 시간의 질서를 점차 변화시키고 있다. '정확한 시간'에 '정확한 공간'을 점유하던 이전의 삶과 확연히 달라졌다. 지금껏 우리가 경험한 일상에서 아침 8시 출근 시간은 지하철과 버스가 수많은 사람으로 몸살을 앓고, 고층 빌딩 숲으로 둘러싸인 강남역과 을지로입구역 앞 건널목은 사무실로 향하는 직장인들로 가득 찬다. 그 시간, 지하철역 앞에는 아침을 거르고 바삐 나온 직장인을 위해 김밥이나 샌드위치와 같은 빠르게 한 끼를 해결할 수 있는 음식이 준비되어 있다. 정오가 되면 오전의 업무를 뒤로하고 허기진 배를 채우기 위해 내달릴 준비를 하는 수많은 사람이 똑같은 건널목에 모여든다. 그리고 오후 6시, 같은 건널목에 지친 표정의 수많은 사람이 다시 모인다. 이번에는 고단한 하루를 마감하고 또 다른 공간으로 이동하기 위해서다.

코로나는 오랫동안 익숙해졌던 사람들의 일과를 재택근무, 홈스쿨링으로 대체하면서 기존의 활동 시간과 공간에 큰 변화를 가져왔으며, 우리 삶의 모빌리티 패턴을 모두 바꾸고 있다. 점심시간이면 줄을 서서 기다려야 하는 직장 주변의 음식점과 카페는 연휴 기간인 듯 조용하기 그지없다. 똑같은 시간 똑같은 건널목을 쉼 없이 지나가는 사람들의 풍경은 사라지고, 연일 음식 박스를 실은 스쿠터들이 사람 대신 들락날락한다. '사람은 멈추고 물건만 이동하며', 이를 보조하는 물적 모빌리티만 존재한다. 밤만 되면 화려한 조명과 네온사인으로 불야성을 이루던 도심 상가와 유흥 지역은 저녁 10시가 되면 하나둘 불이 꺼지는 낯선 풍경을 자아내고 있다. 마치 통금 시간이 있던 1970년대로 돌아간 모양새이다.

주중의 일상과 마찬가지로 주말도 많은 변화를 겪고 있다. 보통의 주말은 일상에서 벗어나 교외로 나가려는 행렬, 그리고 그 대열에서 조금이라도 벗어나 도로에서의 시간 낭비를 줄이려는 잰걸음으로 시작된다. 오전 10시면 주요 고속도로와 요금소는 이미 거대한 대열을 이루고 전국의 산, 계곡, 바다, 관광지로 대규모 주말 이동이 일어난다. 하지만 지금은 멀리 이동하지 않는다. 그마저도 가족 단위로 즐길 수 있는 캠핑장이나, 살고 있는 거주 공간을 중심으로 걸어서 갈 만한, 아니면 차로도 매우 짧게 이동하는 근거리 생활 움직임만 보인다.

세계화 속에서 절대 멈추지 않을 것 같은 모빌리티 세상이 코로나로 정지되었다. 인터넷과 5G 네트워크, 스마트폰, 모바일 플랫폼, 사물인터넷(IoT) 등의 정보통신 기술과 더불어 무인 자율 자동차, 개인형 모빌리티 장비와 같은 첨단 교통수단의 급격한 발전은 초연결 사회(hyper-connected society)로의 진화를 가속화하였다. 또한 특정 지역이나 국가를 중심으로 고정된 세상이 아니라 움직이는 세상으로의 전환을 가져왔다. 하지만 이름마저 생소했던 코로나가 끊임없이 나아갈 것 같았던 모빌리티 세상을 멈추고 우리가 원하든 원치 않든 새로운 질서를 부여하고 새로운 변화를 강요하고 있다. 자발적이면서 강제적이고, 일시적이면서 지속적일 수 있는 새로운 변화이다.

코로나 유행은 언제까지 지속될까? 백신과 치료제는 인류가 지금까지 그래왔듯 여러 질병과 함께 살고 죽고를 반복하면서도 인류를 지속시켜왔다. 전대미문의 코로나 전염병이라지만 언젠가는 이 질병 역시 멈출 것이고 인간은 다시 움직일 것이다. 하지만 많은 사람이 이구동성으로 내뱉듯 '코로나 이전'과는 다른 '포스트 코로나' 시대가 올 것이다. 하지만 과연 어떻게 다를까? 이를 알아보기 위해 먼저 21세기 모빌리티 전환의 역설을 논의하고, 코로나로 인한 자율적·사회적 모빌리티의 제동, 다시 말해 모빌리티에서 임모빌리티(immobility) 사회로의 이행 과정을 우리나라의 모빌리티 경관 변화를 통해 살펴볼 것이다. 이를 통해 향후 포스트 코로나 시대의 '모빌리티 노멀(normal)'은 무엇일지 전망해보고자 한다.

──────── 21세기의 호모 노마드는 어떻게 탄생했는가

최근 무인 자율 주행 자동차, 전동 킥보드와 같은 개인형 이동

장비의 보급 등은 자동차, 기차, 비행기 등으로 대변되는 전통적인 교통수단의 발달을 넘어 새로운 '모빌리티 사회로의 전환(mobility turn)'을 가속화하고 있다. 세계화 속에 우리는 이미 모빌리티 세상 속에 있지만 모빌리티 개념은 21세기에 들어 크게 주목받기 시작하였다. 영국의 사회학자 존 어리(John Urry)는 2007년 『모빌리티(Mobilities)』(강현수·이희상 역, 2014)라는 책을 통해 세상을 움직이는 핵심 동인이자 세상을 바라보는 방식의 틀로써 모빌리티를 정의하고 있다. 존 어리의 모빌리티 관련 연구의 집대성이라 할 수 있는 이 책에서는 모빌리티 패러다임에 대한 이론과 방법론에 대한 고찰에서부터, 모빌리티를 가능하게 해주는 자동차·기차·항공·통신 등의 모빌리티 시스템, 그리고 사회적 네트워크의 확대와 사회 시스템으로서 모빌리티의 사회적·공간적 영향력까지 폭넓은 논의가 이루어지고 있다.

어리가 제시한 모빌리티 사회의 특성은 사람·사물·장소의 연결이 기존의 지리적 근접성이나 경계에 기반한 대면적 상호작용과 네트워킹에 의한 것이 아니라, 육체 이동(예: 직장으로의 출퇴근, 이주, 이민), 사물 이동(예: 상품, 재화), 통신 이동(예: 휴대전화, 메시지, 우편), 상상 이동(예: 인쇄 및 시각적 매체를 통한 장소와 사람의 이동), 가상 이동(예: 네트워크를 통한 다양한 가상 세계 이동)과 같은 다양한 형태의 '상상된 현존'을 통해 사회적 관계가 형성된다는 것이다. 모빌리티 세상에서는 사물이나 장소의 현존과 부재가 모호하고, 정태적이고 정주(定住)적이지 않으며, 오히려 상호작용적인 모빌리티들의 다양한 연결에 따라 움직이며 유목(遊牧)적이다. 다시 말하면, 모빌리티 관점에서 사회는 고정되고 구조화된 것이 아니라 동적이며 유동적 시스템의 상호작용체라 할 수 있다. 이러한 측면에서 어리는 기존의 사회과학적 접근이 사회 및 공간 조직을 변화시키는 이동성에 크게 주목하지 않으며, 결과적으로 개별적이며 파편화된 연구를 수행하고 있다는 점에서 모빌리티 패러다임에 기반한 새로운 방법론이 필요함을 강조하고 있다(이희상, 2016). 최근 철학·역사·문학 등의 인문학 분야에서 '모빌리티 인문학'에 대해 관심이 높아지는 것 역시 인간의 행위와 상호작용의 근간을 '정주'보다 '이동' 속에서 찾고자 하는 열망이라고 볼 수 있다.

이와 같은 거대한 사회적 전환을 가져온 모빌리티를 가능하게 해주는 것은 다양한 모빌리티 시스템이다. 어리는 크게 걷기·기차·자동차·비행기·통신이라는 모빌리티 시스템을 언급하고 있다. 걷기·기차·자동차가 육체 및 사물의 물리적 이동을 향상시켰다면, 인터넷·모바일 기기 등을 통한 정보통신 시스템은 가상·상상·통신 이동과 같은 비물리적 모빌리티의 핵심적 기술이다. 이러한 정보통신 기술은 네트워크를 통해 사람·사물·장소를 연결하고 이동을 촉발하게 되는데, 이 모든 것은 네트워크 자본(network capital)을 통해 가능하다. 어리가 제시하는 네트워크 자본의 구성 요소에는 모빌리티 수단을 이용할 수 있는 역량이나 이메일·메신저 등 네트워크 사용 능력, 정보통신에 접근할 수 있는 각종 통신 장비, 대면 모임을 위한 장소·자동차·기차 등 각종 모빌리티 시스템에 대한 접근성 등이 포함된다.

　이러한 네트워크 자본은 개인용 자동차·휴대전화·인터넷 등 지극히 개인화된 네트워크를 강조하고 있으며, 이동성에 기반한 유목주의적 접근을 전제하고 있어 21세기 디지털 시대의 '노마디즘(normadism)'[2]에 바탕을 둔다고 볼 수 있다. 그럼에도 면대면 만남 역시 네트워크 자본을 유지하는 데 중요한 요소로 인식하고 있다(이희상, 2016). 네트워크 자본은 사회적 배제와 포섭을 통해 사회적·공간적 불균등을 초래할 수 있으며, 기존 모빌리티 경관을 새롭게 변화시킨다. 또한 인간이 직접적인 네트워크 노드(node)가 되기도 하며 인간과 사물·기계가 결합된, 현실 세계와 가상 세계가 혼합된 다양한 '혼종성(hybridity)'을 보이기도 한다. 따라서 이러한 네트워크 자본의 관리는 정부나 국가에 있어 사회적 통합과 유지에 매우 중요한 임무가 된다.

　사물·자본·사람의 이동은 오랜 인류 역사 발전을 위한 동력이었으며, 지역과 국가의 경계를 넘어 새로운 공간성과 공간 관계를 만들며 인류 사회의 발달을 이끌어왔다. 프랑스 경제학자 자크 아탈리(Jacques Attali)의 저서 『호모 노마드(L'homme Nomade)』(이효숙 역, 2005)에서 말한 것처럼 인류 역사에서 정주성(settlement)은 아주 잠시이며, 인간은 본질적으로 노마드일지 모른다. 지리상의 발견이나 언어·종교·문화 등 문명의 전파, 정착민에 대한 정복과 전쟁 모두 노마드에서 비롯한 산물이며, 인류 역사 자체가 노마디즘의 과정과 실현이라 할 수 있다. 오늘날 우리는 스마트폰, 노트북 등과 같은 모바일 디지털 장비로 언제 어디서나 손쉽게 네트워크에 접속할 수 있는 자유롭고 유연한 모빌리티 역량을 가지게 되었다. 반면 늘 움직이지 않고 네트워크에 연결되지 않으면 네트워크 자본에서 배제될 수 있다는 점에서는 이 시대를 살아가는 현대인들은 가히 '디지털 노마드(digital nomad)'라 할 수 있을 것이다.

—————————— 우리가 몰랐던 팬데믹 쇼크의 비밀

21세기 모빌리티 전환은 우리가 살아가는 공간의 생성과 조직에도 큰 영향을 미치고 있다. 어리가 말하는 전통적인 모빌리티 시스템에 기반한 육체와 물건의 물리적 이동은 사실 지리학의 핵심적 분야 중 하나인 공간 조직론의 중요한 원리로 공간 상호작용 이론에서 다루어온 연구 주제이다. 공간 상호작용 이론의 골자는 공간에 분포하는 장소 간에 발생하는 모든 종류의 이동, 예를 들어 사람·상품·자본·정보 등의 흐름은 장소 간의 상호작용을 유발하는 메커니즘에 의해 발생한다는 것이다.

장소 간 상호작용의 원인으로 미국의 지리학자 에드워드 울만(Edward Ullman)은 상보성, 수송 가능성, 개입 기회를 제시하고 있다(Ullman, 1956). 상보성은 서로 다른 지역이나 장소 사이에 사람이나 상품·서비스 등의 상호적 필요성이라 할 수 있다. 예를 들어 알프스의 험한 산을 가로질러 이탈리아와 독일이 활발히 교역할 수 있는 것은 독일에서 생산되는 맛있는 소시지와 맥주에 대해 이탈리아의 수요가 많고, 올리브나 와인과 같은 이탈리아 지중해 연안에서 생산되는 상품에 대한 독일의 수요도 동시에 많기 때문이다. 하지만 상보성에도 불구하고 수송 가능성이 떨어진다면, 즉 수송 비용이 지나치게 높다면 상호작용은 어려울 수 있다. 따라서 거리가 멀수록 상호작용이 낮아지고 이동성이 낮아지겠지만 새로운 모빌리티 수단의 발달은 이러한 거리 마찰을 최소화하여 수송 가능성을 높일 수 있으며, 극단적으로는 한계비용을 제로로 만들 수도 있다. 장소 간 상호작용의 필요성과 가능성이 큼에도 불구하고, 이 장소 외 다른 곳에서 더 싸고 좋은 품질의 상품을 제공한다면 기존 장소 간의 상호작용, 즉 모빌리티 양상은 점차 변하게 될 것이다. 이러한 과정을 개입 기회라 부른다.

도시 내 직장으로의 출퇴근 패턴도 직장이 밀집한 고용 중심지의 위치와 사람들이 주로 거주하고 있는 정주 공간의 불일치로 인한 상호작용의 결과라 할 수 있다. 도시를 구성하고 유지하는 데 필요한 각종 도시 기능들, 예컨대 비즈니스 업무·상업·공공 행정·교육·주거 등은 공간적으로 분산되어 있기 때문에 이러한 기능이 집적된 장소 간에 상호작용이 발생한다. 국가적 규모에서 직장을 구하거나 교육 기회를 얻기 위해 농촌에서 도시로, 그리고 지방에서 수도권으로 이동하는 것이나 해외 유학·이민·외국인 노동자의 유입과 같은 국제적 이동 역시 모두 공간적 상호작용에 따른 결과라 할 수 있다. 즉 현재 우리가 보고 있는 도시의 현존은 모빌리티가 만들어낸 '모빌리티 경관(mobility landscape)'이라 할 수 있다.

어리의 모빌리티 전환은 지리학의 공간 상호작용 이론에서 통신·가상·상상과 같은 비물리적 모빌리티 시스템의 확장이라 할 수 있다. 비물리적 공간 상호작용은 물리적 공간에 직접적으로 위치하지 않지만 이동 중에도 스마트폰·인터넷·소셜네트워크·메신저 등의 이동통신 기술을 통해 연결되어 항상 사회적 네트워크를 유지할 수 있는 연결된 현존을 가정해야 한다. 즉 현실·가상·도시·사물 등이 결합된 혼종적인 모빌리티 공간이라 할 수 있다. 인구 이동, 혁신과 기술의 공간적 확산과 같은 사회경제적 프로세스는 모빌리티 공간에서 실현된다. 예컨대 도시는 사람들의 집중과 이동에서 시작되며, 그 이동을 통해 네트워크가 만들어지고, 네트워크의 연결이 교차하는 곳에 노드가 생성되며, 각 노드는 기능적 특성에 따라 계층성을 갖고, 계층화된 네트워크 사이의 공간을 메워가며 도시 전체의 모빌리티 공간이 완성된다.

이러한 모빌리티 공간을 따라 사람·정보·아이디어·혁신의 이동이 발생하며 인류 발전의 궤적이 그려진다. 세계화는 도시 모빌리티의 글로벌 버전에 해당하며 어리가 말하는 모든 모빌리티 시스템이 상호작용하는 인류 역사상 가장 극대화된 모빌리티 경관일 것이다. 하지만 이러한 모빌리티 공간은 반드시 긍정적인 이동만 보여주는 것은 아니다. 2020년 코로나19의 세계적 전파는 예기치 못한, 게다가 원하지도 않았던 부정적 모빌리티의 단면을 보여준다. 이미 세계화된 모빌리티는 인류에게 해가 되는 각종 질병의 '팬데믹'을 불러왔으며, 이러한 팬데믹은 인위적 힘으로는 절대 멈춰지지 않을 것 같던 모빌리티 사회를 빠르게 임모빌리티 사회로 변모시키고 있다. 모빌리티가 만들어낸 임모빌리티 세상, 모빌리티의 역설인 것이다.

전 세계를 빠르고 쉽게 이동할 수 있고 세계적 네트워크에 끊임없이 연결할 수 있는 모빌리티 사회에서 우리는 이미 많은 부작용을 경험하고 있다. 미세먼지·초미세먼지의 세계적 확산, 플라스틱 및 환경오염 물질의 지구적 순환, 전 지구적 기후 변화, 세계 곳곳에서 발생하는 각종 테러 활동, 글로벌 마약 유통 등이 그러하다. 팬데믹 역시 이러한 부작용에 해당하며 지금 우리가 겪고 있는 가장 지독한 재앙 중 하나이다.

전염병은 인류 역사에 있어 늘 중요한 영향을 미쳐왔고 당대의 변곡점이 되곤 하였다. 팬데믹으로 볼 수 있을 주요한 질병은 14세기 유럽 인구의 3분의 1을 감소시킨 흑사병이나 16세기 아메리카 대륙의 아스텍·잉카 문명을 무너뜨린 천연두, 1888년 아프리카 우역바이러스 등이 있다. 근래에는 1918년 스페인 독감이 약 5000만 명의 사망자를 내며 가장 피해가 컸던 글로벌 팬데믹의 전염병으로 인식될 수 있다. 1948년 WHO가 설립 후 직접 팬데믹을 선언한 사례는 1968년 홍콩 독감(약 100만 명 사망), 2009년 신종 플루(약 2만 명 사망)에 이어 코로나19가 세 번째이다. 하지만 이외에도 2002년 중증급성호흡기증후군(SARS)이나 2012년 중동호흡기증후군(MERS), 2014년 에볼라바이러스와 같이 전염률이나 치사율이 매우 높아 세계적 유행에 근접한 질병이 근래에 자주 창궐하였음을 주목할 필요가 있다. 더욱 중요한 것은 세계적 유행의 질병 발생이 점차 주기가 빨라지고 있다는 점이다. 그리고 2019년 팬데믹이 마지막이 아니라 앞으로 닥칠 수많은 팬데믹의 시작일지도 모른다는 것은 매우 우려되는 지점이다. 이는 모빌리티 사회가 만들어내는 부작용에 대해 항상 귀를 기울여야 하는 이유이기도 하다.

코로나19의 시작과 원인에 대해 다양한 측면의 과학적·역학적 접근이나 정치적·경제학적 해석이 있을 수 있다. 하지만 모빌리티의 역동성 차원에서 현 상황을 바라본다면 어쩌면 무한 질주의 디지털 노마드에 대한 자율적 제동이자, 점차 극한으로 증가한 엔트로피(entropy)를 낮추는 자발적 작동일지도 모르겠다.[3] 세상의 진보 과정을 엔트로피로 본다면 모빌리티 에너지의 양은 항상 일정한데, 이러한 가용한 에너지를 인류의 진보를 위해 지금껏 계속 사용해온 것이다. 그리고 오늘날에 와서 모든 모빌리티 에너지는 완전히 고갈되고 더 이상의 활동이 없는 임모빌리티 상태, 즉 최대 엔트로피 상태에 도달한 것이다. 지금의 모빌리티 전환은 또 다른 새로운 질서를 만들기 위한 '무질서의 경관'이지 않을까? 모빌리티 사회는 멈추지 않는 설국 열차가 될 것인가에 대한 질문의 답을 우리는 이미 알고 있다. 세계 각국, 각 지역은 근대 이후 유례없는 국경 봉쇄와 출입 통제 등을 통해 사람들 사이의 사회적 관계를 제한하고 있다. 언젠가는 다시 엔트로피가 증가하겠지만 과연 코로나 이전의 모빌리티 경관으로 돌아갈 수 있을까? 포스트 코로나 시대의 모빌리티 노멀은 어떤 모습일까? 아마도 새로운 이동 질서와 공간 상호작용 원리에 따른 공간 재편이 진행될 것이다.

──── 모빌리티의 역설, 모빌리티에서 임모빌리티로

코로나19의 첫 확진자는 중국 우한 지역에서 나왔지만, 세계적 유행이 의미하는 것처럼 시간이 지날수록 전 세계 거의 모든 지역으로 확산되었다. 하지만 팬데믹 모빌리티는 일반적인 질병의 공간적 확산 유형이라 할 수 있는 지리적 근접성에 기반한 전염 확산의 형태를 띠지 못했다. 왜냐하면 국가에 따라 확진자의 발생 속도가 달랐으며, 국가별로 국경 폐쇄나 봉쇄와 같은 전염을 늦추기 위한 조치들의 시행 시점과 강도가 모두 달랐기 때문이다. 〈그림 3-1〉은 2020년 1월 1일부터 2021년 6월 13일까지의 코로나19 확진자 발생에 따른 국가별 정부 대응의 엄격성 지표(government stringency index)를 보여주고 있다. 이 지표는 옥스퍼드대학의 코로나19 정부 대응 추적 프로젝트의 결과물로 학교 폐쇄, 직장 폐쇄, 대중 모임 제한, 대중 행사 취소, 대중교통 운영 중단, 가택 상주 지시, 대중적 캠페인, 내부 이동 제한, 국제 여행 제한의 9개 대응 기준에 대한 각 정부의 지침 사항을 고려하여, 코로나19의 대응 강도를 지수화한 것이다. 0~100점으로 평가하며 100점이 가장 높은 수준의 엄격한 대응을 시행하고 있음을 의미한다.

〈그림 3-1〉 국가별 코로나19 대응 엄격성 지표[4]

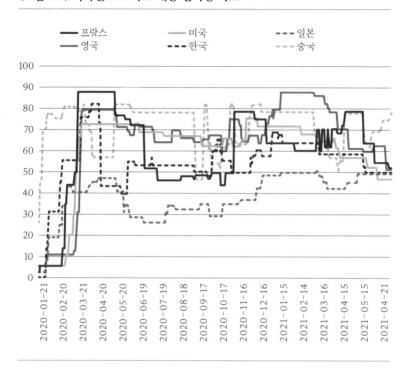

우리나라를 비롯하여 영국·프랑스·미국·중국 등의 주요 국가
별 정부 대응 엄격성을 살펴보면, 중국이 2020년 1월 초 가장 빠르
게 대응 수위를 높였음을 알 수 있다. 그다음으로 우리나라가 빠
른 속도로 코로나 전염에 대한 사회적 대응을 개시하고 있다. 대체
로 1~2월 무렵의 초기 코로나 확진 발생 국가에 해당한다. 유사한
시기에 첫 확진자가 발생한 일본의 경우 우리나라나 중국과는 완전
히 다른 대응을 보여주고 있다. 초기 대응이 매우 늦게 시작되었고,
1년 6개월이 지나도록 시종일관 50 이하의 낮은 수준의 코로나 대

응을 보여주고 있다. 직장 폐쇄, 대중 모임 및 행사 금지, 내부 이동 제한 등의 사회적 규제를 사실상 정부 차원에서 시행하지 않고 있어 모빌리티는 코로나 이전과 별반 차이가 없어 보인다. 한편 영국·프랑스 등 유럽 주요 국가들은 2020년 3월 말부터 대응 수준이 급격하게 높아졌다. 이 시기 확진자 수가 이탈리아를 중심으로 유럽 전역에 빠른 속도로 증가하였고 지리적 근접성이 높은 유럽 각 국가는 정부 차원의 사회적 대응을 본격적으로 시작한 것이다. 이후 코로나 발생 상황에 따라 대응 수위의 변동성이 있지만, 대체로 50 이상의 강한 수준의 사회적 대응을 유지하고 있다.

우리나라의 경우, 2020년 1월 20일 첫 확진자가 발생한 후 마스크 쓰기, 집에서 머물기, 손 소독 등의 자율적 개인 방역과 소극적 형태의 사회적 거리 두기 캠페인을 통한 초기 단계의 전염 억제를 위한 개인적 차원의 방역 조치들을 시행하였다. 개인의 자율적 규제를 통한 '모빌리티의 멈춤'이 시작된 것이다. 하지만 2월 말 특정 종교 단체에 의한 집단 감염이 시작되면서 개인적 차원의 자율적 방역의 한계를 인식하고 더 높은 대응 수준의 사회적 거리 두기를 전면 시행하였다. 4월 말까지 80에 가까운 높은 대응 수준이 지속되었고 확실한 전염 억제 효과를 경험하게 되었다. 코로나 발생이 다소 진정세가 되면서 6월 초까지 50 이하의 가장 낮은 대응 수준을 유지하였고 이후 발생 추이에 따라 대응 수준을 조정하였다. 지금까지 코로나 확산을 늦추는 데 가장 확실한 효과가 있는 것으로 인정받는 사회적 거리 두기(또는 물리적 거리 두기)는 개인의 자율적 규제에 대한 암묵적 합의가 결합되면서 '모빌리티 통치성(governmobility)'의 실천을 보여주고 있다.

모빌리티 통치성은 Bærenholdt(2013: 29)가 "모빌리티에 대한 규제가 사람들의 이동 실천에 내재화되어 있는 상황"을 개념화한 것으로 모빌리티를 통한 권력의 지배와 사회적 통치를 의미한다. 핵심적인 아이디어는 미셸 푸코(Michel Foucault)의 통치성(governmentality) 개념에 기반하고 있다. 푸코의 통치성이 국가와 권력의 직접적인 개입이 아니라 개인의 자유에 대한 내재화된 정신성에 기반한 사회적·정치적 지배를 의미하는 반면, 모빌리티 통치는 어떻게 연결을 통해 모빌리티를 지배함으로써 전체 사회가 운영될 수 있는지에 대한 개념이다.

코로나19는 이러한 모빌리티 규제에 대한 당위성과 가치를 사람들 스스로 내재화하도록 촉진하였고, 모빌리티를 통한 사회적 통치력을 더욱 강화시켰다. 특히 스마트폰·모바일 애플리케이션·소셜 네트워크 등의 정보통신 기술은 이러한 모빌리티 통치를 원활하게 작동시키기 위한 훌륭한 기술적 조력자가 되었다. 중국은 우리나라와 인접한 국가임에도 우리나라와는 확연히 다른 모빌리티 통치(예를 들어 우리나라는 지금까지 한 번도 전면적인 봉쇄 정책을 시행하지 않았지만, 중국은 초기부터 국경을 폐쇄하고 봉쇄했다)를 통해 코로나 팬데믹을 통제하고 사회적 지배를 강화하고 있다. 중국은 초기부터 매우 높은 수준의 정부 대응을 시행하였고 이후로도 다른 유럽 국가들에 비해 높은 대응 수준을 지속적으로 유지하고 있다. 코로나가 세계에서 가장 먼저 창궐하였지만 세계에서 가장 빨리 코로나19의 '종식'을 선언하고자 하는 그들의 정치적 의도에 따른 지배 방식인지는 모르겠으나(실제로 2020년 8월 내내 확진자 0명을 연일 보도하며, 9월 8일 사실상 코로나19의 종식을 선언하였다), 사회주의와 민주주의 체제에서의 모빌리티 통치의 차이를 단적으로 보여주는 부분이다.

세계 여러 나라는 코로나19로 인해 자국의 사회·경제·문화적 특성에 따라 각자 다른 모빌리티 질서를 형성하고 새로운 규범을 부여하고 있다. 사회적 거리 두기 역시 자발적으로 수용하거나 아니면 거부하고 저항하는, 각자 다른 방식의 개인적 거버넌스가 결합되고 있다. 이러한 차이에도 불구하고 공통적인 경험은 21세기 모빌리티 사회를 임모빌리티 사회, 즉 부동(不動)의 사회로 급속히 변화시키는 모빌리티 통치성이 모든 국가에서 '작동'하고 있다는 것이다. 물론 코로나19가 종식되지 않은 시점에서 팬데믹 통제 자체에 대한 모빌리티 통치의 실효성은 여전히 의문으로 남아 있다.

─────────────── 새로운 공간에 등장한 새로운 질서

코로나19에 따른 모빌리티 통치는 개인의 자율적 거버넌스와 함께 작동하고 있다. 손 씻기, 마스크 쓰기, 일정 간격의 거리 두기뿐 아니라 불필요한 외출과 주변 방문·장거리 이동의 자제와 같은 새로운 모빌리티 질서는 개인의 자발적 동의와 자기 규제, 그리고 사회적 합의가 없다면 완전한 작동을 장담할 수 없을 것이다. 우리나라는 '자율적 멈춤'과 '사회적 멈춤'의 결합이 자연스럽게 진행되었으며 코로나 확진 증가세의 변동에 따라 유연하게 조정되고 있다.

우리나라의 코로나19 확진자 수 현황을 살펴보면 〈그림 3-2〉에서 볼 수 있는 것처럼 첫 확진자가 발생한 후 크게 3차례의 대유행이 있었다. 1차 유행은 2020년 2월 18일, 특정 종교 단체에서 시작된 집단 감염이 시발이었으며, 2월 29일에는 900명이 넘는 확진자가 발생하였다. 그간 권고 수준의 자율적 거버넌스에 기대했던 방역 조치는 국내 위기 단계의 격상과 함께 3월 22일부터 '강화된 사회적 거리 두기'로 전면 강화되었다. 지역적 봉쇄에 가까울 정도로 외출·모임·행사·여행 등이 자발적으로, 때로는 정부의 행정 명령으로 연기되거나 취소되었고 직장으로의 일상적인 통근이 재택근무로 전환되었다. 전국의 초중고 학교의 개학이 사상 처음으로 연기되었고 이후 원격 수업으로 대체되었다. 종교 시설을 비롯하여 체육 시설, 유흥 시설 등 집단 시설의 운영이 중단되면서 일상의 활동이 멈추고 우리가 알고 있던 모빌리티 경관이 변화되었다. 더욱 강하게 내재화된 개인의 자율적 격리 및 규제와 함께 정부의 강력한 사회적 규제는 5월 무렵부터 확진자 수가 점차 감소세로 들어서는 효과를 가져왔다. 이에 따라 5월부터는 8월 2차 유행 전까지 일상적 모빌리티를 회복시키기 위한 완화된 '생활 속 거리 두기'가 시행되었다.

하지만 8월 15일, 일부 단체의 광복절 집회를 기점으로 수도권에 대규모 집단 감염이 발생함에 따라 사회적 거리 두기를 2단계로 격

〈그림 3-2〉 국내 코로나19 확진자 수 현황(2020년 1월 20일~2021년 6월 14일)[5]

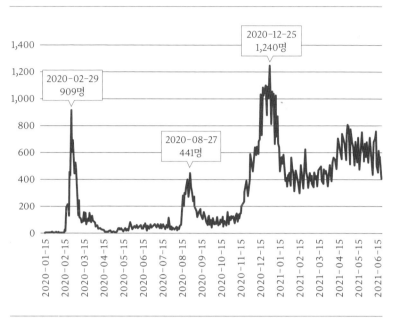

상하고 다시 사회적 멈춤을 시작하였다. 2차 유행에서는 수도권의 집중적 전염이 가장 큰 문제였으며 수도권의 모빌리티를 제한하는 고강도 거리 두기 정책을 시행하였다. 점점 코로나19의 장기화가 예상되는 과정에서 임모빌리티 사회를 대비한 원격 근무·원격 회의·원격 강의 플랫폼이 본격적으로 사용되기 시작하였으며 직장·주거지·여가 공간이 구분되지 않는 새로운 공간 만들기가 시작되었다. 통신 네트워크가 잘 구축된 장소가 바로 오피스이며 학교이다. 더 이상 육체 이동은 없으며 온라인 쇼핑·주문을 통해 배달되는 물건

의 이동만 있을 뿐이며, 이를 위한 네트워크 공간의 정보통신 이동만 있을 뿐이다. 모빌리티 통치를 통해 전염병을 통제할 수 있다는 경험과 자신감으로 9월 말부터는 다시금 100명대 이하의 확진자 수를 유지하며 일상으로의 복귀를 꿈꾸었다.

이러한 감소세는 오래가지 않았고 다시 3차 유행이 시작되었다. 3차 유행에 비하면 2차 유행은 일반적인 등락의 패턴처럼 보일 정도로 엄청난 수의 확진자가 발생하였다. 2020년 12월 25일에는 그간 국내 확진 중 가장 많은 수인 1240명의 확진자가 발생하였다. 기존의 사회적 거리 두기와 모빌리티 규범은 더 이상 효과가 없었으며 더 강력한 모빌리티 통치가 필요하였다. 연말연시의 각종 행사·모임에 따른 사람들의 집합을 원천적으로 금지하고 단거리의 이동조차도 허락하지 않는 강력한 사회적 거리 두기 정책이 12월 23일 0시를 기점으로 시행되었다. 사회·경제적 활동이 완전 금지되는 단계는 아니지만 '5인 이상 사적 모임 금지'라는 지금껏 가장 강력한 모빌리티 통치의 실행이었다. 직계 가족을 제외한 5인 이상의 모든 사적 모임은 금지되었고, 모든 식당에서 5인 이상이 동반 입장 및 식사를 할 수 없고, 영업 시간도 밤 9시로 제한되었다. 시간에 따라 변화하는 도시 모빌리티의 역동성이 밤 9시를 기준으로 멈추었으며, 이러한 임모빌리티가 만들어내는 새로운 도시 경관을 보게 되었다.

—— 지리학으로 보는 팬데믹 시대의 불균등과 양극화

코로나19 전파의 물리적 확산을 막기 위한 여러 가지 방역 조치와 대책 중에서 가장 효과적인 대안은 사회적 거리 두기이다. 비말(飛沫)로 전파되는 코로나의 특성상 전염을 가장 효과적으로 막을 방법이 바로 사람 간에 물리적 거리를 두는 것이기 때문이다. 집에 머물기·학교나 직장 간 이동 제한·각종 대면 접촉 행사 제한·영업시간 규제 등이 모두 이러한 사회적 거리 두기를 실현하기 위한, 즉 육체의 모빌리티를 억제하기 위한 방식에 해당한다. 모빌리티의 사회적 제한은 실제 여러 나라에서 시행되고 있으며, 여러 국제적 협업 연구를 통해 그 효과들이 실증적으로 입증되고 있다. 예를 들어 피에르 누벨레 등(Nouvellet et al., 2021)은 52개 국가의 코로나 전파와 모빌리티 축소의 관계를 실증적으로 규명하고 있다. 이 연구에 따르면, 사회적 거리 두기로 인구 이동을 제한한 나라들 대부분(거의 80퍼센트)에서 코로나 전파가 유의미하게 감소하였다.

한편 마르코 듀에나스 등(Dueñas et al., 2021)의 연구에서는 도시 지역의 봉쇄에 따라 모빌리티가 어떻게 영향을 받는지를 보여주고 있다. 봉쇄된 도시에서는 모빌리티가 대체적으로 낮아지고 있는데 흥미로운 사실은 사회·경제적 계층에 따라 이 양상은 다르게 나타난다는 점이다. 높은 사회·경제적 계층은 봉쇄나 사회적 거리 두기와 같은 정책이 시행됨에 따라 이동을 거의 하지 않는 반면, 낮은 사회·경제적 계층은 상대적으로 낮은 모빌리티 감소를 보인다. 다시 말하면, 사회·경제적 계층이 높은 집단은 정부의 모빌리티 통치에 대해 적응이 쉬운 반면, 사회·경제적 지위가 낮은 사람들은 자율적·사회적으로 부여되는 새로운 모빌리티 규범을 따르기 어려울 수 있다는 것이다. 그 이유 중 하나는 대체적으로 낮은 사회적 계층의 노동환경이 재택 및 원격 근무나 회의가 가능한 형태가 아니며, 청소·공사 현장 노동·택배 배달 등과 같은 직접 대면이 필요한 직업에 종사하는 사람들이 많기 때문일 것이다. 팬데믹 상황에서 인간의 물리적 이동은 사회·경제적 수준에 따라 다르게 나타나고 있으며 감염의 위험을 무릅쓰는 '팬데믹 노마드(pandemic nomad)'는 하위 계층의 사람들이 주를 이룰 것이다.

또 하나 재미있는 연구는 지속 가능한 교통에 관한 여러 기관의 협력체인 SLOCAT 파트너십(Partnership)의 2020년 보고서인데 구글과 애플의 모빌리티 보고서에 기반한 분석 결과를 제시하고 있다. 이 중 애플의 모빌리티 경향에 관한 데이터 분석에서는 전 세계 중간 이상의 경제 수준을 보이는 62개 국가의 89개 도시를 대상으로 코로나로 인한 자가 운전, 대중교통, 도보의 모빌리티 수단의 변화를 살펴보고 있다. 이 보고서에 따르면 세계적으로 자가 운전, 대중교통, 도보 이동 모두 감소한 것으로 나타났고, 그중 대중교통이 가장 크게 감소하였다. 대중교통에 대한 기피는 코로나 발생 이후 세계적으로 공통적인 모빌리티 변화로 대중교통은 좁은 공간에 밀도가 높아 전염 위험성이 크기 때문에 개인용 차량을 활용하는 이동이 선호된다는 것이다.

모빌리티의 감소 정도는 경제적 수준에 따라 다소 차이를 보이는데, 경제 수준이 높은 나라일수록 급격한 모빌리티 감소를 보이고 있다. 이는 마르코 듀에나스 등(Dueñas et al., 2021)의 연구와 유사한 맥락을 갖지만, 개인적 차원이 아니라 국가적 수준에서의 모빌리티 차이를 보여주고 있다. 이러한 모빌리티 차이는 국가적 차원에서는 코로나 유입 시기가 국가별로 다르기 때문일 수도 있는데, 저개발국의 경우 코로나가 상대적으로 늦게 유입되어 모빌리티 제한이 천천히 시작되었다. 흥미로운 결과 중 하나는 경제 수준이 높은 국가일수록 직장으로의 통근 모빌리티가 감소한다는 것이다. 즉 원격근무·인터넷 환경 등의 네트워크 자본이 좋은 국가에서 재택·원격근무의 실현성이 높고 반대로 저개발국은 원격 근무 환경이 좋지 않아 보다 많은 사람이 여전히 통근 이동을 해야 한다는 것이다. 존어리의 네트워크 자본의 불균형이 보여주는 모빌리티 사회의 특성을 여실히 증명해주고 있다.

SLOCAT 파트너십에서 다루는 데이터 중 구글의 지역사회 이동성 보고서(COVID-19 Community Mobility Report)는 코로나19로 인한 모빌리티 경관의 변화를 보다 구체적으로 보여주는 흥미로운 데이터이다. 구글 지도를 통해 수집된 클라우드 소스 기반 데이터로 지역의 여러 장소별로 사람들의 이동이 코로나 발생 후 어떻게 변해가는지를 자세하게 보여주고 있다. 〈그림 3-3〉은 우리나라의 장소 범주별 모빌리티 변화 양상을 보여준다. 수치값이 의미하는 것은 기준값에 대한 일별 방문자 수의 변화율이다. 이때 기준값은 2020년

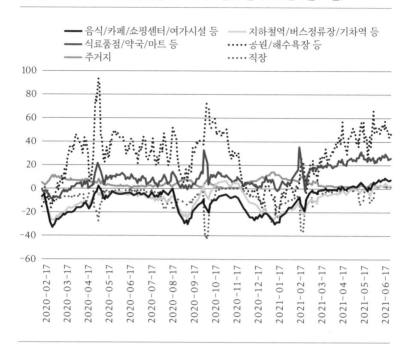

〈그림 3-3〉 모빌리티 변화 양상(2020년 2월 17일~2021년 6월 17일)[6]

1월 3일에서 2월 6일까지 5주간의 장소별 범주에 대한 방문자 수의 중위 수로 산출하며, 쉽게 말하면 주중의 일반적인 날의 방문자 수를 의미한다. 예를 들어 '0'은 코로나 발생 후 특정일의 해당 장소 방문자 수는 주중의 일반적인 날짜와 다르지 않고 동일함을 의미한다. 다만, 거주지의 경우 방문자 수가 아니라 집에서 머무는 시간의 변화율을 의미한다.

코로나 확진자가 우리나라에서 발생한 이후, 직장을 비롯하여 음식점·쇼핑센터·식료품점이나 야외 공원 등의 방문은 코로나 이전 시기보다 모두 낮아지고 있다. 지하철역·버스정류장 등의 대중교통 이용을 위한 장소 역시 방문자 수가 평상시에 비해 모두 낮아졌다. 이러한 주변 장소에 대한 모빌리티는 2020년 3월 초를 기점으로 급격하게 낮아지고 있는데, WHO의 코로나 팬데믹의 명시적 선언에 따른 사람들의 자발적 모빌리티 규제에 의한 변화라 할 수 있다. 감소 양상이 가장 두드러지게 나타나는 것은 음식점·카페·쇼핑센터 등의 소매업 및 여가 시설이다. 이 장소들은 코로나 이후 모빌리티가 지속적으로 감소하고 있는데, 2020년 9월 초와 11월 중순 가장 큰 폭의 모빌리티 감소율을 보이고 있다. 이 시점은 우리나라에서 2차·3차 코로나 대유행이 시작된 시기라 할 수 있다.

3차 유행이 지난 2021년 1월이 되어서야 사회적 거리 두기의 완화와 더불어 서서히 방문율이 늘어나고 있다. 식료품점이나 마트 등은 음식점·카페·여가 시설 등의 장소와 비교해서 모빌리티 경관의 변화가 크지 않았다. 대체로 매일의 일상 활동을 위한 최소한의 이동이 필요한 장소적 특성 때문으로 보이며, 팬데믹 초기 단계를 제외하고는 모빌리티에 대한 자율적·사회적 거버넌스가 크게 작동하지 않는 장소라 할 수 있다. 팬데믹 상황이 지속되면서 대체로 코로나 이전 시기보다 오히려 모빌리티가 증가하고 있는데, 국가 차원에서의 봉쇄와 자가 격리, 사회적 거리 두기 정책 시행 등에 따라 식량이나 약품과 같은 필수품의 공급 체계가 언제든 붕괴될 수 있다는 위기의식으로 코로나 이전보다 오히려 이 장소들에 대한 방문 횟수가 증가한 것으로 짐작된다. 한편 5월 5일, 9월 30일~10월 초는 가장 높은 증가율을 보이는데, 이는 어린이날과 추석의 장기 연휴를 가정에서 보내기 위한 소비 방문으로 이해될 수 있다. 특히 코로나 이전의 어린이날, 추석 연휴 기간에 흔히 볼 수 있는 대규모 장거리 모빌리티 대신, 거주 공간 주변의 소규모 단거리 이동을 만들어 낸 것으로 보인다. 이러한 패턴은 공원·해수욕장 등의 교외 야외 장소에 대한 모빌리티 변화와 거의 유사하다. 실내보다 야외가 사람들의 밀도가 높지 않고, 개방된 곳이라 상대적으로 안전하다는 인식이 코로나 이전보다 높은 모빌리티 증가율을 보여주고 있는 것이다. 다만, 코로나가 우리나라에서 대유행한 4월·8월·11월의 경우 급격한 감소율을 나타내고 있다.

1000명대의 확진자가 발생한 3차 유행 시기에는 다른 장소와 마찬가지로 마이너스의 변화율을 보이고 있다. 대중교통 허브와 직장은 코로나 이전 시기보다 모두 낮은 모빌리티를 보여준다. 코로나 확진 양상에 따라 유사한 모빌리티 변화를 보여주고 있으며, 대유행 시기에 특히 낮은 이동을 나타내고 있다. 직장 출근 이동은 5월 7일, 10월 4일, 2월 15일이 가장 낮게 나타났는데 어린이날·추석·설 연휴 기간을 포함한 날짜로 코로나 이전 시기보다 낮은 출근율을 보여준다. 제조업과 같은 생산 관련 직업이나 필수 서비스업을 제외하고는 우리가 익히 아는 직장으로의 모빌리티 경관이 달라졌다. 대부분의 장소가 코로나 이전 시기보다 모빌리티가 감소한 반면, 집에서 머무는 시간은 코로나가 발생한 이후 지속적으로 높게 나타나고 있다(대략 25퍼센트 정도의 증가율). 3차 유행 이후 2021년 2월부터는 전체적으로 코로나 이전 시기의 모빌리티를 점차 회복하는 추세를 보인다. 2020년 연말부터 줄곧 이어온 5인 이상 사적 모임 금지라는 강력한 '임모빌리티 통치'에 따른 코로나 전염의 가시적인 감소세도 있지만 동시에 2월부터 국내 백신 접종이 본격적으로 시작되면서 방역에 대한 사회적 자신감도 큰 몫을 하였다.

——————— 팬데믹, 대도시의 모빌리티 경관을 바꾸다

이러한 지역사회 장소별 모빌리티 변화는 시간대별 생활인구의 분포 변화를 통해서도 잘 드러나고 있다. '생활인구'는 서울시에서 제공하는 데이터로, 특정 조사 시점에 서울에 머무르고 있는 '현재 또는 현주 인구'에 해당하는 인구로 일반적으로 거주지를 기준으로 파악하는 상주 인구에 대비되는 인구 개념이다. 주로 야간 시간대까지 있게 되는 거주지(집)를 중심으로 한 주민등록상의 정적인 인구 분포가 아니라, 출퇴근·비즈니스·관광·통행 등의 목적으로 시간에 따라 실제 달라지는 유동 인구를 보여줄 수 있어 도시의 모빌리티 경관을 잘 반영해주는 척도가 될 수 있다. 최근 스마트폰의 이동통신 빅데이터를 수집하고 활용할 수 있게 됨에 따라 특정 지역의 시간대에 따른 실제 인구 분포를 살펴볼 수 있게 되었다. 서울시의 경우, 서울시가 보유한 공공 빅데이터와 KT 이동통신 데이터를 결합하여 2018년부터 시간대별 생활인구를 다양한 공간 단위(예: 행정동) 형태로 제공하고 있다. 코로나 이전의 시기(2019년 3월 25일, 월요일)와 코로나 이후, 특히 사회적 모빌리티 통치가 본격적으로 이루어지기 시작한 시기(2020년 3월 23일, 월요일)를 중심으로 생활인구의 변화를 살펴보면 〈그림 3-4〉와 같다.

서울과 같은 현대 대도시는 내부적으로 업무 중심 지역·거주 지역·상업 지역 등 도시의 여러 중심 기능들이 도시 내 특정 장소에 군집하여 분포하는, 소위 다핵 도시(multiple nuclei city)의 구조적 특성을 보인다. 서울의 경우, 중구·종로구는 전통적인 도심으로 업무·행정·상업 기능이 집중하여 고용 중심지의 역할을 하고 있다. 따라서 이 지역은 대기업 본사·은행·백화점, 관공서 등 많은 고용지가 분포하고 있다. 이와 유사하게 강남구·송파구·서초구·영등포구·서대문구 등도 흔히 부도심이라 불리며 도심의 기능을 수행하는 2차적인 중심지다. 이 지역 역시 많은 직장이 분포하고 있다. 보통의 출퇴근 시간이면 이러한 도심·부도심의 고용 중심지가 경제활동인구를 유인하며 높은 인구밀도를 보이는 출퇴근 모빌리티를 만들어낸다.

일상적인 경제 활동이 이루어지는 오후 2시 무렵도 도심과 부도심 지역에 인구가 집중적으로 분포하고 있다(그림 3-4a). 코로나 발생 이후의 시기인 2020년에도 전년도와 같은 시기와 비슷한 공간 분포를 보이고 있지만(그림 3-4b), 전년에 비해 행정동별 생활인구는 평균 610명이 감소하였고, 최대 3만 4876명이 감소하였다. 일부 지역의 경우 최대 1만 4927명이 증가하였다. 생활인구가 감소한 지역은 전

〈그림 3-4〉코로나 이후 서울시 모빌리티 경관 변화

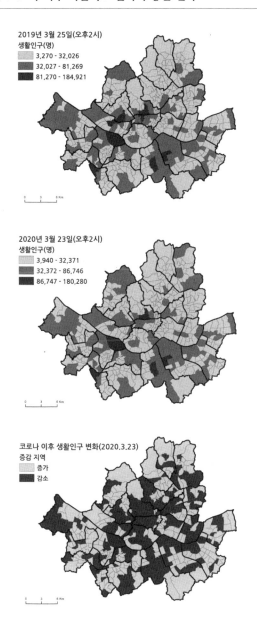

체 424개 행정동 중 182개(전체의 43퍼센트)에 해당하며, 신촌동, 종로
1·2·3동, 명동, 소공동, 대학동, 공릉2동, 사근동, 필동, 흑석동, 영등
포동, 여의동, 혜화동, 회현동, 잠실6동 순으로 가장 많은 감소를 보
이고 있다. 앞서 언급한 도심·부도심 지역에 해당하며 출근한 직장
인들이 줄어들었음을 시사한다. 한편 같은 시각, 242개 행정동(전체
의 57퍼센트)에 분포하는 인구는 증가하였는데 천호1동·가양1동·왕
십리동·세곡동·오류2동·신내1동·독산1동·용강동·대치1동·역촌
동·상도4동·논현1동, 중계본동·석촌동·중앙동과 같이 주거지가
집중한 지역들이다(그림 4-4c). 재택·원격 근무에 따라 거주 공간에
머물며 출퇴근 모빌리티 경관이 크게 변화했음을 잘 보여주고 있다.

　3차 유행이 시작되고 코로나 발생 이후 가장 많은 확진자가 발
생한 12월 말에는 모빌리티 변화가 더욱 명확하게 나타나고 있다.

〈그림 3-5〉 3차 코로나 유행 이후 서울시 모빌리티 경관 변화(생활인구 분포)

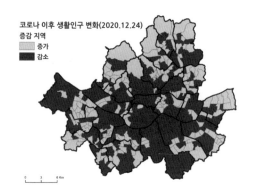

〈그림 3-5〉는 2019년 12월 24일(오후 2시)과 비교하여 2020년 12월 24일(오후 2시)의 생활인구 변화를 보여주고 있다. 코로나 이전 시기에 비해 행정동마다 같은 시간의 생활인구가 감소하거나 증가했음을 알 수 있다. 평균 1863명이 감소하였고 최대 5만 6626명이 감소하였으며, 최대 1만 2142명이 증가하였다. 230개 행정동(전체의 54퍼센트)이 감소하였고 종로1·2·3동, 역삼1동, 명동, 여의동, 서교동, 삼성1동, 신촌동, 회현동, 소공동, 잠실6동, 천호1동, 잠실3동, 한강로동, 반포4동, 가산동 순으로 가장 많은 감소를 보이고 있다. 생활인구가 증가한 행정동은 194개(전체의 46퍼센트)로 공덕2동, 상일동, 강일동, 고덕1동, 화곡1동, 위례동, 오류2동, 명일1동, 구의3동, 녹번동, 가양2동, 상도3동, 등촌1동, 창2동, 월계3동 등이 이에 해당한다. 2020년 3월의 생활인구 변화(그림 3-4c)에 비해 전체적으로 감소한 행정동이 많이 나타나고 있으며, 감소 인구도 평균적으로 3배 이상 늘어났고 종로의 경우 5만 명 이상의 출퇴근 이동이 줄어든 것을 확인할 수 있다. 이는 확진자가 가장 많이 발생한 3차 유행 시기의 가장 강력한 사회적 모빌리티 규제의 결과로 나타난 서울의 (임)모빌리티 경관이다.

—— 모빌리티 뉴노멀: 개인화된 모빌리티와 공유 서비스

코로나19 팬데믹은 21세기 모빌리티 패러다임을 뒤집고 있다. 결코 멈출 것 같지 않던 우리 사회는 스스로 일상의 시간과 이동을 멈추었고, 사회적 합의와 지시를 수용하고 점차 지금의 새로운 모빌리티 질서를 내재화해가고 있다. 그만큼 2019년 코로나바이러스는 인류 역사에 깊이 새겨질 만한 팬데믹 상황을 가져왔다는 것이며 바이러스가 사라진 후에도 오랫동안 우리 사회에 영향을 미칠 것으로 보인다. 그렇다면 새로운 모빌리티 질서에 따른 포스트 코로나 시대의 모빌리티 노멀은 과연 무엇이고 어떤 모빌리티 경관을 자아낼까?

포스트 코로나 시대에 누구도 부인할 수 없는 것은 '안전과 건강에 대한 최우선' 가치일 것이다. 감염의 위험이 있는 장소로 이동하는 것을 피하고, 자신의 안전과 건강을 위협하는 어떤 사회·경제적 활동도 허용하지 않으려 할 것이다. 세계적인 경영 컨설팅 회사인 맥킨지앤컴퍼니(McKinsey & Company) 보고서에 따르면, 미국·영국·독일·일본·중국 등에서 자동차 구매 고객을 대상으로 설문 조사를 한 결과 코로나 위기가 사라진 포스트 코로나 시기에도 '이동'에 대한 열망은 그대로 유지될 것으로 보이지만, 코로나 이전 시기에 비해 6퍼센트 정도가 증가한 70퍼센트 이상의 응답자가 적어도 일주일에 한 번은 걷거나 자전거를 이용하겠다고 응답하였다. 그 외에도 개인용 자동차에 대한 선호도가 높아지고, 공유 마이크로 모빌리티(shared micromobility)에 대한 사용이 증가할 것으로 전망하였다. 이는 여러 다른 국가의 연구 결과와도 동일하다(Eisenmann et al., 2021; Luan et al., 2021). 즉 여러 사람이 함께 사용하는 공유형 모빌리티보다 더 위생적이고 안전한 '개인형 모빌리티'에 대한 선호가 높아질 것이다. 개인형 모빌리티는 대중교통과 같은 집단적 공유 모빌리티로 인한 전염 가능성을 차단해주는 동시에 친환경성을 가지고 있어야 할 것이다. 걷기보다는 빠른 이동성을 보장해주는 전동형 모빌리티 장비들, 예를 들어 전동 킥보드, 전동형 자전거인 모페드(moped), 경량의 전기 자동차 등의 마이크로 모빌리티 장비들과 이를 활용한 각종 서비스가 성행할 것이다. 전기차와 같은 친환경 모빌리티로의 시대적 전환과 더불어 소형화되고 개인화된 모빌리티 시스템이 결합된 형태라 할 수 있다. 이러한 마이크로 모빌리티 시스템은 일반적으로 여러 사람이 함께 사용하는 공유 서비스 형태이지만 버스나 지하철과 같이 동시간에 집단적으로 이용하는 대중 공유와는 다른 '개인화된 공유 서비스'의 형태를 띠게 될 것이다.

이와 관련하여 한 가지 생각해볼 수 있는 것은 코로나 팬데믹의 공유 경제(sharing economy)에 대한 영향력이다. 공유 경제는 하버드 대학교 법학 교수인 로렌스 레식(Lawrence Lessig)이 2008년 언급한 용어로, 재화나 서비스의 소유보다 기존에 생산된 물품에 대한 공유와 교환·협력을 통해 합리적 소비를 위한 활동을 강조하는 경제 시스템을 의미한다. 최근 새로운 시장 경제 모델로 각광받고 있으며 소셜네트워크서비스나 인터넷과 모바일 IT 기술에 기반한 플랫폼 경제가 공유 경제의 실천으로 나타나고 있다. 에어비앤비와 같은 공유 숙박에서부터 우버·쏘카와 같은 공유 자동차, 위워크와 같은 공유 오피스 등 모바일 플랫폼 기반의 다양한 공유 서비스가 운영되고 있다. 코로나19로 인해 전염병에 대한 두려움은 많은 사람이 함께 사용하는 공유 경제를 무너뜨릴 것이라는 전망도 있지만, 공유 서비스 시장의 수요는 여전할 것으로 보인다. 그 이유는 아마도 여러 사람이 동시에 집단적으로 이용함으로써 발생할 수 있는 건강에 대한 위협과는 달리 개인화된 공유성에 기반하기 때문일 것이다. 실제로 코로나 상황에도 불구하고 글로벌 공유 모빌리티 기업인 라임(Lime)은 전기 오토바이 모페드 공유 서비스를 미국 워싱턴DC와 프랑스 파리 등에서 시범 운영하기 시작하였다. 국내에서는 이미 공유 킥보드 서비스를 제공하고 있지만 향후 더 빠른 스피드로 먼 거리를 이동할 수 있는 모페드 서비스도 국내에 도입될 것으로 보인다.

———————————— 이동을 둘러싼 국가 통제력의 변화

포스트 코로나 시대에는 안전과 건강을 위한 개인의 자율적 선택과 거버넌스뿐 아니라 정부와 정책 결정자의 역할과 권력적 지배력, 특히 '모빌리티 통치성'이 강화될 것으로 보인다. 코로나 시대의 모빌리티 조정은 전염병의 확산을 막고, 퇴치하기 위한 공동체적 가치에 대한 자발적 통제에서부터 시작했다. 또한 손 씻기와 마스크 쓰기의 의학적 효용성을 강조하고, 불필요한 외출과 모임을 자제함으로써 개개인 스스로가 모빌리티를 통제하도록 캠페인하였다. 하지만 이러한 개인에 대한 내재화된 통치성은 단시간에 급속하게 진행되는 사회적 재난 앞에서는 크게 효과를 보지 못한다. 정부에 의한 국가적 봉쇄와 영업장의 영업 제한 및 폐쇄, 사회적 거리 두기의 강제적 실천 등이 뒤따를 수밖에 없었으며 이러한 정부 차원의 통제와 제약은 실제적인 억제 효과를 가져왔다. 따라서 코로나 전염병에 대한 사회적 대응 방식에 대한 교훈은 정부·국가의 모빌리티 지배를 더욱 강화시킬 것이다. 유사한 전염병이 재창궐하거나 영향력이 크지 않지만 정치적 필요성이 있어 보이는 다양한 사회적 상황에서도 언제 어디서든 모빌리티 통치가 큰 저항 없이 자연스럽게 발현될 가능성이 커진 것이다. 이러한 경험을 통해 모빌리티의 시작과 멈춤을 통제할 수 있을 뿐 아니라 모빌리티 시스템의 변화 역시 쉽게 만들어나갈 수 있는 것이다. 예를 들어 친환경 전기차로의 전환을 빠르게 가속화할 수 있으며, 항공 산업과 같이 코로나로 어려움을 겪고 새롭게 재편될 수 있는 모빌리티 산업에서 국가가 직접 주주가 되어 모빌리티에 대한 영향력을 크게 확대할 수도 있다 (Hattrup-Silberberg, 2020).

존 어리가 말한 사람과 물건의 물리적 이동성은 코로나 팬데믹 이후 급격하게 떨어졌다. 팬데믹의 초기 충격 시기에 비해서는 점차 코로나 이전 시기의 모빌리티로 회복하고 있지만, 이전과는 다른 모빌리티 경관을 보여줄 것이다. 바이러스가 멈춘다면 당분간은 오랜 기간 억제되었던 이동에 대한 열망을 해소하고자 장거리 여행 및 이동 수요가 크게 늘 것이다. 그간의 온라인 쇼핑이나 주문을 위해 밤낮으로 곁에 두었던 스마트폰을 잠시 내려놓고 오프라인 매장과 소문난 맛집들을 다시 찾아다니며 소위 '보복 소비'에 몰두할 것이다. 학교가 다시 문을 열고 학생들이 등교를 시작하면 교실은 활기를 찾고 학생들의 에너지로 가득 찰 것이며 잠시 멈췄던 사회화 과정을 다시 시작할 것이다. 하지만 이러한 소비 행태와 '돌아온 것처럼 보이는' 모빌리티 경관은 그 모습대로 그리 오래가지는 않을 것이다. 코로나 팬데믹이 장기화되면서 비대면·임모빌리티 시대에 어쩔 수 없이 준비하고 경험했던 새로운 질서와 규범에 어느 정도 익숙해져 있기 때문이다. 어쩌면 일부 영역에서는 코로나 이전 시기보다 더 편리함을 느낄지도 모르겠다.

──────── 메타버스를 타고 진화하는 디지털 모빌리티

줌(zoom)과 같은 화상 회의 솔루션은 사람들과의 상호작용적 유연함에서는 다소 불편함이 있었지만, 물리적인 육체 이동 없이 비대면 회의와 컨퍼런스·강연 등이 손쉽게 이루어질 수 있도록 하였다. 정보통신 기술의 발달로 원격 근무에 대한 가능성은 오래전부터 논의되었지만 코로나19는 이러한 원격·재택근무에 대한 검증의 시간을 빠르게 앞당겼고 성공적인 평가를 내리고 있다. 백신 접종률이 높아지면서 사회적 거리 두기가 완화되고 코로나 이전과 같은 직장생활로의 복귀가 시작될 때, 많은 직장인은 "재택 끝! 회식 시작!"이라 자조했다. 그만큼 재택근무에 대한 만족감이 컸다는 표현이라

할 수 있다.

실제 코로나로 인한 재택근무에 대한 설문 조사도 비슷한 결과를 보여주고 있다. 《뉴욕타임스 매거진》(2020년 6월 9일)에 따르면, 원격·재택근무는 근로자의 작업 능률을 높여 생산성을 높이는 데 기여하고 근로자 역시 재택근무를 통한 직업 만족도가 높아 고용주와 근로자 모두가 윈-윈하는 시스템이다. 즉 직장 동료들과의 잡담이나 불필요하게 허비되는 시간을 줄이고 출퇴근 시간을 절약함으로써 일을 더 많이 할 수 있게 되고, 개인 작업 일정을 스스로 조정하여 시간을 효율적으로 사용할 수 있게 되며, 이로 인해 결과적으로 작업의 효율성과 직업 만족도가 모두 높다는 것이다.

한편 청소년의 스트레스 인지율(평상시 스트레스를 대단히 많이 또는 많이 느끼는 사람의 비율)을 조사한 결과 코로나19 발생 기간 전국적으로 청소년의 스트레스 인지율이 크게 낮아진 것으로 나타나고 있다(서울인포그래픽스, 2021년 6월 21일). 등교 일수가 많지 않았고 비대면 온라인 수업이 대부분이었으며, 청소년 시기에 경험하는 사회적 관계나 활동들이 거의 없었음에도, 스트레스 인지가 낮아졌다는 것은 지금껏 '노멀'이라고 생각했던 일상의 질서와 규범이 정말 노멀이었는지 다시 생각해보게 한다.

이처럼 코로나 팬데믹은 가상 이동·통신 이동과 같은 비대면의 '디지털 모빌리티'가 극대화될 수 있는 사회 환경을 만들고 기존의 것을 재구조화하는 데 필요한 시간을 주었다. 사회·경제적 계층에 따라 모빌리티 주체는 달라질 것이고, 물리적·비물리적 모빌리티가 '혼종된 모빌리티 경관'이 일상화될 것이다. 또한 모빌리티를 통한 사회·경제적 계층성이 더욱 뚜렷해지면서 '모빌리티 양극화' 현상이 두드러질 것이다. 낮은 사회·경제적 지위의 사람들은 물리적 모빌리티를 담당할 것이고, 물리적 모빌리티를 대체하고 보완할 수 있는 개인형 모빌리티 장비와 네트워크 자본을 소유한 높은 계층의 사람들은 모빌리티 네트워크의 결절지(노드)에서 '디지털 모빌리티의 통제자'로 권력화할 것이다.

한편 디지털 모빌리티는 보다 진화된 디지털 현실 속에서 중요한 함의를 가지게 될 것이다. 코로나 팬데믹 시기의 그리 나쁘지 않은 경험은 원격 근무·원격 수업·원격 진료 등 비대면 비즈니스나 개인화된 공유 경제 등을 위한 디지털 채널을 더욱 확대할 것이다. 이를 위해 더 진보된 플랫폼과 솔루션이 개발되고 새로운 비즈니스 모델이 등장할 수 있다. 예를 들어 원격 근무에 따른 근태·성과 관리, 커뮤니케이션 환경을 효과적으로 지원하는 더세이브의 워크스타일 같은 재택근무 관리 시스템, AI 기술을 접목한 업무용 플랫폼인 카카오엔터프라이즈의 카카오워크 서비스, 원격 근무를 원활하게 수행하는 데 필요한 IT 기반의 물리적 오피스 환경을 제공하는 스마트 오피스 등은 모두 디지털 모빌리티의 변화에 따른 새로운 비즈니스 모델이라 할 수 있다. 그뿐만 아니라 클럽하우스(clubhouse)나 카카오 음(mm)과 같은 음성 기반의 소셜네트워크서비스는 정보통신 이동의 새로운 확장을 보여주고 있다. 오프라인의 모빌리티 네트워크는 점차 온라인 네트워크로 옮겨가고 온라인 경제·온라인 소셜라이징·온라인 커뮤니티가 더욱 강화되며 가상과 현실의 결합이 더욱 진화된 형태인 메타버스(metaverse)로의 전환이 가속화될 것이다.

─────────── 모빌리티 격차가 만드는 공간의 미래

포스트 코로나 시대의 모빌리티 변화는 지금 우리가 점유하고 사용하고 있는 공간에도 엄청난 영향을 가져올 것이다. 기존 공간은 재배치됨과 동시에 소멸될 수 있고 전혀 새로운 공간이 출현할 수도 있다. 이 시대를 살아가는 현대인의 삶이란 정해진 시간에 직장이 있는 장소로 자동차·버스·지하철 등의 교통수단을 통해 이동하여 각자의 경제 활동과 사회생활을 해나가는 것이며, 퇴근 후에는 때때로 다른 공간으로 이동하여 여가와 개인 생활을 즐긴 후 집으로 돌아와 휴식을 취하는 것이다. 하지만 이러한 전형적인 도시적 생활양식, 소위 우리가 아는 어버니즘(urbanism)은 모빌리티의 변화로 다르게 정의해야 할지 모른다.

직접 모여서 대면하며 정보를 공유하고 소통하는 장으로서 도시의 물리적 공간은 점차 소멸하고, 디지털 노마드를 위한 새로운 공간이 출현할 것이다. 원격 근무, 비대면 기술에 힘입어 현대 산업 사회에서 공간적 노멀이었던 교외화된 주거지와 직주(職住) 분리는 '직주 일체형' 또는 '직주 혼합형' 공간 구조로 빠르게 재편될 것이다. 거주지와 오피스가 혼합된 공간이 생겨나고 거주지 주변의 IT 설비가 잘 되어 있는 공유 오피스 공간에 대한 수요가 증가할 것이다. 디지털 모빌리티 사회에서 집은 특정한 장소에 고정되어 누군가 소유하는 정착된 건축물이 아니라, 오늘의 집이 내일은 오피스가 되고 모레는 취미 활동을 하는 여가 장소가 되는 혼종적이고 유동적인 공간이 된다. 어쩌면 일출과 일몰을 항상 볼 수 있는 해변, 맑은 공기를 만끽하고 자연과 함께할 수 있는 산속 산장이 바로 내 직장이 될 수도 있다. 반대로 원격 근무·온라인 판매·온라인 쇼핑 등 디지털 모빌리티를 가장 효과적으로 가능하게 해주는 새로운 오피스 및 상업 공간들이 출현할 수도 있다.

그뿐만 아니라 집·직장·여가를 위한 다양한 이동 속에서 언제 어디서나 네트워크에 접속하여 사회적 관계를 유지할 수 있도록 이어주는 '틈새 공간', 존 어리가 말하는 '사이 공간(interspace)'도 많이 생성될 것이다. 이러한 새로운 공간들은 항상 네트워크 자본의 허브에 위치할 것이며, 모빌리티 격차(mobility divide)와 새로운 공간적 불평등을 낳을지도 모른다.

기능적으로 분리되어 물적 모빌리티를 유발하였던 전통적인 도시 구조 역시 변화할 가능성이 크다. 코로나 팬데믹 이후 대중교통보다 자가용 또는 경량의 개인화된 교통수단이 선호되고 통근·통학의 물적 이동에 대한 필요성이 감소함에 따라 공간 구조 역시 재조직화되어야 한다. 일상생활에 필요한 주요 기능이나 장소가 도보·자전거·개인형 모빌리티 장비로 이동 가능한 거리에 위치하게 되어 '15분 도시', '컴팩트 시티'의 모습으로 재편될 수 있다. 물리적으로 조금만 멀리 떨어져도 장소 간 상호작용이 급격히 떨어지기 때문에 공간 상호작용의 거리 효과는 더 강화될 것이다.

또한 장거리 이동보다 단거리 이동 행태가 늘어나면서 무인 자율 자동차·드론 등 새로운 무인 운송 수단의 활용이 가속화될 수 있다. 수많은 고층 빌딩이 즐비한 도심의 중심적 기능은 점차 약해지고, 기존 업무 공간이나 활용되지 않는 유휴 공간에 대한 쓰임새가 바뀌면서 도심의 경관이 변모할 것이다. 그리고 도시의 기능적 분산에 따른 다핵화된 구조에서 점차 근린·동네 단위의 소규모 커뮤니티 생활 단위의 '스팟형 구조(spotted structure)'로 전환될 수 있다. 이에 따라 관공서와 같은 공공 서비스 시설도 소규모 분산 배치가 이루어질 것이다. 달라진 모빌리티 수단과 행태에 따라 주중·주말의 교통 체증이나 교통 수요 패턴이 크게 달라질 수 있고, 기존의 도로 교통 인프라 시설에 대한 수요가 변화될 것이다. 따라서 도로나 철도·교통 관련 시설이 입지했던 공간에 대한 새로운 활용이 시작되고, 주차장·도로·대중교통 시설보다 전동 킥보드·공유 자전거·소형 전기차 등 개인화된 모빌리티와 관련한 설비에 대한 공공 투자가 늘어날 것이다.

유례없는 코로나19 팬데믹은 인류가 새로운 시대 질서와 함께 살아가도록 강요하고 있다. 끊임없는 인류 역사의 움직임을 멈추고 그동안 우리가 추구해온 모든 사회적 가치와 관계, 그리고 시스템에 대해 스스로 성찰하도록 하였다. 모빌리티가 만들어낸 임모빌리티는 어쩌면 끝이 보이지 않는 코로나 팬데믹을 벗어나기 위해 우리가 불가피하게 선택한 모빌리티 통치일지 모른다. 하지만 분명한 것은 지금 우리는 새로운 모빌리티 전환기에 와 있으며, 새로운 모빌리티 질서와 노멀이 우리의 삶과 공간에 미치는 영향력을 고민하며 포스트 코로나 시대를 준비해야 할 중요한 시점이라는 것이다. 또한 새로운 모빌리티 노멀이 만들어낼 모빌리티 격차와 불평등, 공간의 변화에 주목해야 할 것이다.

4장

Social Welfare

복지국가의 역설,
펜데믹에서 발견한 돌봄과 통제의 양면성

김수영

(서울대학교 사회복지학과)

우리는 코로나19 확진자를 추적하고 치료하거나, 국민이 재난
지원금을 신청·지급받는 과정에서 정부가 디지털 정보 시스템
을 대대적으로 활용하는 과정을 목격했다. 포스트 코로나 시
대를 맞는 현재 시점에서 정부는 디지털 정보 시스템을 통한
보건복지 서비스의 대대적 개편을 꾀하고 있다. 그러나 정보
시스템을 통한 사회복지 서비스 제공은 사회적 돌봄 기능만이
아니라 사회적 통제 가능성을 내재하고 있다. 이 글에서는 코
로나 팬데믹 이후 강화될 디지털 전자 정부의 사회복지 정보
시스템이 갖는 통제적 속성을 짚어보고, 사회 구성원들의 공
동체성을 회복하는 사회복지 제도의 필요성을 이야기하고자
한다.

친절한 통제를 바라보는 두 가지 시선

코로나19는 우리의 일상을 크게 변화시켰다. 외출할 때 마스크를 쓰는 일은 자연스러워졌고, 팬데믹이 한창일 때는 실내 입장을 위한 체온과 QR코드 체크는 필수 절차였다. 우리는 이러한 불편을 코로나19 확산 방지를 위해 어쩔 수 없는 조치로 여기며 받아들였고, 곧 예전으로 돌아갈 수 있기를 희망했다.

물론 일상을 통제하는 방역 대책이 처음부터 순조롭게 받아들여졌던 것은 아니다. 2020년 5월 25일 중앙재난안전대책본부가 코로나19 확산 추적을 위해 유흥 시설 등 다중 이용 시설을 중심으로 QR코드 시스템 도입을 추진한다고 밝혔을 때, 전국의 약 21개 인권·시민사회 단체들은 '코로나19인권대응네트워크'를 구성해 "코로나19 시대, 한국의 뉴노멀은 디지털 감시 국가"라고 비판하며 QR코드 도입 철회를 요구했었다. 코로나19 사태 이후 방역을 명목으로 정부가 휴대전화 위치 추적, 신용카드 조회, CCTV 모니터링을 통해 시민의 일거수일투족을 감시하는 일이 정당화되었다는 것이다. 더욱이 2020년 5월은 이태원 클럽을 중심으로 집단 감염이 확대되면서 성소수자에 대한 혐오가 심각해진 상황이었다. 따라서 개인 식별 정보를 담은 QR코드 수집이 특정 사회 집단에 대한 인권 침해를 초래할 수 있다는 우려의 목소리가 높았다. 하지만 전염병으로부터 국민의 안전을 지키려면 사회 통제는 어느 정도 감내해야 한다는 의견이 더 큰 설득력을 얻게 되면서, 국민에 대한 온·오프라인 정보 수집은 단계적으로 확대되었다.

코로나19 사태는 정부의 보건복지 정책에 잠재된 도움과 통제의 양면적 속성을 수면으로 부상시켰다. 근대 국가의 복지 정책들은 기본적으로 사회 구성원들을 지원하는 사회적 돌봄(social care) 기능과 구성원들을 관리하는 사회적 통제(social control) 속성을 동시에 지닌다. 사회복지는 빈곤·실업·질병처럼 우리가 살면서 겪는 위험을 공동으로 해결하고자 하는 제도와 활동이다. 저소득층에게 생계비를 지원하는 국민기초생활보장제도, 노동자가 실업을 당했을 때 받는 고용보험 실업급여, 병원비 일부나 전부를 감면해주는 건강보험 등이 대표적인 복지 정책이다. 코로나 팬데믹도 우리 사회가 직면한 중대한 위험이기에, 보건복지부 질병관리청을 중심으로 이에 대응하는 다양한 보건복지 정책들이 추진되었다.

문제는 코로나19 방역을 위해 개인정보 수집과 모니터링이 불가피하듯이, 정부의 복지 서비스 제공에는 국민에 대한 관리와 감독이 필연적으로 동반된다는 점이다. 예를 들어 개인이 국민기초생활보장제도를 통해 생계비 지원을 받으려면 가난을 증명하는 자산 조사를 통과해야 한다. 자산 조사 과정에는 자기 자신만이 아니라 부양 의무자인 가족이 자신을 부양할 능력과 의지가 있는지를 확인하는 절차가 포함된다. 본인과 가족의 임금과 금융 소득, 부동산과 자동차 같은 재산만이 아니라, 가족들과 관계가 잘 유지되고 있는지와 같은 사생활까지 점검을 받아야 하도록 특정한 방향으로 유도하거나 교정하기도 한다.

실직자가 실업급여를 받으려면 구직 활동을 수행하고 보고해야 하며, 근로 능력이 있는 빈곤층이 생계급여를 받으려면 자활 사업에 참여해 취·창업을 위해 노력하고 있음을 밝혀야 한다. 1980년대까지만 해도 근로 빈곤층이 정부의 생업 자금 지원을 받으려면 "전망이 있고 확고한 계획을 제시하며, 낭비를 하지 않고, 자활 의지가 강하며 활동력이 왕성한 자"여야 한다는 윤리적 자격 조건까지 충족해야 했다. 지금은 복지 대상자에 대한 도덕적 자격 조건은 사라졌지만, 여전히 사람들은 도움을 받을 자격이 있는 사람에 대한 나름의 잣대를 가지고 있다. 2020년 12월 출소한 아동 성폭력 가해자 조두순이 국민기초생활보장제도 생계급여를 받게 되었다는 사실이 알려지자, 이를 반대하는 국민청원에 10여만 명이 동참할 만큼 사회적 공분을 샀다. 자산·나이·근로 능력에 대한 법적 기준을 통과

했다 하더라도 사회적 물의를 일으킨 흉악 범죄자는 정부의 복지 지원 대상으로 적합하지 않다는 이유에서였다. 조두순의 복지 지원에 대한 반감은 사회복지가 단지 순수한 도움만을 의미하지는 않는다는 사실을 단적으로 드러낸다.

이처럼 사회복지는 취약 계층의 인권을 보장하고 불평등을 해소하려는 사회 연대의 목적과 취약 계층의 일탈을 규율해 사회 안전을 꾀하려는 사회 통제의 목적이 줄타기하는 가운데 발전해왔다. 범죄학자 데이비드 갈랜드(Garland, 1985)는 사회복지가 사회적 한계 계층을 지원함으로써 이들의 일탈을 미연에 방지하고, 법적 처벌 전(前) 단계에서 잠재적 범죄자들의 행동을 특정한 방향으로 규율하는 형벌-복지 컴플렉스(penal-welfare complex)의 한 축이라고 규정하기도 했다.

─────평등에서 안전으로, 팬데믹으로 인한 전세 역전

코로나 팬데믹은 사회복지의 초점을 사회 연대와 사회 안전이라는 두 지향 중에 후자 쪽으로 크게 기울게 했다. 본래 근대 복지 국가는 평등과 연대를 핵심 가치로 추구해왔다. 북미와 유럽 복지 국가의 발달 역사를 추적한 플로라와 앨버(Flora & Alber, 1981: 24)는 1940년대 이후 성장한 복지 국가가 현대 사회의 두 가지 난제인 불평등(inequality)과 아노미(anomie)를 해결하기 위한 국가의 대응책이었다고 해석한다. 1929년 시작된 세계 대공황은 경제적 불평등과 양극화를 심화시켰고, 이어서 발발한 제2차 세계대전은 사회적 아노미와 불안을 증폭시켰다. 서구 국가들은 이를 타개하기 위해 평등(equality)과 안전(security)을 표방하며 다양한 복지 정책들을 도입했다. 특히 유럽 복지 국가들은 그중에서도 평등의 가치에 더 많은 관심을 가져왔다. 유럽 노동당의 사회민주주의 정책 기조에서 볼 수 있듯이, 노사정의 사회적 타협과 계층 간 연대를 달성하는 것이 전후(戰後) 복지 국가들의 공통된 전략이었다.

반면 한국은 평등보다 안전을 우선으로 추구해왔다. 서구의 여러 나라는 세계대전을 겪으며 인권과 복지에 대해 성찰하게 되었고, 그 과정에서 복지 국가를 구축하였다. 그러나 한국은 세계대전 이후에도 한국전쟁·분단·냉전을 겪으면서 여전히 사회적 불안과 이념 갈등의 소용돌이 속에 놓여 있었다. 따라서 사회 구성원 내부의 연대나 평등을 지향하는 사회보장 정책보다는 국민의 안전을 보장하는 국가 안보 정책이 더 중요시되었다. 실제로 사회보장과 국가 안보에 지출한 정부 예산을 보면, 1985년 정부 총예산 12조 원 중 국방비가 30.1퍼센트, 사회복지비가 1.8퍼센트를 차지할 만큼 국방비가 압도적으로 많았다. IMF 경제 위기 직후 공공복지 지출이 급증했다고 하지만, 2000년 당시 서구 복지 국가들이 GDP의 15~30퍼센트를 공공복지에 지출하는 데 반해 한국은 약 6.65퍼센트를 공공복지에 투자했었다. 이는 소위 복지 후진국으로 불리는 미국(14.96퍼센트)의 절반에도 못 미치는 수준이었다(한국보건사회연구원, 2002). 이러한 배경 때문에 한국은 미성숙한 복지 국가라는 평가를 받아왔다. 물론 2020년 현재 정부 총예산 299조 원에서 국방비는 15.1퍼센트, 사회복지비는 60.8퍼센트로 비중이 역전되었지만, 여전히 국가 안보와 사회 안전은 한국인들에게 매우 민감한 이슈로 남아 있다.

하지만 코로나 팬데믹을 겪으면서 한국의 보건복지 시스템은 'K-방역'이라는 이름으로 갑자기 전 세계적인 주목을 받게 되었다. 2020년 3월 말, 이른바 복지 선진국으로 인식되던 나라들에서 코로나19 감염자가 속출하기 시작했다. 그해 3월 31일 기준 미국은 확진자 18만 8461명·사망자 4034명, 영국은 확진자 3만 8484명·사망자 2453명, 독일은 확진자 5만 1579명·사망자 3020명에 달할 정도였다. 병원과 요양 시설은 폭증하는 환자를 제대로 수용하거나 치료하지 못해 거의 마비 상태였고, 각국은 뒤늦게 국경 봉쇄나 외출 제한과 같은 긴급 조치를 단행하느라 혼란에 빠졌다. 그러나 한국은 2020년 2월 중순 대구 신천지 교회를 중심으로 대규모 집단 감염이 발생했는데도 불구하고, 1만 명 이하의 확진자 수준을 유지하고 있었고 사망자는 100여 명에 불과했다. 이로 인해 한국 보건복지 시스템의 어떤 측면 때문에 위기 상황에도 감염자와 사망자 수를 최소화할 수 있는지에 대한 국제 언론의 관심이 뜨거워졌다.

2020년 3월 15일 영국 BBC 〈앤드루 마 쇼(Andrew Marr Show)〉에 한국의 강경화 외교부 장관이 출연했을 때, 사회자는 강 장관에게 한국이 어떻게 코로나19 대처에 성공할 수 있었는지를 물었다. 강 장관은 한국의 의료 시스템이 감염자를 빠르게 진단해 바로 격리하고 있으며, 정부는 첨단 정보 기술을 활용해 확진자의 동선을 확보하고 휴대폰 사용자들에게 감염자에 대한 실시간 문자 메시지를 보내는 조치들을 취하고 있다고 소개했다. 나아가 한국 정부의 행정 운영 원칙으로 개방성(openness)과 투명성(transparency)을 꼽았다. "정부가 개방적이고 역동적인 민주주의의 가치와 국민을 섬기는 자세를 바탕으로 정보 시스템을 활용해 국민에게 충분한 정보를 투명하게 공개함으로써 정부가 더욱 질 좋은 서비스를 제공하길 바라는 국민의 신뢰와 지지를 얻을 수 있었다"는 요지였다. BBC 인터뷰 내용은 한국인들에게 한국의 보건복지 서비스도 서구 복지 국가에 뒤지지 않을 만큼 수준이 높아졌다는 자긍심을 안겨주면서 한동안 소셜네트워크상에서 회자되었다.

그러나 한국의 방역 대책을 민주주의의 선례로 규정할 수 있을지는 의문이다. 보통 민주주의 논의에서 개방성과 투명성은 정부가 행정을 국민에게 투명하게 공개한다는 맥락에서 사용되는 개념이다. 하지만 한국 정부가 투명하게 공개했던 것은 정부의 정책 집행 과정이 아니었다. 바로 확진자 동선과 같은 개별 국민의 개인정보였다. 국민의 개인정보 공개가 큰 반발 없이 이루어질 수 있었던 것은 민주주의의 산물이라기보다 오히려 국민에 대한 통제가 당연시되었던 권위주의의 유산에 가깝다. 코로나 팬데믹으로 사회 안전이 긴급한 과제로 떠오르면서, 그간 안전을 명목으로 통제를 당연시해온 한국 사회의 시스템이 선진적 시스템으로 재조명된 것이다.

한국은 독재 정권 시절부터 사회 안전을 이유로 정부에 의한 방대한 정보 수집과 통제가 이루어졌던 국가이다. 단적으로 박정희 정권은 1967년 슈퍼컴퓨터 IBM 1401을 도입해 국민으로부터 140여 개 개인정보를 수집하는 인구 조사를 대대적으로 단행했다. 그리고 1968년에는 이를 바탕으로 국민에게 주민등록번호를 부여하고 주민등록증 휴대를 의무화했다. 주민등록번호는 국민의 거주지 이동, 가족 관계 변화, 경제 활동 전반을 파악하는 가장 강력한 ID로 사용되었으며, 주민등록증은 검문과 신분 조회에 폭넓게 활용되고 있다. 한국인들에게는 매우 당연하게 받아들여지지만, 모든 국민에게 개별적이고 영구적인 개인 식별 번호를 부여하는 국가는 세계적으로 얼마 되지 않는다. 국가 대부분이 국민 개개인의 가족 관계·출생·혼인·이혼·사망 사실을 등록하는 신분 등록 제도를 시행하고 있지만, 주민등록번호처럼 국민의 동향을 추적하기 위해 생년월일·성별·출생 지역과 같은 정보가 담긴 수치화된 ID를 일괄적으로 부여하지는 않는다.

주민등록번호로 상징되는 한국의 독특한 국민 등록 시스템은 독재 정권에 의한 효율적 사회 통제 기제로 사용되었다. 한국이 냉전의 한복판에 있는 분단국가라는 배경은 사회 안정과 안보를 위해 국민에 대한 감찰과 통제를 강화하는 것을 정당화했다. 하지만 다른 한편으로 주민등록번호는 흩어져 있는 개인정보들을 체계적으로 집적하고 연계시킬 수 있는 고유한 개별 ID로서, 공공 행정·금융 거래·노동 활동을 할 때 신원을 신속히 파악하게 함으로써 효율성을 높이는 데 이바지하기도 했다. 이러한 실질적 편익은 개인정보 공개를 통한 프라이버시 침해를 어느 정도는 암묵적으로 용인하는 사회적 분위기를 만들었다.

실제로 한국 사회는 코로나19 방역을 위해 국가가 개인정보를 수집하는 데에 상대적으로 관대한 태도를 보였다. 2020년 코로나19 사태가 발생한 후 한국은 확진자 동선 정보를 보도 자료와 인터넷을 통해 빠르게 공개했다. 감염병 환자에 대한 신속한 정보 수집과 공개는 K-방역의 한 축을 이루며 미국·프랑스·영국·독일 등 해외 언론의 주목을 끌었지만, 일각에서는 지나친 사생활 침해라는 비판도 받았다. 코로나 팬데믹 초기에 서구 국가들에서는 정부의 마스크 착용 강제와 자가 격리 조치에도 강력한 집단 반발이 일어나기도 했다. 그러나 한국 사회에서는 이보다 수준이 높은 위치 추적·신용카드 내역 조회·QR코드 수집 등의 내용이 국가 위기 상황에서 안전 도모를 위해 마땅히 동의해야 할 의무로 인식되고 있다. 대통령 직속 4차산업혁명위원회가 2020년 5월 발표한 개인정보 공개 적절성에 대한 설문 조사를 보면, 코로나19 확진자의 상세한 동선 공개가 적절하다고 보는 응답자가 90퍼센트를 넘었다.

코로나 팬데믹이 종식된 포스트 코로나 시대에도 안전은 다른 가치보다 중요하게 인식될 가능성이 크다. 최근 들어 전염병만이 아니라 기후 변화·미세먼지·지구 온난화·플라스틱 폐기물로 인한 환경 파괴·난민·금융 위기·사이버 범죄와 해킹·테러에 이르기까지 예상치 못한 사회 위험들이 곳곳에서 발생하고 있다. 이에 울리히 벡(Beck, 1986)은 현대 사회를 위험 사회(risk society)로 명명했다. 벡이 정의한 위험 사회는 단지 위험이 곳곳에 도사리는 사회라는 뜻을 넘어서 "위험이 사회의 중심이 되는 사회"를 의미한다. 정치·경제·사회·문화 전 영역에서 다양한 사회 문제가 발생하고 불안과 불확실성이 증가하면서, 위험을 관리하고 조정하는 안전이 사회 구성원들의 최대 관심사가 된다는 것이다. 이런 맥락에서 벡은 위험 사회에서는 평등의 가치보다 안전의 가치가 우선이 된다고 전망했다.

위험이 일상이 된 사회에서 국민이 국가에 가장 바라는 바는 불안을 잠재우는 안전 대책이다. 따라서 지금처럼 정부가 시민들을 안심시키는 정책과 서비스를 제공한다면 선진 복지 국가라는 평가를 받을 수 있다. 위험을 효율적이고 신속하게 관리하는 능력이 포스트 코로나 시대에 복지 국가의 수준을 결정하는 새로운 기준이 되는 것이다.

하지만 안전이 사회 정책의 최대 관심사가 되는 사회를 아무런 비판 없이 받아들인다면 그 부작용이 매우 심각할 수 있다. 위험을 관리하는 과정에서 특정 사회 집단에 대한 통제와 차별이 심해질 수 있기 때문이다. 우리는 사회 안정을 위협하고 불안감을 조성한다는 이유로 사회적 약자들을 형제복지원과 같은 부랑인 수용소에 집단 수용했던 과거를 기억한다. 물론 현재는 무차별적이고 강제적인 통제는 많이 사라졌다. 하지만 코로나 팬데믹 상황에서 종교 집단·성소수자·외국인에 대한 반감이 고조되었던 것처럼, 위기 상황에서 특정 사회 집단이 불안감을 조성하는 원흉으로 지목된다면 이들에 대한 경계와 혐오가 심각해질 우려가 있다.

인류학자 알랜 맥파레인(Macfarlane, 1970)은 근대 초기 유럽에서 성행했던 마녀사냥을 역사적 격변기에 사회 불안의 원인을 사회적 약자에게로 돌리려 했던 비극적 상황으로 해석한다. 당시 마을에서 마녀로 몰려 화형을 당했던 사람들은 대개 나이가 많은 빈곤 여성들이었는데, 이웃에게 도움을 요청했지만 거절당했던 경우가 잦았다는 것이다. 근대 초기는 기존의 중세 교회와 촌락 공동체가 와해되면서 보호받지 못한 빈민들이 증가하는 반면, 시장경제의 도입으로 주민들이 개인화되고 이해관계에 민감해진 상황이었다. 하지만 여전히 이웃의 도움을 거절하는 것은 괴로운 일이었다. 따라서 도움을 거절한 사람보다 구걸자가 도덕적으로 더 악하다고 주장함으로써 비난의 화살을 타인에게 돌릴 필요가 있었다는 것이다.

　　역사적 격변기에 불안이 증가하면 마녀사냥과 같은 희생양 만들기는 형태를 바꾸어 다시 반복된다. 코로나19 여파로 한국 사회에서 중국인·성소수자·종교 집단에 대한 비난과 차별이 심해지고, 해외에서 동양인을 향한 인종 차별과 폭행이 증가한 것도 희생양 만들기의 한 모습이다. 앞으로 예측하지 못한 위험들이 발생할 때마다 감염자·외국인·이민자·전과자·정신장애인·성소수자·빈민·난민과 같은 사회적 소수자들이 잠재적 위험 집단으로 낙인이 찍히거나, 보안을 위해 개인정보를 감시받아야 하는 관심 집단으로 분류될 가능성이 크다. 물론 현재 취약 계층이 아닌 사람들에게 이러한 시나리오는 타인의 미래처럼 들릴 것이다. 하지만 아이에서 노인이 되는 생애 동안에 인간은 한 번 정도는 사회적 약자의 자리에 놓인다. 안전을 위한 통제가 당연해진 사회에서는 누구도 감시에서 자유로울 수 없다.

—— 국가의 개인정보 수집과 관리는 어떻게 이뤄지는가

국가는 제반 법률적·행정적 장치를 기반으로 일정 영토 및 영토내 주민을 지배하는 가장 강력한 정치 조직이다. 국가가 국민에게 배타적 권력을 행사할 수 있는 이유는 이를 대가로 국민의 치안·안보·복지를 보장해주기 때문이다. 근대 사회 이론가들은 이를 국가와 국민의 사회적 계약으로 설명해왔다. 국가는 국민에게 치안·안보·복지를 제공해주는 대가로 국민에게 징세와 징병을 한다. 그리고 이를 위해 국민의 소득·재산·거주지·가족 관계에 관한 정보를 취합할 수 있는 권한을 갖는다. 실제 국가는 징세·징병을 위해 국민의 정보를 수집하고 관리하는 행정 체계를 발전시켜왔다. 19세기 초부터 서구의 근대 국가들은 행정 기관을 중심으로 국민에 대해 대대적인 조사 활동을 벌여왔다. 성별·나이·직업·수입·질병 이력·가구 구성·주거지, 범죄 기록 등과 같은 정보가 행정 기관에 광범위하게 집계되었고, 수치화된 정보들은 통계적으로 분석되었다. 수리적데이터를 해석하는 학문인 통계학(statistics)은 국가(state)의 통치를위한 산술이라는 뜻이 담겨 있다.

국가가 시민의 권리와 의무를 관리할 목적으로 정보를 수집하는 과정에서 개별 국민에 대한 개체화가 필연적으로 발생한다. 정보학자 웹스터(Webster, 2016: 102)의 표현을 빌리면, 개체화(individuation)는 정보 기록을 활용해 개인을 개별적으로 추적하고 파악할 수 있게 정렬하는 작업으로, 자유와 권리를 부여받은 독립적 주체의 개성(individuality)과는 맥락이 다르다. 이때 국가가 국민을 인식하는 방식은 개성을 가진 주체로서의 개인이 아닌 식별이 가능한 정보로서의 개인이다. 근대 국가는 신분 등록·주거 등록을 통해 국민에게 개인 식별 번호를 부여하고, 소득이나 재산과 같은 수치 정보를 주기적으로 집계하며, 신분 확인용 증명사진·지문·홍채와 같은 인체 정보를 관리해왔다. 국가가 수집한 개인정보들은 징병과 징세, 치안과 복지를 위해 활용되어왔다.

특히 2000년대 전후 본격화된 정보통신 기술의 발달은 국가가 개인정보를 수집하고 관리하는 수준을 질적으로 높여주었다. 당시 상용화되기 시작한 인터넷은 여러 행정 기관에 종이 서류로 저장되어 있던 개인정보들을 통합하고 연결하는 데 크게 이바지했다. 실제로 정보통신 기술에 힘입어 1997년 미국, 1998년 프랑스, 2000년 영국, 2000년 싱가포르, 2001년 남아프리카공화국, 2003년 인도에 이르기까지 많은 국가가 전자 정부를 표방하기 시작했다.

한국은 전자 정부 구축에서 줄곧 선두에 서 있었다. 한국 정부는 2000년 세계 최초로 '전자정부법'을 제정하고, 이를 근거로 공공 기관의 정보를 전산화하고 기관 간 정보를 공유하는 정보 시스템을 구축하기 시작했다. 실제 2000년대부터 공공 행정의 전산화가 확대되어 출입국 관리 시스템, 전자 세정 시스템(홈택스), 교육 행정 정보 시스템(NEIS, 나이스) 등이 개설되었다. 이때도 주민등록번호는 전자 정부 확대를 가속하는 숨은 공신이었다. 행정 부처에 산재한 개인정보들을 연계하려면 기준점이 필요하다. 하지만 사람들의 이름·성별·나이는 똑같은 경우가 많아 데이터 연계의 기준이 될 수 없다. 이는 여러 나라가 전자 정부를 구축할 때 어려움을 겪은 부분이다. 그러나 한국은 주민등록번호를 개인정보를 집적하고 연결하는 공통 ID로 손쉽게 활용할 수 있어, 단기간에 전자 정부의 정보 시스템들을 구축할 수 있었다. 이로 인해 한국은 UN의 전자 정부 개발 지수(EGDI) 순위에서 2010년·2012년·2014년 연속 1위를 차지했으며, 그 후에도 2·3위의 최상위권을 유지해왔다.

현재 한국의 전자 정부는 포스트 코로나 시대를 맞이해 지능형 전자 정부로 또 한 번의 도약을 꾀하고 있다. 한국 정부는 2020년 7월, 코로나19로 인한 경제 위기를 극복한다는 목적을 두고 '한국판 뉴딜'을 발표했다. 한국판 뉴딜은 크게 그린 뉴딜과 디지털 뉴딜로 양분되는데, 특히 디지털 뉴딜은 코로나 팬데믹으로 언택트 시대가 도래하면서 온라인 소비나 재택근무처럼 비대면 활동이 보편화된 상황에 주목한다. 이러한 미래에 대응하기 위해서는 국가의 체질을 디지털로 전환하는 프로젝트가 필요하다는 것이다. 이 프로젝트에서 지능형 전자 정부는 핵심 과제에 속한다. 지능형 전자 정부는 빅데이터, AI, 챗봇과 같은 이른바 디지털 두뇌를 활용해 위험에 빠진 집단이나 문제가 있는 집단을 선제적으로 파악하고 개개인에게 맞춤형 서비스를 제공하는 것을 골자로 하고 있다. 특히 복지 사업은 미래 지능형 전자 정부가 위험을 예측하고 맞춤형 서비스를 제공할 주요 영역으로 꼽힌다.

─────── 위험 집단을 범주화하는 사회보장 정보 시스템

복지는 정부가 정보 시스템 구축에 상당히 공을 들이는 영역이다. 복지를 위한 국가의 개인정보 수집은 징병·징세·치안 영역과 차이가 있다. 징병·징세·치안을 위한 정보 수집은 국방이나 납세의 의무처럼 국민에게 자원을 거둬들이기 위해 시행된다. 반면 보건복지 정책을 위한 정보 수집은 국민에게 서비스를 제공할 목적으로 이루어진다. 따라서 전자보다 국민의 반감이 적다. 그러나 실제로 사회복지 영역은 국가가 가장 방대하고 세밀하게 개인정보를 수집하고 관리하는 영역이다. 소득 보장·보건의료·돌봄·교육·주거·고용을 위한 복지 급여와 서비스 운영에는 거의 모든 유형의 개인정보가 활용된다. 사회보험과 공공부조 같은 소득 보장 정책을 위해서는 개인과 가족의 자산 규모가 집계되어야 하고, 건강보험과 같은 보건의료 정책을 위해서는 환자의 질병·치료 이력·신체 특징과 같은 세밀한 정보가 파악되어야 한다. 따라서 복지 행정을 위한 정보 시스템에는 정부의 어떤 정보 시스템보다도 방대한 개인정보가 집적되어 있다. 실제로 한국 정부가 복지 행정 정보들을 관리하기 위해 2010년 개

통한 '사회보장 정보 시스템'에는 국민의 복지 서비스 자격 심사를 위해 필요한 소득·재산·차량·부동산·가족 관계·군 복무 이력, 교정 시설 입소 이력·출입국 정보 등 2020년 기준으로 총 78개 기관의 1172종의 정보들이 연계되어 있다(한국사회보장정보원, 2021).

정부는 사회보장 정보 시스템에 연계된 데이터를 활용해 특정한 문제가 있거나 위험에 놓인 것으로 예측되는 집단들을 분류하고 추출하는 작업을 진행해왔다. 먼저 초기에 사회보장 정보 시스템은 복지 급여와 서비스의 부정 수급자를 적발하는 데 활발히 사용되었다. 사회보장 정보 시스템의 1차 목적은 국민기초생활보장제도의 생계·주거·교육 급여, 아동수당, 기초연금, 장애인연금 등 각종 복지 서비스의 자격 심사를 전산화하는 것이다. 자격 심사는 기존 복지 대상자나 신규 신청자 중 자격에 맞지 않는 사람들을 걸러내는 작업이기도 하다. 정보 시스템이 도입되기 이전에 자격 심사는 개별 지자체에 의해 서류 작업으로 진행되었다. 하지만 정보 시스템으로 대규모 데이터 매칭이 가능해지면서 자격 심사의 정확도가 높아졌다. 이로 인해 그간 수급자 선정 기준에 부합하지 않지만 생계비를 받아왔던 수급자들이 대거 적발되었다. 정부가 2010년부터 2014년까지 사회보장 정보 시스템으로 적발한 부정 수급자는 96만 8058명에 이른다. 이로 인해 국민기초생활보장제도의 자격 요건이 훨씬 관대해졌음에도 불구하고, 정보 시스템이 도입된 이후 수급자는 2009년 157만 명에서 2010년 155만 명, 2012년 139만 명, 2014년 133만 명으로 오히려 감소했다.

물론 사회보장 정보 시스템이 부정 수급자 색출 용도로만 사용된 것은 아니다. 2016년부터 정부는 복지 사각지대에 놓인 고위험 집단을 발굴하기 위해 사회보장 정보 시스템을 활용하기 시작했다. 2014년에 송파 세 모녀 사건이 터지자 사각지대에 놓인 취약 계층을 적극적으로 지원해야 한다는 목소리 또한 커졌다. 하지만 한국의 복지 급여와 서비스는 신청주의를 따르고 있어 당사자가 직접 지원 신청을 하지 않으면 급여나 서비스를 받기 어렵다. 이에 보건복지부는 단전·단수·단가스 정보, 건강보험료 체납 정보, 통신 요금 연체 정보, 보건소와 응급 의료 센터의 자살·자해 시도자 정보, 보건복지부의 시설 입소 및 퇴소자 정보 등 2019년 기준 17개 기관 32종의 정보를 빅데이터로 통합하고 분석해 고위험 집단을 포착하는 작업을 진행해왔다. 실제로 2016년 3월 정보 시스템을 통해 발굴된 고위험 집단은 11만 4609명에 달했고, 국민기초생활보장제도·긴급 복지 등 복지 급여나 서비스 지원이 이루어진 대상도 1만 8318명에 이른 것으로 집계되었다.

복지 정책의 확대로 사회보장 정보 시스템에 연계된 개인정보가 늘어나고 빅데이터 분석 기술이 발전하면서, 정부가 국민의 데이터를 모니터링해 위험·위기 집단을 분류하고 범주화하는 일이 점차 늘어나고 있다. 예를 들어 최근 심각한 아동 학대 사건이 연일 보도되면서 학대 가구를 미리 찾아내 아동을 보호할 방안들이 논의되었다. 이때 제안된 전자 정부의 처방은 아동 학대 위험 가구를 조기에 발견하는 'e아동행복지원시스템'을 구축하는 것이었다. 아동 학대는 주로 사적 공간인 가정에서 발생하기 때문에 외부인이 발견해 신고하기 어렵다. 이에 예방 접종 미실시·병원 방문 기록·학교 장기 결석 등 정부의 정보 시스템에 등록된 개인정보들을 상시적으로 감시해 학대 위기 아동을 미리 포착하는 방안이 고안된 것이다. 실제로 2018년부터 e아동행복지원시스템을 통해 학대 고위험 가구에 대한 사회복지 전담 공무원들의 현장 점검이 실행되었다. 이를 통해 2018년 3월부터 2019년 3월까지 1년 동안 50건의 아동 학대가 신고되었고, 그중 33건이 최종 아동 학대 사건으로 판명되기도 했다.

이처럼 정보 시스템은 부정 수급자, 복지 사각지대, 학대 위기 아동 등 위험·위기 집단을 범주화하여 관리하는 것을 가능하게 만들었다. 이는 기존 아날로그 복지 정책의 시각을 크게 바꾸어놓았다. 디지털 시대의 새로운 복지 전략으로 이른바 '범주적 복지'가 탄생한 것이다. 지금까지 복지 담론의 주요 화두는 보편 복지 대 선별 복지였다. 학교 급식·아동수당·기초연금·청년수당·기본소득과 같이 사회적 논쟁거리가 되는 복지 정책의 핵심 논점은 이를 모든 국민에게 제공할지, 아니면 일부 계층에만 제공할지에 대한 것이다. 보편 복지는 사회 연대와 평등을 강조하는 반면, 선별 복지는 지원이 가장 필요한 대상에게 집중하는 방식이다. 보편 복지는 재정이 많이 투입된다는 약점이 있다면, 선별 복지는 복지 신청 과정이 번거롭고 수치스러울 수 있다는 단점이 있다. 또한 예방적 지원이 아니라 이미 취약해진 상태에서 지원이 이루어진다는 점도 선별 복지의 한계로 지적된다.

그러나 정보 시스템은 선별 복지와 보편 복지의 틀을 넘어선 새로운 복지 지원을 가능하게 한다. 정보 시스템으로 일반 국민의 소득·재산·가족 관계·고용 상태 등을 모니터링하게 되면, 졸업·이혼·실업·출산 등으로 여건이 변했을 때 이를 빠르게 포착해 각 집단에 적합한 복지 서비스를 제공할 수 있다. 사후 처리 방식의 지원이 아니라, 위기의 징후가 감지되었을 때 선제적으로 개입해 더 큰 위험 발생을 막을 가능성도 있다. 미리 알림으로 공지를 하면 대상자가 제도를 모르거나 신청하지 못해 복지 지원에서 배제될 가능성도 줄어든다. 원칙적으로 지원 대상자는 선별되지만, 모든 국민을 대상으로 모니터링을 하면서 각 사람에게 맞는 맞춤형 지원을 제공한다는 점에서 보편 복지의 특성을 전략적으로 차용할 수도 있다. 이런 이유로 한국 정부는 빅데이터를 통해 국민의 생활과 필요를 예측하고 그에 맞는 복지 서비스를 제공하는 맞춤형 서비스를 디지털 뉴딜의 정책 비전으로 제시한 것이다.

빅데이터를 통해 사회 집단의 패턴을 분류하고 범주별로 개입하는 방식은 포스트 코로나 시대의 복지 전략이 될 것이다. 사회적 거리 두기가 강화되면서 공무원들이 직접 복지 사각지대를 찾는 일이 어려워졌다. 언택트 시대가 도래하면서 사람들의 눈길과 손길이 닿지 않는 공간에서 발생하는 아동 학대·노인 학대·가정 폭력도 늘었다. 이는 정부가 데이터 감시를 강화하게 되는 배경이 되고 있다. 이런 맥락에서 보건복지부는 2022년 기존 사회보장 정보 시스템을 업데이트한 차세대 사회보장 정보 시스템 개통을 준비하고 있다. 차세대 사회보장 정보 시스템은 빅데이터 분석을 확대해 저소득층·노인·아동·장애인 등 전 영역에서 위험·위기 집단을 발굴하고 맞춤형 지원을 제공하는 것을 목적으로 한다. 이를 위해 기존에 연계된 개인정보 외에 보건의료·민간단체·GIS 위치 정보·소셜네트워크서비스 등 오픈 소스에서 얻을 수 있는 데이터까지 폭넓게 연계하고, 블록체인·AI·챗봇·IoT와 같은 첨단 기술도 적극적으로 도입할 예정이라고 밝혔다. 그러나 전자 정부의 정보 시스템을 통해 위기 집단을 표적화하는 방식은 여러 부작용을 잠재하고 있다.

─────── 정보 시스템을 통한 데이터 감시의 부작용

정보 시스템의 데이터 감시는 특정 집단에 대한 낙인과 인권 침해를 심화시킨다. 정보 감시 사회의 디스토피아는 조지 오웰의 『1984』나 올더스 헉슬리의 『멋진 신세계』와 같은 문학 작품만이 아니라, 학계에서도 꾸준히 제기되어왔다. 대표적으로 푸코(Foucault, 1979)는 근대의 지식 체계가 '정상'인 주체와 '비정상'인 객체를 나누고, 다수 집단이 소수 집단을 규율하는 감시 사회를 구축하는 데 일조했다고 보았다. 특히 푸코는 벤담(Bentham)이 소수의 간수가 다수의 수감자를 감시하기 위해 고안한 원형 감옥 파놉티콘(panopticon)을 근대 감시 체계의 전형으로 꼽았다. 그는 파놉티콘 같은 감시 체계가 효율적 관리라는 명목 아래 감옥은 물론 근대 국가의 행정 기관·학교·작업장, 병원까지 보편화됐다고 지적했다. 푸코의 영향을 받은 법사회학자 라이언(Lyon, 1993)은 현대 사회의 정보 시스템을 전자 파놉티콘(electronic panopticon)으로 묘사한다. 국가가 정보 시스템을 통해 국민의 데이터를 모니터링하는 방식이 간수가 중앙탑에서 감방을 감시하는 파놉티콘과 유사하다는 것이다.

. 클락(Clarke, 1988)은 정보 시스템을 통한 감시를 데이터 감시(dataveillance)로 명명했다. 데이터 감시는 정보 시스템을 활용해 어떤 개인이나 특정 집단에 속한 사람들의 데이터를 지속적으로 감별하는 활동으로, 크게 개인 데이터 감시와 집단 데이터 감시로 나뉜다. 개인 데이터 감시는 "문제를 일으킨 것으로 의심이 되는 개인의 데이터를 조회하고 추적하는 활동"으로, 이미 특정된 범죄자·피의자·테러리스트의 데이터를 추적하는 일이 여기에 속한다. 반면 집단 데이터 감시는 "아직 확인은 되지 않았지만 특정 집단에 대해 '일반화된 의심'을 토대로 그들의 데이터를 모니터링하는 활동"이다 (Clarke, 1988: 503). 보통 치안을 위해 개인 데이터 감시가 주로 진행된다면, 복지 영역에서는 집단 데이터 감시가 주로 사용된다. 부정 수급자·복지 사각지대 고위험군·학대 위기 아동을 찾아내는 작업도 사회보장 정보 시스템에 저장된 복지 대상자 집단에 대한 데이터 감시를 통해 이루어진다.

문제는 클락의 지적처럼 집단 데이터 감시가 특정 집단에 대한 일반화된 의심과 편견을 전제한다는 점이다. 부정 수급자 적발을 위한 전체 조사가 대표적 예시이다. 아날로그 행정에서 부정 수급자 적발은 확실히 부정행위가 의심되는 사람이 있을 때, 그 당사자에 대해 방문 조사를 하거나 자료 점검을 하고 부정 수급이 확인되면 급여를 정지하는 방식으로 이루어졌다. 그러나 대규모 데이터 분석이 가능한 정보 시스템에서는 수급자 전체에 대한 데이터 감시가 먼저 이루어진다. 즉 아직 부정 수급의 정황이 포착되지 않은 상태에서 수급자 전체 집단에 대한 일반화된 의심을 품고 전수 조사를 시행하고, 거기서 부정 수급자를 걸러내는 거꾸로 된 절차를 밟는 것이다. 이러한 절차는 무의식적으로 수급자 집단을 부정 수급 의심자로 간주하는 문제가 있다. 원거리 데이터 감시의 특성상 수급자들은 자기가 감시되고 있다는 사실을 전혀 알아채지 못하는 점도 문제이다. 정보 시스템에서 수급자들은 먼저 일제 조사를 받고 부정 수급자로 걸러진 후에야 그 사실을 통보받는다. 따라서 조사 과정에서 개인의 사정을 피력하거나 변호할 수 없다.

그러나 데이터 감시로 수급에서 탈락한 사람들의 속사정을 보면, '부정 수급'이라는 단어가 갖는 이미지처럼 비윤리적으로 생계비를 받고자 했던 사람들은 소수에 불과하다. 김용익 국회의원이 발표한 국정감사 자료를 보면, 2011년 사회보장 정보 시스템의 데이터 감시로 수급에서 탈락한 사람 8만 4908명 중 70~80퍼센트는 실제 최저 생계비 이하의 빈곤층이었다. 하지만 부양 의무자 기준이나 자산 산정 기간 같은 다른 요건에 걸려서 정보 시스템이 에러로 분류한 사례였다. 공교롭게도 사회보장 정보 시스템의 부정 수급자 적발이 한창이던 2010년부터 2014년까지 수급에서 탈락해 생계 곤란을 겪다가 자살을 선택한 사람만 1238명에 이르렀다. 아래는 부정 수급자로 분류되면서 죽음에 이르게 된 사례들을 요약한 것이다.

○ 2011년 4월, 폐결핵을 앓던 김 모 할머니는 부양 의무자가 있다는 이유로 수급자에서 탈락했고, 치료도 받지 못한 채 병원과 보건소를 8시간 동안 오가다 지하철역에서 객사했다.

○ 2011년 7월, 경남 남해에 있는 노인 요양 시설에서 생활하던 70대 노인이 부양 의무자 기준에 걸려 수급 탈락 통보를 받은 후 스스로 목숨을 끊었다.

○ 2012년 8월, 실제로 부양하지 않는 사위로 인한 간주 부양비 때문에 수급자에서 탈락한 할머니가 "법도 사람이 만드는데 어떻게 이럴 수 있나"는 유서를 남기고 경남 거제시청 앞에서 자살했다.

○ 2012년 11월, 전남 고흥에서 부양 의무자 기준 때문에 기초생활보장제도 수급자가 되지 못한 할머니와 손자가 한국전력공사의 전류 제한 조치로 전기가 끊겨 촛불로 생활하다 화재로 목숨을 잃었다.

출처: 라포르시안(2014년 10월 14일)

물론 부정 수급자에게도 소명의 기회는 있다. 하지만 유죄 혐의를 받게 된 수급자들은 주어진 소명 기간에 스스로 무죄를 증명해야 한다. 그 과정에서 부정 수급 의심자들은 더 많은 사적 데이터를 공개하게 된다. 이들이 수급권을 회복하기 위해 제출하는 정보들은 단지 '데이터'가 아닌 개인의 '사생활' 그 자체이다. 부정 수급 의심자들은 생계비를 받기 위해 남들에게 숨기고 싶었던 가족 간의 갈등이나 출생의 비밀을 국가 앞에 공개하는 과정을 밟는다. 이때 2차적으로 받게 되는 심리적 상처와 수치심은 오롯이 개인 몫이다.

이처럼 수급에서 탈락한 사람들은 현실 세계에서 다양한 사연을 가진 사람들이다. 따라서 부정 수급이라는 용어로만 이들을 규정하기 어렵다. 정보 시스템은 개인의 삶을 디지털 비트로 단순화하기에 개인의 특수한 경험들은 삭제되거나 왜곡된다. 그러나 사회보장 정보 시스템을 통한 부정 수급 적발 성과가 스포트라이트를 받으면서, 수급 탈락자의 죽음은 뒤편으로 밀려났다. 정보 시스템을 통해 에러로 분류된 탈락자들은 부정 수급자라는 데이터 이미지(data image)를 덮어쓰게 되었다. 실제 일반 시민들은 대부분 정보 시스템이 구성한 담론에 따라 수급 탈락자들을 비양심적으로 생계비를 타려다 적발된 범죄자로 인식할 것이다.

학대 위험 아동 발굴 과정도 비슷한 부작용이 있다. e아동행복지원시스템을 통해 포착된 사례 중에는 아동을 의도적으로 방임하고 학대한 부모도 분명 존재한다. 그러나 2005년 부모의 이혼으로 조부모 집에 살던 9세 아동이 조부모가 일하러 나간 사이에 개에게 물려 사망한 사례나 2019년 북한 이탈 주민인 어머니와 6세 아동이 생활고로 사망한 사례에서도 엿볼 수 있듯이, 보호자가 경제적·심리적 궁핍으로 인해 아동을 돌보지 못한 경우도 많다. 이런 경우에는 부모에 대한 법적 처벌과 비난보다는 가족 전체에 대한 복지 지원이 필요하다. 하지만 가치 중립적인 정보 시스템은 각 사례의 맥락과 사연을 구분하지 않는다. 시스템이 추출한 학대 위험 아동의 부모는 아동 학대 의심 부모라는 프레임을 쓰게 된다. 이러한 시선은 아동을 제대로 돌보지 못해서 죄책감이 있는 부모에게 씻을 수 없는 2차적 상처를 남긴다.

물론 부정 수급자나 학대 위험 아동 발굴과 달리 복지 사각지대 발굴은 복지 지원을 확대하기 위한 데이터 감시이기에 사회적 낙인은 덜하다. 하지만 프라이버시권 측면에서 봤을 때, 복지 사각지대 고위험군 발굴이 인권 침해 여지가 더 크다. 부정 수급자 확인 조사는 개인정보 수집에 동의한 수급자들을 대상으로 한다. 하지만 복지 사각지대를 찾기 위해서는 비수급자들의 정보를 명확한 동의 절차 없이 광범위하게 모니터링해야 하기 때문이다. 사각지대 발굴에 활용되는 빅데이터에는 사회보험료 또는 공과금 체납·저신용·자살 및 자해 시도·전과 등 민감하거나 숨기고 싶은 개인정보가 포함되어 있다. 따라서 이러한 정보가 계속 관리되고 추적된다는 사실이 사람들에게 불쾌감을 줄 수 있다.

사실 정보 시스템을 통한 사각지대 발굴은 취약 계층은 정보에 무지하며 어떤 방식으로든 생계비를 받으면 기뻐할 것이라는 전제가 깔려 있다. 하지만 보건복지부(2009)의 조사에 따르면, 저소득층 응답자의 60퍼센트가 정보에 무지하다기보다 까다로운 자산 조사 때문에 신청해도 탈락할 것 같아 복지 급여를 포기했다고 말했다. 실제로 송파 세 모녀는 복지 서비스를 신청했다가 거부당한 이력이 있었다. 이들이 사회적으로 배제된 핵심 이유는 정보 부재가 아니라 제도적 걸림돌 때문이었다. 따라서 정보 시스템이 아무리 사각지대에 놓인 대상을 포착해내도, 결국 제도적 기준에 걸려 서비스 자격에서 탈락할 수 있다. 생계 문제로 인해 자살을 생각할 정도로 막막혔던 사람이 정보 시스템을 통해 사각지대로 발굴되어 복지 급여를 신청했는데, 결국 복지 수급 자격 심사에서 탈락했다면 그 좌절감은 이루 말할 수 없을 것이다. 더욱이 가난하다고 모두 수급자가 되고 싶어 하는 것도 아니다. 일선 현장에서는 자신의 자존감과 자율성을 지키려고 수급권을 포기하는 사람들을 적지 않게 만난다(김수영, 2016). 이런 이유에서 사회복지 전담 공무원들은 빅데이터 분석을 통한 사각지대 발굴에 대해 회의감을 표시하기도 한다.

데이터 감시가 부정 수급자나 사각지대를 줄일 수 있는 유일한 해법은 아니다. 실업률과 빈곤율 증가와 같은 경기 악화는 부정 수급과 사각지대를 증가시키는 배경이다. 과도한 자산 조사도 문제이다. 공공 부조에 대한 자산 조사가 엄격한 영미권 국가와 한국에서 부정 수급자가 많이 나오는 이유는 공공 부조 자격 요건이 너무 까다롭기 때문일 수 있다. 앞서 말했듯이, 엄격한 자격 요건은 사람들이 복지 신청을 꺼리고 사각지대로 몰리는 이유이기도 하다. 이처럼 제도적·구조적 요인 때문에 발생하는 부정 수급자와 사각지대를 데이터 감시로 아무리 철저히 찾아내도 줄지 않을 것이다. 오히려 데이터 감시가 강화되어 세세한 자산 변화까지 포착하게 되면, 기준보다 아주 약간 좋아졌다는 이유로 부정 수급자로 분류되거나 사각지대로 밀리는 사례들이 더 증가할 것이다. 이처럼 다양한 맥락들이 존재하는데도 수급자들을 특정하게 이미지화하는 것은 낙인과 편견을 심화시키는 태도이다.

나아가 전자 정부의 정보 시스템이 효율성을 절대 가치로 추구하면서 인간 소외 현상이 심화될 우려도 있다. 경제학자 아마타야 센 (Sen, 1987)이 『경제학과 윤리학』을 통해 드러냈듯이, 인간 사회는 두 가지 거대한 운동을 통해 발전해왔다. 경제적 효율과 합리성을 추구하는 운동과 윤리적 관계와 복지를 지향해온 운동이 그것이다. 특히 사적 공간인 시장이 경제적 효율성을 추구하는 주된 영역이었다면, 공적 공간인 정부는 복지 정책을 통해 자본주의 시장에서 배제된 소외 계층에게 자원을 재분배하는 역할을 맡아왔다. 그러나 전자 정부는 윤리성보다는 효율성을 최우선 목표로 추구한다. 한국의 전자정부법 제2조 제1항은 전자 정부를 "정보 기술을 활용하여 행정 기관 및 공공 기관의 업무를 전자화하여 행정 기관 등의 상호 간 행정 업무 및 국민에 대한 행정 업무를 효율적으로 수행하는 정부"로 정의한다. 행정 업무의 효율화는 사회보장 정보 시스템의 운영 목표이기도 하다. 사회보장 정보 시스템은 부정 수급자를 관리하여 재정 누수를 막고, 개인정보를 신속히 처리해 행정의 효율화를 달성하며, 복지 대상자에게 맞춤형 서비스를 제공해 복지 체감도를 향상하는 것을 공식 목표로 제시하고 있다. 실제 사회보장 정보 시스템은 부정 수급자 적발로 정부 재정을 크게 절감했고, 이러한 성과를 인정받아 2014년 UN 공공 행정상 대상을 받기도 했다.

그러나 재정 절감이 사회복지의 최대 목표가 될 수 없다. 사실 빅데이터 분석은 보험 회사가 비용 절감을 목적으로 많이 활용해왔다. 예를 들어 미국의 보험 회사들은 피보험자들의 위험도를 측정해 보험료와 보험급여를 책정하거나, 신용 정보를 활용해 인수 심사를 고도화하는 데 빅데이터를 동원해왔다. 한국에서는 금융 규제 때문에 빅데이터를 활용한 보험료 책정이나 보험 가입 거부는 어렵지만, 유망 고객을 추정하거나 민원 발생 위험도를 예측하는 데 빅데이터 분석을 활용하고 있다. 빅데이터 분석을 통한 고객의 집단별 분류와 대응은 민간 보험사 입장에서는 합리적인 처리일 것이다. 하지만 보험 통계적 정의(actuarial justice)가 사회복지가 추구하는 사회 정의(social justice)는 아니다. 사회보험과 같은 복지 정책은 나에게 잘못이나 원인이 없어도 다른 구성원들을 위해 보험료를 납부하는 무과실 책임주의를 추구한다. 공공 부조도 취약할수록 더 많은 보장을 받는 재분배의 원칙을 따른다. 즉 사회적 연대와 협력이 복지 정책이 추구하는 정의인 것이다.

그러나 정보 시스템은 특정 위험·위기 집단을 분리해내는 사회적 범주화를 가속시킨다. 정부가 국민을 개체화하는 차원을 넘어, 개인들을 유사한 문제나 특성을 가진 집단으로 범주화하여 관리하게 되는 것이다. "흑인 중 운전(driving while black)"이라는 문구는 범주화된 감시를 비판하는 사례로 많이 회자되어왔다. 이는 미국에서 경찰이 음주 운전을 단속하는 과정에서 백인보다는 흑인 집단을 더 집중적으로 검문하는 경향을 빗댄 표현이다. 실제로 e아동행복지원시스템을 통한 학대 위험 아동 발굴 과정도 이러한 집단 편향적 문제를 안고 있다. 즉 학대 위험 아동 발굴을 위해 사용되는 개인정보들이 대부분 경제적 여건이나 가족 상태와 관련된 데이터들이다 보니, 주로 저소득층이 위험군으로 추출될 가능성이 크다. 아동 학대는 모든 계층에게 일어날 수 있는 사건임에도 불구하고, 저소득층이 표적화되는 데이터 편향 문제가 발생할 수 있는 것이다.

이처럼 정보 시스템을 통한 데이터 감시는 윤리적 문제점들을 안고 있다. 그러나 국가의 개인정보 수집이 갖는 부작용에 관한 토론은 그리 활발하지 않다. 정부는 정보 시스템을 확대하고 업데이트하는 과정에서 발생할 수 있는 윤리적 이슈들을 공론화하기보다는, 관련 법들을 제·개정하는 방식으로 기능적으로 대응해왔다. 문제의 소지가 있는 개인정보 활용에 대해 관련 법령에 해당 정보 항목의 수집·이용을 허용하는 법조문을 추가하거나, 새로운 법을 개정하는 전략을 취해온 것이다. 복지 대상자의 부정 수급을 적발하거나 사각지대를 발굴하기 위해 개인정보를 활용할 때에도, 이를 공론장에서 논의하기보다 '사회보장기본법 시행령' 개정, '사회보장급여의 이용·제공 및 수급권자 발굴에 관한 법률' 제정으로 사회보장정보 시스템에 의한 데이터 감시를 허용하는 법적 근거를 마련하는 것으로 마무리했다.

더욱 심각한 문제는 최근 개인정보 수집에 관한 법 개정이 국민의 인권 보장보다 국가가 더욱 쉽게 국민의 개인정보를 활용할 수 있게 만드는 방향으로 진행되고 있다는 점이다. 예를 들어 1995년 제정된 '개인정보보호법'은 공공 기관의 컴퓨터로 처리되는 개인정보를 보호할 목적으로, 1996년 제정된 '정보공개법'은 공공 기관이 보유한 공공 정보에 대한 국민의 알 권리를 보장할 목적으로 만들어졌다. 그러나 2013년 제정된 '공공데이터법'은 그 공식 명칭에서 엿볼 수 있듯이 공공 데이터로 보유·관리하는 데이터들을 공공 기관만이 아니라 민간에서도 활용할 수 있도록 공개해 경제 발전을 도모하는 것을 목적으로 한다. 2020년 디지털 뉴딜도 이와 맥을 같이한다. 디지털 뉴딜의 주요 과제인 '디지털 댐'은 정부가 방대하게 집적한 공공 데이터를 공개해 민간 기업이나 연구소가 보건의료 기술 개발이나 신산업 육성 등에 활용할 수 있도록 지원한다는 내용이 담겨 있다. 정부는 이를 용이하게 하기 위해 데이터 3법('개인정보보호법', '정보통신망법', '신용정보법')을 개정하기도 했다. 그러나 공공 데이터 공개는 데이터를 실제로 제공하는 주체인 국민의 정보 프라이버시를 크게 위협할 수 있다.

하지만 정부가 스스로 '국가 디지털 대전환 프로젝트'라고 부를 만큼 국민의 삶에 큰 변화를 가져올 디지털 뉴딜에 대한 윤리적 숙의 과정은 존재하지 않았다. 위기 극복과 국민 경제 활성화를 위해 공공 데이터를 적극적으로 활용해야 한다는 주장에 밀려 프라이버시는 부차적인 이슈로 전락했다. 그러나 프라이버시는 단번에 침해되지 않는다. 그것은 시간을 두고 천천히 부식된다. 그리고 우리가 그 위험성을 진정으로 깨달았을 때는 이미 돌이킬 수 없는 상황이 될 것이다. 따라서 지금이라도 전자 정부의 개인정보 수집과 활용을 둘러싼 윤리적 위험성에 대해 보다 열린 논의를 시작해야 할 것이다.

—— 미래의 사회 통제를 담은 영화 〈마이너리티 리포트〉

2002년 개봉해 선풍적 인기를 끌었던 스티븐 스필버그 감독, 톰 크루즈 주연의 〈마이너리티 리포트〉는 정보 시스템의 그림자를 다룬 SF 영화이다. 미래 사회인 2054년 워싱턴에서는 범죄가 일어나기 전에 잠재적 범죄자를 예측하고 미리 색출할 수 있게 돕는 최첨단 치안 시스템인 '프리크라임'이 작동되고 있다. 범행이 일어나는 시간과 장소, 그리고 용의자까지 특정해주는 프리크라임의 예측 기술은 시민의 안전을 도모하는 완벽한 감시 시스템으로 여겨진다. 하지만 완전무결을 표방하는 프리크라임에는 치명적 오류가 있었다. 프리크라임은 범죄를 예측하는 예지자의 의견 중 다수 의견과 일치하지 않는 소수 의견(minority report)을 자동 삭제하는 기능이 있다. 영화는 톰 크루즈의 결백을 주장하는 소수 의견이 무시되고 프리크라임에 의해 그가 억울하게 살인자로 지목되면서 벌어지는 사투를 담고 있다. 디스토피아적 미래의 단면을 그린 〈마이너리티 리포트〉는 정보 시스템을 통한 감시 사회가 결코 인간이 희망하는 진정한 안정과 행복을 담보해주지는 않는다는 메시지를 담고 있다.

영화가 처음 상영된 20년 전 당시 〈마이너리티 리포트〉는 판타지에 불과했다. 하지만 현재 위험을 예측하는 정보 시스템은 현실이 되고 있다. 2019년 2월 법무부는 성범죄자 등 전자 감시 제도 대상자의 재범 위험을 사전에 차단하기 위해 이동 경로·심리 상태·생활 환경 변화 등의 데이터를 탐지해 이상 징후가 포착되면 보호관찰자에게 바로 경보 알림을 보내어 조기 대응하는 '범죄 징후 예측 시스템'을 도입했다. 2021년 5월부터 경찰청도 치안·인구·공공 정보를 통합한 빅데이터를 AI로 분석해 지역별 범죄 위험도를 예측하고 순찰 인원·경로를 결정하는 '범죄 위험도 예측 분석 시스템(Pre-CAS)'을 전국적으로 운영하고 있다. 빅데이터 기반 정보 시스템의 데이터 감시 범위가 일부 전과자를 넘어서 전체 지역사회와 시민에게까지 점차 확대되고 있다. 그러나 〈마이너리티 리포트〉의 메시지처럼 최첨단 정보통신 기술이 완전무결한 것도, 인간의 안전과 행복을 담보하는 것도 아니다.

　그렇다고 정보통신 기술이 끊임없이 발전하는 상황에서 정보 시스템의 도입 자체를 막을 수는 없다. 이는 1865년 영국의 '적기 조례법(Red Flag Act)'과 같은 우를 범하는 것이다. 19세기 중반 생산되기 시작한 자동차가 도로를 활보하자 영국 정부는 자동차가 교통과 안전을 위협한다고 판단해 속도와 주행 방식을 규제하기 시작했다. 이 규제법이 적기 조례로 불리는 이유는 속도 제한을 철저히 감시하기 위해 자동차마다 붉은 깃발을 든 기수를 55미터 앞에 두어 주행 속도를 통제하도록 했기 때문이다. 이는 빠른 속도라는 자동차의 강점을 전혀 발휘하지 못하게 묶는 어리석은 법이었다. 하지만 자동차 앞의 붉은 깃발이 시대착오라고 해서, 자동차의 운행을 완전히 자율에 맡겨야 하는 것은 아니다. 자동차는 우리에게 교통의 편의를 제공하지만, 교통사고로 인해 생명을 위협하기도 한다. 따라서 현 도로교통법은 자동차가 어디에서 속도를 줄이고, 어떤 방향으로 출입해야 하는지 등 그 흐름을 관리함으로써 사고 가능성을 최소화하고 있다. 특별한 주의가 필요한 구간에는 과속 방지턱을 설치해 물리적으로 속도를 높이지 못하도록 한다.

마찬가지로 정보 시스템에서도 정보의 흐름과 속도를 통제할 수 있는 장치들이 필요하다. 자동차와 마찬가지로 전자 정부의 정보 시스템은 시민에게 딜레마적 상황을 안긴다. 복지 서비스를 받기 위한 데이터 감시는 개인의 프라이버시를 침해할 위험이 항상 도사리고 있다. 그러나 초연결 정보망을 통해 각종 정보가 복잡하게 연계되어 흘러가는 현대 사회에서 완벽한 개인정보 보호는 불가능하다. 개인 정보 제공을 동의할 때도 어떤 정보의 공개와 수집이 이득이 되고 손실이 될지를 정확히 예측하기조차 어려워졌다. 따라서 무조건적이고 완벽한 정보 프라이버시를 추구하기보다 절충안을 고민하는 것이 현실적이고 지혜로운 방법일 수 있다.

아날로그 사회에서 프라이버시권은 독립된 주체로서의 개인이 물리적으로 분리된 사적 공간을 향유하고 소유할 권리를 뜻했다. 근대 프라이버시권의 주창자인 브랜다이스와 워렌(Brandeis & Warren, 1890)은 저서 『프라이버시권』에서 프라이버시권을 '홀로 있을 수 있는 권리(the right to be let alone)'로 정의하기도 했다. 그러나 정보통신 기술은 공적 공간과 사적 공간, 사적인 것과 공적인 것을 구별 짓는 힘을 무력하게 만들었다. 디지털 정보 사회에서는 개인이 전유하는 완전한 사적 영역이 존재하기 어렵다. 이런 맥락에서 바우만(Bauman, 2000)은 현대 사회를 딱딱하게 고정된 고체 사회가 아니라 사방으로 흘러가는 유동 사회로 묘사하기도 했다. 소셜네트워크와 같은 온라인 커뮤니티가 물리적으로 방문할 수 있는 고정된 장소가 아니라 인터넷상에 연결망으로 퍼져 있는 것처럼, 유동하는 네트워크 사회에서 각 영역은 독립된 장소(place)로 존재하지 않고 흐름(flow)으로 존재한다.

따라서 디지털 사회에서 개인의 프라이버시권은 사적 장소에 대한 보호를 넘어 가상 공간에서 개인정보의 흐름에 대한 통제로 재정의될 필요가 있다. 디지털 시대에 사생활 침해는 물리적 공간을 침범당하는 것만이 아니라, 네트워크상에서 개인정보가 통제 불가능할 정도로 빠르게 흐르면서 발생하기 때문이다. 리프킨(Rifkin, 2000)의 『소유의 종말』을 빌려 말하면, 이제는 정보의 소유에 집중하기보다 정보에 접속되고 유통되는 과정을 자세히 살펴보고 그 상황에서 어떻게 프라이버시권을 보장할 수 있을지 고민해야 할 때이다. 정부가 수집한 국민의 개인정보가 어떻게 어디로 흘러가며 활용되는지를 아는 것도 프라이버시권 보장의 주요 사안이다. 국가가 개인정보를 수집하지 못하게끔 무조건 제지하기보다, 정보 수집의 순기능을 인정한 상태에서 수집된 정보의 유통과 활용을 감시하고 견제할 필요가 있는 것이다. 이런 맥락에서 포스트 코로나 시대의 새로운 프라이버시권은 개인정보가 대규모로 흐르는 과정에서도 인간의 존엄성과 주체적 인격을 유지할 수 있는 권리, 정보가 제공하는 데이터 이미지에 개인의 정체성이 매몰되지 않고 개인의 현실과 맥락이 존중될 권리로 정의되어야 한다.

또한 정보의 흐름으로서의 프라이버시권을 보호하기 위해서는 자동차의 과속 방지턱처럼 위험성이 높은 지점에 정보 과속 방지턱을 설치할 필요가 있다. 이때 OECD(1980)가 발표한 개인정보 보호 8대 원칙은 가장 기초적인 정보 과속 방지턱으로 기능할 수 있을 것이다. 이 원칙에 따르면, 개인정보를 수집하고 활용할 때는 목적이

OECD 개인정보 보호 8대 원칙

① 수집 제한의 원칙: 개인정보 수집은 합법적이고 정당한 수단에 의하여 주체의 인지나 동의에 의해 수집해야 한다.

② 정보 정확화의 원칙: 개인정보는 사용하고자 하는 목적에 필요한 수준만큼만 수집하고 정확하고 완전하며 최신의 것이어야 한다.

③ 목적 명확화 원칙: 개인정보를 수집할 때는 목적이 명확해야 하고, 이를 이용할 경우에도 애초의 목적과 모순되지 않아야 한다.

④ 이용 제한의 원칙: 개인정보는 정보 주체의 동의가 있는 경우나 법률의 규정에 의한 경우를 제외하고는 명확화된 목적 이외의 용도로 공개되거나 이용되어서는 안 된다.

⑤ 안전 보호의 원칙: 개인정보는 데이터 상실·부당한 접근·파괴·이용·수정이나 공개에 대한 안정성을 보장받아야 한다.

⑥ 공개의 원칙: 개인정보에 관한 개발·운용 및 정책에 관해서는 일반적인 공개 정책을 취하여야 한다. 개인정보의 존재·성질 및 주요 이용 목적과 함께 정보 관리자의 신원·주소를 쉽게 알 수 있는 방법이 마련되어야 한다.

⑦ 개인 참가의 원칙: 정보 주체인 개인은 자신과 관련된 정보의 존재 확인·열람 요구·이의 제기 및 정정·삭제·보완 청구권을 가진다.

⑧ 책임의 원칙: 개인정보를 관리하는 데이터 관리자는 이러한 원칙들을 준수하도록 책임을 부여하여야 한다.

명확해야 하고 애초의 목적과 모순되지 않아야 하며, 개인정보 이용에 대해 당사자의 명확한 인지와 동의를 구해야 한다. 또한 정보 제공 주체인 개인은 자신과 관련된 정보의 존재를 확인하고 열람을 요구할 수 있으며, 정정과 삭제를 요구할 수 있는 청구권을 보장받을 수 있어야 한다. 무엇보다 복지 대상자들이 정부에 도움을 구하러 공공 기관을 찾아올 때는 생애에서 가장 취약할 때이다. 따라서 사회적 약자의 정보가 지나가는 사회보장 정보 시스템에 대해서는 이러한 정보 과속 방지턱이 더욱 세심하게 짜일 필요가 있다.

더불어 국가의 데이터 감시에 대응하는 국민의 역감시 체계를 마련할 필요가 있다. 마티센(Mathiesen, 1997)은 다수의 시민이 소수 권력자의 행동을 감시하는 시놉티콘(synopticon)의 등장에 주목했다. 시놉티콘은 소수의 권력자가 다수의 시민을 감시하는 근대적 파놉티콘(panopticon)과는 반대로, 권력자와 대중이 동시에 서로를 지켜보는 상호 감시 메커니즘을 뜻한다. 최근 들어 정보통신 기술을 자유자재로 활용할 수 있는 시민들이 늘어나면서 역감시 기술이 속속 개발되고 있다. 예를 들어 미국의 스왓(SWAT)은 경찰의 부당 행위나 특정 인종에 대한 과잉 검문과 차별을 방지하고 경찰의 활동을 감시하기 위해 한 시민이 개발한 앱이다. '책임과 투명성을 갖춘 안전 (Safety With Accountability & Transparency)'을 뜻하는 스왓은 경찰의 과잉 진압과 폭력이 발생했을 때 영상이나 사진으로 찍어 앱에 올리면, 이를 빅데이터로 만들어 전국의 현황을 공유할 수 있게 해준다.

이외에도 정보 비대칭과 공권력 남용을 방지하고 시민들의 권한을 확대하는 실험들이 여기저기서 추진되고 있다. 시빅 해킹(civic hacking)도 그중 하나이다. 시빅 해킹은 2000년대 말 미국에서 시작해 전 세계로 확대된 디지털 시민운동으로, 시민을 뜻하는 시빅(civic)과 해킹(hacking)을 결합한 용어이다. 언뜻 불법적 정보 유출과 이용을 의미하는 해킹을 떠올릴 수 있지만, 정부가 공개한 공공 데이터를 시민이 재가공하는 합법적 활동이라는 점에서 성격이 다르다. 기본적으로 시민들이 정부가 공개한 공공 데이터에 웹·앱 기술을 접목해 공공 행정의 혁신을 이루고, 공공 서비스를 개선한다는 점에서 시민과의 진정한 협치를 도모하는 시민 참여 활동으로 인식된다. 세금 환급 서비스에 접근성이 떨어지는 저소득층에게 세금 담당 공무원을 직접 연결해주는 '겟유어리펀드(GetYourRefund)', 저소득층을 위한 식료품 지원 사업인 푸드스탬프의 신청 시간을 획기적으로 줄여주는 '겟콜프레쉬(GetCalFresh)', 경범죄 이력이 있는 사람들이 합법적인 수준에서 자기 범죄 이력을 지울 수 있도록 돕는 '클리어마이리코드(Clear My Record)' 등이 시빅 해킹으로 만들어진 앱들이다.

이처럼 정보 프라이버시권을 통해 국민이 자신의 개인정보의 흐름을 통제할 수 있게 되고, 역감시 시스템을 개발해 정부의 행정을 상호 감시할 수 있으며, 국가로부터 공공 서비스를 받기 위해 개인정보를 제공하는 단계를 넘어서 정부의 공공 정보를 활용해 스스로 공공 서비스를 개발할 수 있게 된다면, 포스트 코로나 시대에 강화될 데이터 감시의 위험성을 어느 정도 제어할 수 있을 것이다.

- 사회적 약자를 포용하는 또 하나의 '마이너리티 리포트'

미래 사회에 기술이 가져올 위험을 다시 기술로 막는 방안을 고민하기 전에 근본적으로 물을 질문이 있다. 바로 정보 시스템을 통해 데이터를 수집·관리하는 본질적 이유에 대한 것이다. 과연 개인 정보를 끊임없이 모으고 모니터링을 한다고 해서 인간 사회가 안전한 곳이 될까? 장 보드리야르(Baudrillard, 2001: 13)는 "우리가 모든 것을 비축하고, 모든 것을 기록하며, 모든 것을 보존하는 이유는 우리가 더는 무엇이 참이고 무엇이 거짓인지를 모르기 때문에, 무엇이 옳고 무엇이 그른지를 모르기 때문에, 무엇이 가치 있고 무엇이 무가치한지를 모르기 때문"이라고 비판한다. 가치가 표류하는 상황에서 정보 위에 또 새로운 정보를 추가해나가는 행위는 사회를 더욱 혼란스럽게 만들 수 있다.

우리가 김연아의 트리플 악셀 기술을 과학적으로 분석하고 정보를 쌓았다고 해서 김연아를 이해했다고 말할 수 없다. 정보 수집은 인간을 이해하는 한 가지 방식에 불과하다. 오히려 정보가 인격으로서의 한 인간을 왜곡할 수도 있다. 사실 우리는 관계에 안정감이 있고 편안함을 느끼는 사람에 대해서는 더는 정보를 얻으려고 안간힘을 쓰지 않는다. 루이스와 웨이거트(Lewis & Weigert, 1985: 970)의 말처럼, 우리가 상대방에 대해 아무리 많은 정보를 수집한다고 해도 신뢰가 쌓이는 것은 아니다. 오히려 신뢰는 행위자들이 상대방을 믿기 위해서 더는 어떠한 증거나 논리적 이유가 필요하지 않을 때 비로소 실현되기 때문이다. 마찬가지로 사회 안전은 개인정보를 수집해 위기를 예측하거나 위험 집단을 찾아낼 때 확보할 수 있는 것이 아니다. 오히려 지나치게 비대해진 데이터 감시는 일상의 불안과 불신을 가중시킬 우려가 있다.

이 시점에서 영화 〈마이너리티 리포트〉 이전에 작성된 또 다른 마이너리티 리포트에 대해 생각해볼 필요가 있다. 제2차 세계대전으로 혼란스러웠던 1942년 윌리엄 베버리지(William Beveridge)는 영국을 재건하고 구성원 간 연대를 강화하기 위해 영국 정부에 정책 보고서 「사회보험 및 관련 서비스」를 제출했다. 일명 「베버리지 보고서」로 불리는 이 문서에는 '요람에서 무덤까지' 국민의 복지를 정부가 책임지고, 궁핍·질병·무지·불결·나태라는 5대 사회악을 해결하기 위한 사회복지 시스템을 구축한다는 내용이 담겨 있다. 이 보고서는 지금도 근대 복지 국가의 기틀을 마련한 문서로 평가받고 있다. 그러나 이보다 30년 앞선 1905년 사회 연대와 복지 국가 건설을 제안했다가 반려되었던 정책 보고서가 있다. 바로 베아트리체 웹(Beatrice Webb)의 「소수파 보고서(Minority Report)」가 그것이다.

1900년대 초까지만 해도 유럽의 국가들은 빈민을 사회 불안을 조성하는 위험 집단으로 간주하고, 구빈법(Poor Law) 하에서 이들을 구빈원(workhouse)에 가두고 강제 노역을 시켰다. 고아 소년의 런던 밑바닥 생활을 담은 찰스 디킨스(Chales Dickens)의 소설 『올리버 트위스트』에는 구빈원의 끔찍한 생활이 잘 묘사되어 있다. 이에 1905년 정부는 구빈법을 개선하기 위해 '구빈법과 빈민 구제에 관한 왕립 위원회'를 구성해 기존 구빈법의 개선안을 제안하도록 했다. 이때 왕립 위원회 위원이었던 베아트리체 웹은 가난을 개인의 책임으로 돌리거나 빈민층을 잠재적 범죄자로 간주하는 기존의 관점에 반기를 든다. 그녀는 사회 문제를 구성원들이 함께 해결하기 위한 보편적 복지 제도의 마련을 주창하고, 불평등을 척결하기 위해 가족 수당 지급·보편적 의료 서비스·최저 임금제 도입을 제안했다. 하지만 당시 너무나 획기적이었던 그녀의 비전은 소수파 의견으로 배제되었고, 기존 구빈법처럼 사회 통제와 개인 책임을 강조하는 다수파 보고서가 채택되었다. 하지만 당시 베아트리체 웹의 조사원으로 일했던 베버리지는 소수파 보고서에 담긴 사회적 포용과 연대의 가치를 잊지 않았다. 그리고 그가 전시 상황에서 사회보장을 담당하는 고위 관료가 되었을 때 이를 베버리지 보고서로 부활시킨 것이다.

여기서 우리는 사회적 돌봄이라는 사회복지의 중요한 속성을 상기할 필요가 있다. 사회복지는 취약 계층과 시민을 통제할 목적으로만 도입된 것이 아니다. 역사적으로 사회복지는 사회 공동체를 복원하려는 비전 속에서 구축되고 발전했다. 공동체를 회복하고 상호 연대하기 위한 차원에서 복지 국가의 시민들은 기꺼이 세금 지출에 동의하였고, 사회보험도 의무적으로 가입해 사회적 위험에 대한 책임을 일정 부분 공동 분담하고자 했다. 복지 사각지대로 밀려난 취약 계층 역시 사회 구성원이라는 의식 속에 이들을 마냥 외면할 수는 없었으므로, 이들을 위한 공공 부조 또한 함께 발전시켜왔다. 자원을 재분배하는 복지 정책은 비인간적 행위가 아니라 개인과 집단의 인격적 관계를 회복하려는 도덕적 행위인 것이다.

만약 포스트 코로나 시대에도 사회적 포용과 연대가 여전히 사회복지가 추구해야 하는 궁극적 목표이자 비전이라면, 전자 정부의 방향성 역시 재고할 필요가 있다. 현재 사회 정책에서 빅데이터를 활용하는 전략이 트렌드가 되었다. 정부가 보유한 개인정보를 빅데이터로 만들어 국민의 행동과 특성을 예측하고 관리할 수 있다는 믿음이 만연한 것이다. 그러나 이는 데이터와 인간을 등치시키는 데이터주의(dataism)에 기반한 환상이다. 데이터는 인간 실상을 온전히 반영하지 못한다. 빅데이터는 아주 대략의 패턴만을 확률적으로 보여줄 뿐이다. 따라서 정보 시스템의 빅데이터를 통해 부정 수급자·고위험 집단·학대 위기 아동을 정확히 포착해내거나 줄일 수 있다는 기대는 버려야 한다.

오히려 개체화된 수치 데이터를 넘어 인간 자체에 눈을 돌릴 필요가 있다. 부양 의무자 기준처럼 복지 대상자에게 지나치게 엄격하고 비현실적인 자격 기준을 요구하는 경향에도 개선이 필요하다. 현재 사회복지 행정계는 최첨단 기술을 활용해 위기·위험 집단을 예측하는 시스템을 마련하는 데 몰두해 있는 상황이다. 그러나 정보 시스템이 제공하는 데이터만으로는 현실을 살아가는 개인과 사회 집단을 둘러싼 문제의 맥락을 제대로 파악할 수 없다. 데이터 이면에 있는 인간의 경험과 이야기에 다가가려면 사회복지 실무자들이 전통적으로 수행해왔던 면대면 휴먼 서비스와 상담이 여전히 중요하다. 데이터 감시망을 촘촘히 짜는 것보다 현실 세계에서 사람들 사이의 사회적 관계망을 구축하기 위해 노력하는 편이 불안과 갈등을 줄이고 신뢰를 회복하는 지름길일 수 있다.

또한 데이터 감시가 불가피한 지점에 대해서는 부작용을 줄일 수 있는 혜안이 필요하다. 윤리적 딜레마에 대해서는 책임을 회피하는 근거를 마련하는 법 조항 삽입을 통해 기계적으로 처리하기보다 사회 구성원들이 함께 윤리성을 숙고하고 토론할 수 있는 장이 마련되어야 한다. 부정 수급자와 학대 위험 아동처럼 정보 시스템이 부여하는 부정적 데이터 이미지도 개선되어야 한다. 해스킹과 보이즈 (Hasking & Boyes, 2018)는 복지 담론에서 사용되는 취약 계층을 지칭하는 용어들이 의도치 않게 그들에게 낙인을 찍는 경우가 많다고 지적하며 '사람 우선의 언어(people-first language)'를 제안했다. 예를 들어 빈곤층(poor people), 알코올중독자(alcholics), 중독자(addicts), 장애인(disabled people)은 사람과 그 사람의 상태를 완전히 결합해 한 사람을 그 속성으로만 인식하도록 만든다는 것이다. 이에 학계에서도 편견을 최소화하기 위해 빈곤에 처한 사람(people in poverty), 장애가 있는 사람(people with disability), 약물 사용에 문제가 있는 사람 (person with a cocaine use disorder) 등으로 사람을 배려하는 언어를 사용하는 분위기이다. 마찬가지로 정보 시스템에 추출한 집단에 대해서도 사람과 의심되는 문제를 결부시킨 용어보다는 인간의 존엄성을 고려한 용어로 바꿀 필요가 있다.

현재 코로나19라는 전시(戰時)와 같은 재난으로 각국 제도들이

민낯을 드러내게 되었다. 포스트 코로나 시대를 맞아 각 나라는 취약점을 보완한 새로운 사회복지 체계를 고민해야 하는 숙제를 받게 되었다. 한국 사회가 영화 〈마이너리티 리포트〉처럼 보안 체계를 강화하는 길을 택할지, 아니면 웹의 마이너리티 리포트처럼 연대 체계를 보완하는 길을 택할지는 이제 우리의 선택에 달려 있다.

5장

Communication

정보 시스템의 진화,
방역과 프라이버시의 균형점을 찾아서

이준환

(서울대학교 언론정보학과)

이소형

(서울대학교 융합과학기술대학원 박사과정)

2019년 처음 보고된 이후 지금까지 전 세계로 확산 중인 코로나 바이러스 감염증(COVID-19)에 대한 대응으로 여러 나라에서는 사회적 거리 두기나 감염 의심자 경로 파악과 같은 방역 정책을 실시하고 있다. 코로나 팬데믹 상황에서 감염 의심자 및 접촉자 정보의 수집이 방역을 위해 얼마나 중요한지는 경험을 통해 확인하고 있다. 그러나 그 과정에서 발생하는 개인의 자유와 인권 문제 역시 꾸준히 제기되고 있다. 이 글에서는 개인정보 수집 과정에서 발생하는 여러 문제점을 파악하고 이를 해결하고자 하는 프라이버시 보호 기술의 다양한 사례를 살펴보았다.

방역 정책인가, 프라이버시 침해인가

지난 2019년 중국에서 최초로 보고된 후 현재까지 계속해서 확산되고 있는 코로나바이러스감염증(COVID-19)이 전 세계로 퍼지는 가운데 2020년 3월 WHO(세계보건기구)는 국제적 공중 보건 비상사태를 선포하고, 코로나바이러스감염증이 팬데믹(pandemic)임을 선언하였다. 각 국가에서는 전염병이 전역으로 확산되는 것을 방지하기 위해 맞춤형 정책 추진과 기술 도입 등 다양한 영역에서 노력을 기했다. 우리나라는 1954년 최초로 전염병 예방법을 제정한 후 7차례의 개정을 통해 2000년 75개의 법정 전염병 격리·예방 접종·감시·해외 유입 통제 같은 방역 조치를 분류하였다(천병철, 2011). 그러나 2015년 메르스(Middle East Respiratory Syndrome)가 국내에 퍼지면서 그 당시 발생한 문제들과 감염병 예방 대책들을 고려하여 '감염병 예방 및 관리에 관한 법률'을 개정하였다. 이 법안은 감염병에 대한 신속하고 효과적인 대응 체계를 구축하기 위해 감염병 발생 정보 신속 공개와 감염병 환자의 의무에 관한 내용을 담았다. 이 법률은 현재 코로나 방역 대응 상황에서 활용되고 있는 여러 조치의 근거가 된다. 이 법에 근거하여 감염병 환자들의 동선 파악이 가능하며, 감염병 환자가 동선을 숨기는 등의 거짓 진술을 했을 경우 2년 이하의 징역 또는 2000만 원 이하의 벌금까지 부과할 수 있다.

현재 코로나 방역 대응 상황에서 가장 주목받는 전염병 확산 억제 전략은 사회적 거리 두기(Social Distancing)이다. 여러 방역 대책 중의 하나인 이 조치는 감염자와 비감염자의 접촉 가능성을 낮춰 전염병의 전파를 늦추는 데 목표를 두고 있다. WHO는 사회적으로 거리를 두는 것이 아니라, 사회적인 연결은 여전히 유효하게 작동하지만 물리적으로만 거리를 두는 것이라고 강조하며 사회적 거리 두기 대신 물리적 거리 두기(Physical Distancing)라는 표현을 권장[1]하기도 했다. 이에 각 국가의 보건 당국은 각자의 국가의 감염병 확산 상황을 고려하여 재택근무, 자가 격리, 모임 가능 인원 제한, 행사 및 집회 진행 가능 여부의 기준을 설정한 사회적 거리 두기 단계를 발표하였다. 우리나라 역시 몇 차례의 개편을 거쳐 2021년 9월 현재 4단계의 사회적 거리 두기 단계별 수칙을 적용[2]하고 있다.

또한 각 국가에서는 정보통신 기술을 접목하여 사람들의 이동 동선 및 감염 의심자의 활동 내용을 파악하고 있다. 국내에서는 공·

공시설이나 식당, 카페 등을 방문할 때 개인 식별 정보를 의무적으로 제출하게 하고 있으며 감염병 환자와 접촉자의 경우 동선을 진술, 수집된 개인 식별 정보와 휴대폰 접속 기록 등 여러 경로로 파악하고 있다. 애플과 구글에서는 위치 데이터를 기반으로 사람들의 이동에 따른 코로나바이러스 확산 가능성 예측 및 사회적 거리 두기 효과를 검증하고 분석하였다. 〈그림 5-1〉은 이들 정보를 바탕으로 작성된 국가별 이동성 트렌드를 소개하고 있는데, 이는 국가별 바이러스 확산 그래프와 매우 일치하고 있어 위치 데이터가 바이러스 확산을 지역별로 예측할 수 있는 중요한 지표가 될 수 있음을 시

〈그림 5-1〉 '모빌리티 트렌드 리포트(Mobility Trends Report)'를 통해 분석된 국가별 이동성 트렌드[3]

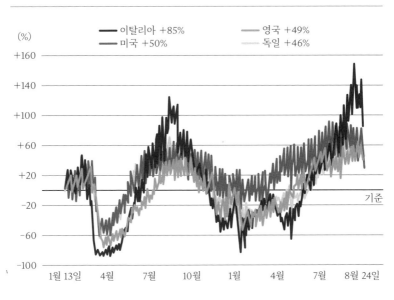

사하였다.

방역 과정에서 반드시 이루어져야 하는 역학 조사에서는 감염
의심자 혹은 확진자와의 면담을 통해 정보의 수집이 이루어지고,

〈그림 5-2〉 감염 사례 조사 알고리즘 및 데이터 수집 도구 요약[4]

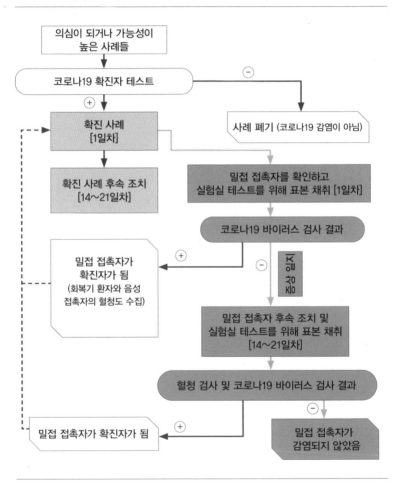

이들의 이동 동선 데이터를 통해 위험 장소들을 선별하고 확산을 감지한다. 역학 조사 프로토콜은 〈그림 5-2〉와 같다.

역학 조사에서는 감염 의심자와 같은 시간대, 같은 장소에 있었던 사람들을 파악하기 위해 여러 정보통신 기술을 활용하고 있으며, 이를 접촉 추적 기술(Contact Tracing Technology) 또는 밀접 접촉 추적 기술이라고 부른다. 일반적으로 접촉 추적 기술을 분류할 때 데이터 관리 및 개인 식별 형태에 따라 중앙집중형(Centralized)과 분산형(Decentralized)으로 나눈다(Li et al., 2020). 각국의 보건 당국은 국가별 특성에 맞춰 이들 접촉 추적 기술을 활용하고 있다. 중앙집중형은 중앙 서버에서 수집한 데이터를 처리하는 방식으로, 코로나 감염 의심자와 접촉한 사람들을 찾아내고, 필요할 경우 이들에게 경고 알림을 발송하는 일 등을 중앙 서버에서 모두 처리한다. 이 과정에서 정보는 비식별화되어 저장되지만 개인별로 경고 알림 발송을 하기 위해서는 식별화 과정이 포함될 가능성이 있다. 반면 분산형 방식은 개인정보가 중앙 서버에 저장되는 것이 아니라 개개인의 스마트폰에 저장되고 미리 설치해둔 밀접 접촉 앱이 중앙 서버로부터 받은 정보를 바탕으로 밀접 접촉 알림 여부를 결정한다. 개인정보가 중앙 서버로 전송되지 않기 때문에 사생활 보호 측면에서 유리할 수 있다(〈그림 5-3〉).

이러한 밀접 접촉 앱의 활용은 방역 측면에서는 꼭 필요한 것으로 이해되고 있지만 데이터 관리 측면, 개인정보 보호 측면 등에서는 우려가 있는 것도 사실이다. 국가별 개인정보 보호에 관한 법과

〈그림 5-3〉중앙집중형(Centralized)과 분산형(Decentralized)[5]

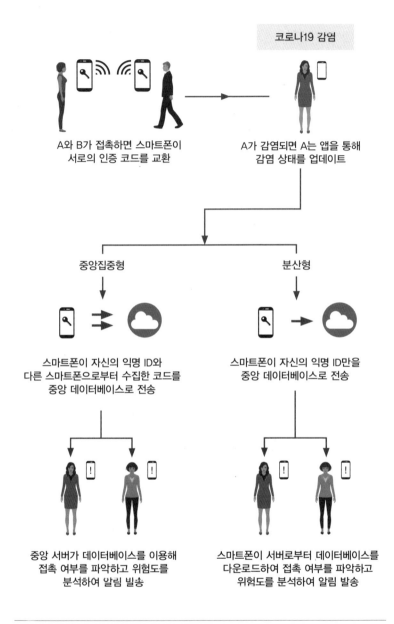

코로나19 감염

A와 B가 접촉하면 스마트폰이 서로의 인증 코드를 교환

A가 감염되면 A는 앱을 통해 감염 상태를 업데이트

중앙집중형

분산형

스마트폰이 자신의 익명 ID와 다른 스마트폰으로부터 수집한 코드를 중앙 데이터베이스로 전송

스마트폰이 자신의 익명 ID만을 중앙 데이터베이스로 전송

중앙 서버가 데이터베이스를 이용해 접촉 여부를 파악하고 위험도를 분석하여 알림 발송

스마트폰이 서버로부터 데이터베이스를 다운로드하여 접촉 여부를 파악하고 위험도를 분석하여 알림 발송

규범이 상이하기 때문에 추적 기술에 활용되는 사용자의 정보에 대해 자기 정보 통제권도 다르게 적용되고 있다. 우리나라의 경우 빠르게 코로나바이러스 감염 의심자를 검사하고 격리하는 부분에 중점을 두고 개인의 위치 추적 정보, CCTV 자료, 신용카드 거래 내역 등이 활용된다.[6] 전반적인 확산 방지 및 중재 방식을 채택하는 과정에서 해외에서 많이 활용되는 접촉 기술 도입이 효과적이겠지만 감염 확산과 직접 관련이 없는 사생활 영역의 정보까지 수집된다는 문제점 때문에 아직 적극적인 도입이 검토된 바는 없다.

프라이버시 침해에 대한 우려는 성별·나이·거주 지역·방문 장소 등 개인을 식별할 수 있는 정보가 역학 조사 과정에서 드러나기 때문에 발생한다. 그러나 이들 정보는 방역 당국의 입장에서는 바이러스의 확산을 막기 위한 소중한 자료이기도 하다. 따라서 사용자의 입장에서 프라이버시 염려도와 관련한 사용자 경험을 점검할 필요가 있다. 사용자가 어떤 정보의 수집에 프라이버시 염려를 하는지, 데이터 관리에 대해 사용자에게 제시해야 할 정보의 적정 범위를 어떻게 설정할지에 대한 연구가 요구된다. 중앙집중형 밀접 접촉 기술에 대한 대안으로 제시할 수 있는 익명화 기법 및 분산형 신원 증명 시스템에 대해 어떤 차별점이 있는지, 사용성 및 인지 행동적 측면에서 어떤 요소가 사용자에게 도움이 될지 심층 분석이 필요한 시점이다.

——— 기술은 어떻게 코로나 확산 방지에 활용되는가

국가마다 지리적·문화적 특성이 서로 달라 적용하고 있는 코로나 확산 방지 방법 또한 상이하다. 그러나 대체로 시설 방문자 출입 내역을 기록하는 방법 또는 감염 접촉 추적 방법에 모바일 앱 기술을 도입하는 전략이 확산되는 추세이다. 민간·비영리 단체·글로벌 테크 기업에서는 코로나바이러스 확산을 방지하기 위해 이동 현황 추적과 감염병 확산 사이의 상관관계를 분석하여 사용자에게 효과적인 정보를 전달하고 개인정보를 보호할 방안을 마련하고 있다. 국내외에서 활용되고 있는 몇 가지 코로나 확산 방지 기술의 현황을 살펴보고자 한다.

출입 내역 기록 방법

국내에서 일반적으로 많이 사용하는 출입 내역 기록 방법은 사용자의 개인 식별 정보인 휴대전화 번호를 수집하는 방법이다. QR코드 기반의 전자 출입 명부를 이용하거나 개인정보를 수기로 작성하는 형태로 나뉘진다. 부여된 전화번호로 전화를 걸어 기록을 남기는 방법도 활용된다. QR코드 기반의 전자 출입 명부는 시설 이용자가 본인의 스마트폰을 통해 QR코드 발급 회사(네이버, 카카오, 토스, PASS 등)에서 일회용 QR코드를 발급받아 출입하려는 시설의 관리자에게 제시한 후 방문 내역을 기록하는 방식이다. 국내에서 활용 중인 QR코드 기반의 전자 출입 명부는 보건복지부에서 개발한

'KI-Pass'로 2020년 6월부터 본격적으로 도입[7]되었다. QR코드를 통해 사용자 개인의 신상 정보와 연락처 등을 파악하여 허위 정보 기재에 따른 감염 확산 추적의 혼선을 방지하고 수기로 개인정보를 기록할 때 우려되는 개인정보 노출을 방지하는 데 목적이 있다.

KI-Pass의 사용 절차는 〈그림 5-4〉와 같다. 사용자가 15초간 유효한 QR코드를 발급받은 후 시설의 인증 시스템에 등록하면 사회보장정보원에 위치한 관리 서버에 시설 정보와 함께 사용자 QR코드 정보가 시설 방문 기록으로 저장된다. 만약 역학 조사를 위해 질병관리청이 시설 방문 기록을 요청한다면 사회보장정보원에 저장된 방문 기록에 네이버·카카오 등에서 가지고 있는 개인 식별 정보를

〈그림 5-4〉 KI-Pass 사용 절차[8]

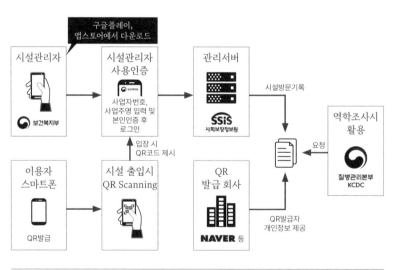

조합하여 감염 의심자 및 밀접 접촉자를 찾아내게 된다. 이러한 방식의 장점은 시설 방문 기록 자체에 개인정보가 포함되지 않는다는 데 있다. 모든 데이터는 요청이 있기 전까지는 익명화되어 저장된다. 마찬가지로 네이버나 카카오 등 QR코드를 생성하는 업체도 개인의 방문 기록을 가지고 있지 않다. 그럼에도 사용자의 방문 기록은 정부 기관의 요청에 의해 익명화가 해제될 수 있으며 모든 기록은 중앙에서 관리된다는 점에서 프라이버시 논쟁이 이어지고 있다.

해외에서도 이러한 QR코드 활용을 통한 감염 확산 관리를 시행하고 있는데 중국·뉴질랜드·호주가 대표적이다. 뉴질랜드의 경우 서비스 시설 방문자가 정부에서 공식적으로 지정한 'NZ COVID Tracer QR code'를 사용하도록 하고 있으며, 호주 뉴사우스웨일즈(NSW)주 정부는 기업과 시설을 대상으로 'COVID-19 Safety Plan'을 통해 시설을 방문 및 관리하는 모든 사람의 기록들을 보관하고 있다. QR코드 인증을 통해 작성되는 고객 출입 명부는 주정부의 보건 정책 기구인 NSW 헬스(Health)와 공유하고 있으며 프라이버시는 엄격하게 관리되고 있다.

현장에서 직접적으로 사용자의 개인정보가 노출되지 않는 점과 간편하게 본인 인증을 할 수 있는 부분이 효율적이다. 그러나 사용자 입장에서 개인정보의 소유권이 개인에게 있지 않기에 폐기 등의 관리 과정에 개인이 주체가 되지 못한다는 점에서 개인정보 보호에 대한 불안감을 안고 있다.

접촉 추적 앱 사례

코로나바이러스의 확산 후 많은 연구 보고서에서 블루투스 기반 접촉 추적 기술의 효과에 대해 발표하였다. 영국 옥스퍼드대학교 연구팀은 2020년 4월에 인구의 60퍼센트가 접촉 추적 앱을 활용하면 COVID-19 대유행을 종료시킬 수 있으며 앱 사용률이 60퍼센트 이

〈표 5-1〉 해외의 접촉 추적 앱 사례

접촉 추적 앱 및 프로토콜	시스템 유형 및 특징	국가 및 회사(참여 기관)
블루트레이스(BlueTrace), 오픈트레이스(Open Trace), 트레이스투게더(Trace Together)	부분 중앙 집중형	싱가포르 정부 (Singapore Government Digital Service)
PEPP-PT	중앙집중형	스위스
NHS 컨택트 트레이싱 프로토콜 (contact tracing protocol)	중앙집중형	영국
DP-3T(Decentralized Privacy-Preserving Proximity Tracing)	분산형	유럽 EPFL ETHZ 루뱅가톨릭대학교 델프트공과대학교 유니버시티칼리지 런던 CISPA 옥스퍼드대학교 토리노대학교 ISI 재단(Foundation)
TCN 프로토콜(Protocol)	분산형	미국 코비드 워치(Covid Watch) CoEpi ITO 커먼즈 프로젝트(Commons Project) 지캐시 재단(Zcash Foundation) 오픈마인드(Openmined) 코얼리션 네트워크(Coalition Network)
GAEN(Google/Apple Exposure Notification)	분산형	구글(Google), 애플(Apple)

하여도 확진 및 사망자 비율이 감소할 것이라 예측하였다.[9] Kendall 등은 2020년 논문에서 영국 와이트 섬 지역 주민들에게 접촉 추적 애플리케이션을 배포한 이후 확진자 비율이 유의미하게 감소했다는 실증 연구 결과를 발표하였다(Kendall et al., 2020).

〈표 5-1〉은 각국에서 사용하는 접촉 추적 앱의 정보 관리 방식을 정리한 것이다. 중앙집중형 방식과 분산형 방식이 고르게 사용되고 있음을 알 수 있다. 중앙집중형 방식과 분산형 방식을 사례를 통해 비교하며 살펴보자.

중앙집중형 접촉 추적 앱 사례: Blue Trace, Trace Together

중앙집중형 접촉 추적 앱의 대표적인 사례는 싱가포르 정부가 개발한 '트레이스투게더(Trace Together)'이다. '블루트레이스(Blue Trace)'라는 기술이 사용되며, 앱의 사용자가 최초로 단말기를 시스템에 등록할 때 서버에서 개인 연락처에 기반한 고유 사용자 아이디를 생성한다. 이후 접촉 추적을 위해 서버와 통신하는 과정에서 고유의 사용자 아이디와 여러 정보를 함께 암호화한 TempID, RSSI, 그리고 추가 식별 정보가 담긴 패킷을 교환한다. 사용자의 ID, 임시로 생성된 TempID, 만료 시간 등의 내용 확인을 위한 암호화 시스템이 구축되어 있으며 상호 교환된 데이터들은 디바이스 내 데이터베이스에 저장되고 최종적으로 서버에 업로드된다. 블루트레이스의 경우 감염 의심자 발생 시 싱가포르 정부 보건 당국에서 기록을 확인한 후 알림 대상 사용자에게 알람을 보낸다.[10]

분산형 접촉 추적 앱 사례: GAEN(Google/Apple Exposure Notification)

가장 대표적인 분산형 접촉 추적 앱은 미국의 애플과 구글에서 개발한 GAEN으로 'Privacy Preserving Contact Tracing Project'로 알려진 프레임워크 및 프로토콜로 코로나 팬데믹 상황에서 디지털 접촉을 추적하기 위해 만들어졌다. 안드로이드나 iOS 기반 스마트폰을 사용하는 사용자가 다른 사용자를 만났을 때 만남을 자동으로 기록하여 전통적인 접촉 추적 기술을 보완한다.

기본적인 작동 방식은 다음과 같다. 우연히 만난 두 사람 A와 B가 같은 공간에서 일정한 시간을 보내게 되면 각자의 스마트폰에 설치된 앱이 무작위로 생성된 식별자 키(identifier key)를 저전력 블루투스를 통해 교환하여 각자의 스마트폰에 저장한다. 이 중 A가 바이러스 확진이 되었다면, A의 동의를 받아 스마트폰에 저장된 14일 이내 접촉한 사람의 식별자 키를 보건 당국 서버로 업로드한다. B는 접촉자 중에 바이러스 확진자가 있다는 알림을 받는다.

이 기술은 사용자 각자에게 무작위로 익명화된 키값을 주기적으로 생성하여 키만으로 개인 식별을 불가능하게 한다. 키는 10분마다 업데이트되기 때문에 사용자마다 동일한 식별자 키를 부여받는 것도 아니다. 또한 사용자는 감염자의 무작위 키를 주기적으로 다운로드하게 되는데, 이 식별자 키와 스마트폰 키가 일치하면 앱으로부터 후속 조치에 대한 안내를 받게 된다. 사용자의 위치 데이터와 전화 정보 등 개인정보가 저장되지 않고 단순히 감염된 특정인과 접촉한 사례가 있는지 여부만 확인하기 때문에 프라이버시 보호에 유리하다. 특히 모든 정보는 개인의 스마트폰에서만 확인이 이루어지기 때문에 중앙 정부의 통제 및 관리에서부터 자유롭다는 장점도 있다.

다만, 이 기술은 광범위한 자발적인 참여가 이루어진다는 전제 아래에서만 작동할 것이다. 집단 감염이 발생했을 때 빠르게 접촉자를 확인해야 하는 상황에서는 중앙집중형 모델이 효과적일 가능성이 크다.

──── 방역과 프라이버시, 두 마리 토끼를 잡는 방법

앞서 살펴본 것처럼 시설 출입 기록 시스템이나 접촉 추적 앱은 방역 과정에서 꼭 필요한 정보를 수집할 수 있는 효과적인 장치다. 그러나 그에 따른 사생활 침해에 대한 우려 또한 높아지고 있다. 이러한 시스템의 도입을 찬성하는 사람들은 코로나19의 지역사회 전파를 막기 위해서는 필요한 조치라거나 확진자와 동선이 겹치는 방문자에게도 역시 필요한 정보라는 의견이다. 그러나 심각한 개인의 자유 침해 여부를 걱정하는 의견, 관리 소홀 등의 사고로 정보가 유출될 가능성에 대한 우려 등[11]도 있다.

따라서 기술의 개발 과정에서 중앙집중형 기술, 분산형 기술, 익명화 기술 등에 대한 연구가 진행되었다. 그리고 기술을 수용하는 사용자들의 행태에 대한 연구도 수행되었다. 기존 연구 결과를 참고

하여 사용자의 프라이버시 염려도에 영향을 미치는 요소는 무엇이며, 디지털 기기의 특성과 사용자들의 사용 행동 패턴을 이해하여 사용성을 높이는 방안은 무엇인지를 살펴보자.

코로나19 접촉 추적 앱 사용 목적 및 사용자 기대감

코로나19 접촉 추적 앱의 관리자와 앱의 사용자 사이에는 사용 목적과 기대감에서 차이가 존재한다. 따라서 관리자가 예상하는 앱의 기능 및 역할과 사용자가 기대하는 것들 사이의 간극을 살펴볼 필요가 있다. 기존 연구를 살펴보면 사용자가 접촉 추적 앱을 사용하는 목적은 증상 확인, 격리 조치 여부 확인, 일반적인 정보 확인, 개인 건강 증명 여부 등으로 나뉜다. 사용자가 소속된 문화권·성별·직업·연령대에 따라 차이를 보일 것으로 예상한다. 또한 사용자 개인이 가지고 있는 프라이버시 염려도에 따라 접촉 추적 앱에 기대하는 세부 기능 역시 달라질 것으로 보인다(Abuhammad, Khabour & Alzoubi, 2020).

프라이버시 계산 이론(privacy calculus theory)은 개인의 프라이버시와 관련된 의사결정 과정을 설명하는 이론으로 사용자가 프라이버시 관련 행위의 잠재적 이익과 기대 손실을 계산한 후 최종 행동을 결정한다는 내용을 담고 있다. 즉 사용자가 개인정보 관리 측면에서 행동의 계산(calculus of the behavior)을 하며 개인정보 공개의 위험을 감수할 만한 이점이 있다면 어느 정도의 범위에서 자신의 프라이버시를 포기하는 선택을 한다는 것이다. 여러 선행 연구들은 프라이버시 계산 이론을 활용하여 모바일 앱 사용 의향에 대해 분석하며 사용자에게 어떤 기능 및 혜택을 제공하였을 때 개인정보를 흔쾌히 제공하는지 실험을 통해 분석하였다(Dinev & Hart, 2006).

프라이버시 계산 이론은 전자상거래(Dinev & Hart, 2006), 모바일 디바이스(Keith, Thompson, Hale, Lowry & Greer, 2013), SNS 활용 양상(Krasnova & Veltri, 2010), 이헬스(e-health) 분야(Bansal, Zahedi & Gefen, 2010; Anderson & Agarwal, 2011) 등 다양한 영역에서 활용되었다. Dinev와 Hart(2006)의 연구에서는 전자상거래 과정에서 소비자가 개인정보 제공을 요구받았을 때 정보를 제공함으로써 얻는 이익과 발생 가능한 위험을 계산하여 최종 행동을 결정하게 된다고 설명하고 있다. Krasnova와 Veltri(2010)의 연구에서는 사용자가 소셜네트워크서비스 사용 과정에서 개인정보를 제공하여 얻게 되는 이익으로 즐거움(enjoyment), 자기표현(self-presentation), 관계 구축 및 유지(relation building, relation maintenance) 등이 있음을 파악하였다.

Anderson과 Agarwal(2011)의 연구와 Bansal 등(2010)의 연구는 개인의 건강 정보 제공과 프라이버시 염려도의 관계에 대해 상반된 분석 결과를 제시하고 있다. Anderson과 Agarwal은 스스로 본인의 건강 상태를 나쁘다고 인식하는 사람들일수록 건강이 더 악화되는 것을 염려해 상황을 빠르게 해결하고자 본인의 건강 정보를 쉽게 제공한다고 설명한다. 반면 Bansal 등의 연구에서는 개인의 건강 상태가 좋지 않은 경우 건강 정보에 대한 민감도가 증가하여 건강 정보에 대한 프라이버시 염려도가 높아짐으로써 개인의 건강 정보 제공을 꺼리는 경향이 발견되었다고 설명한다. 이는 건강 정보 제공으로 인한 사회적 불이익을 염려하는 것으로 해석할 수 있을 것이다.

프라이버시 계산 이론은 프라이버시 역설(privacy paradox)과 함께 연결해서 생각해볼 수 있는데, 프라이버시 역설이란 개인의 프라이버시 위협이 크지만 해당 서비스를 이용함으로써 얻는 효용 때문에 지속적으로 사용하도록 유도하게 된다는 내용이다(Jackson & Wang, 2018). 선행 연구에서는 사용자가 프라이버시에 대해 강한 염려도를 갖고 있음에도 불구하고 반대로 하는 행동을 프라이버시 역설이라 해석하였다. 즉 프라이버시 침해가 발생할 위험도가 존재하지만, 사용자가 효용을 높게 평가한다면 지속적으로 사용할 수 있는 동기를 준다는 것이다.

이들 연구는 접촉 추적 앱을 설계할 때 사용자의 니즈(needs)를 좀 더 명확하게 파악해야 한다는 시사점을 제공해준다. 일반적으로 우리가 프라이버시에 대해 논의할 때는 보통 기술적으로 프라이버시를 어떻게 확보해야 하는지에 대해 이야기하지만, 실제로 사람들이 느끼는 프라이버시의 수준은 앱이 제공하는 가치에 따라 달라질 수 있다. 즉 인지된 프라이버시(perceived privacy)를 정확히 평가할 필요가 있다.

문화권별 코로나19 접촉 추적 앱에 대한 신뢰도 차이

코로나19 접촉 추적 앱에 대한 신뢰도 및 수용도는 사용자 개인이 소속되어 있는 커뮤니티, 공유하고 있는 문화에 따라 차이가 존재할 것으로 예상된다. 국가와 문화에 따른 사용자의 접촉 추적 앱 사용성에 대한 분석을 기존 연구에서 찾아볼 수 있었다. 선행 연구들은 여러 국가의 사용자를 대상으로 접촉 추적 앱에 대한 디자인 선호도 및 앱의 프라이버시 수준에 대한 인식을 실험을 통해 분석하였다(Li et al., 2020).

Utz 등(2021)의 연구에서는 현재 활용되는 접촉 추적 기술과 유사한 형태의 'VIGNETTE'라는 앱을 실험용 프로토타입으로 제작하고 독일·미국·중국의 실험 참여자를 모집하여 사용 의향을 조사하였다. 분석 결과 사용 의향이 가장 높게 파악된 국가는 중국이었으며, 그다음으로 독일과 미국 순으로 파악되었다. 독일과 미국의 사용자가 접촉 추적 앱 사용의 장점으로 언급한 내용은 '접촉 추적(contact tracing)' 파악 가능 여부였다. 사용자 개인이 감염자와 접촉했는지, 어떤 장소에서 감염자가 발생했는지 등의 정보를 제공하는 기능을 앱의 장점으로 꼽았다. 중국 사용자의 경우 사용자 개인의 식별과 접촉자들의 정보를 관리 기관에서 파악할 수 있다는 점이 장점이라고 언급하였다. 이는 독일과 미국 사용자의 앱 사용 선호도와 차이를 보였던 부분인데, 독일과 미국 사용자의 경우 사용자 개인이 식별 가능해서 법적인 제재를 받을 가능성에 대한 우려감을 갖고 있었던 반면, 중국의 사용자는 개개인의 식별 정보가 관리 기관에서 완벽하게 통제되고 관리되는 상황을 선호했다고 볼 수 있다. 즉 프라이버시 염려도에 대한 수준이 국가별로 상이하다는 것이다. 세 국가의 사용자가 공통적으로 우려했던 부분은 관리 주체가 국가가 아닐 경우이다. 사기업에서 정보를 관리하게 될 경우 발생할 수 있는 개인정보 침해 가능성에 대해서는 모두 우려를 나타냈다.

중앙집중형 접촉 추적 앱의 보안성과 선호 기능

중앙집중형 접촉 추적 앱은 데이터 관리가 보통 정부 기관의 책임하에 이루어지기 때문에 보안 측면에서 안정성을 가지고 있다고 여겨지지만, 프라이버시 차원에서 우려가 있다. Li 등(2021)의 연구에서는 실제 접촉 추적 앱 사용자들을 대상으로 앱 사용 패턴과 프라이버시 침해라고 느끼는 요소를 실험을 통해 분석하였다. 이 연구는 두 가지(중앙집중형, 분산형) 기술의 특성을 반영한 실험 프로토타입을 설계하여 사용자의 선호도를 파악하였다. 실험은 3 (Decentralized vs. Anonymized Centralized vs. Identified Centralized) × 3 (No location use vs. Location on device vs. Location uploaded) × 4 (State health authorities vs. Federal health authorities vs. Tech company vs. Employer or school) × 4 (No security risk vs. Data breach risk vs. Secondary data use risk vs. Re-identification risk)의 요인 설계(factorial design)로 진행되었다. 참여자들은 무작위로 배정된 조건에 따라 중앙집중형 또는 분산형, 위치 정보의 사용 또는 미사용 등의 조건으로 설계된 앱과 관련한 설문 조사에 참여하였다. 이들을 대상으로 몇 가지 선택 가능한 옵션과 프라이버시 관련 정보가 제공된다면 어떤 접촉 추적 앱 디자인을 선호하는지 조사하였다.

연구의 결과, 설문 조사에 참여한 많은 사용자가 중앙 서버에서 관리하는 중앙집중형 방식의 앱 설치를 선호하였으며, 감염된 사용자의 최근 방문 위치를 공유하는 서비스가 포함된 앱을 선호하였다. 근거 자료로 활용된 설문 조사 내용을 좀 더 자세히 살펴보면 많은 응답자가 개인정보를 국가에서 관리할 때 더 신뢰성을 느꼈고 오히려 데이터 관리 및 개발 능력이 뛰어난 사람들(tech-savvy users)에 대해 두려움을 느끼는 것으로 조사되었다. 이는 국가에서 데이터를 관리할 때 더 안전하고 불분명한 사용이나 데이터의 불법적인 유출을 줄일 것이라고 기대한 것이다. 거주 지역의 크기나 지역의 인구수에 따라 선호하는 설치 방법에 차이가 나타났는데, 이는 지역적 특성 또한 앱 설계 시 반영해야 함을 시사하는 결과라 하겠다. 또한 많은 응답자가 위치 데이터를 기반으로 한 핫스팟 기능을 편리한 기능으로 언급하며 감염자의 이동 동선을 파악할 수 있는 위치 정보 제공의 필요성을 강조하였다. 위치 정보의 노출과 관련해서는 공공장소에서만 위치 정보 데이터가 수집되고 공유되는 것이 개인정보의 노출 위험을 최소화할 수 있고, 또한 더 균형적으로 데이터 관리를 할 수 있다고 말했다. 그래서 수집되는 정보 중 공공장소에서 수집되는 정보의 수용도가 높게 나타났다.

그러나 이 연구는 미국에서 진행되었고 참여자 모두 미국에 거주 중인 사람들이었기 때문에 접촉 추적 앱의 활용에 대한 인식에 문화적인 차이가 존재할 수 있을 것으로 보인다. 앞서 살펴본 다른 연구에서는 정부가 데이터를 중앙에서 관리하는 방식에 회의적인 시각이 존재하였고 이 결과는 국가별로 상이할 수 있음이 밝혀졌다. 그리고 이 연구는 성별·나이·인종·교육 수준·가계 소득 등의 인구통계학적 변인만이 분석의 대상이 되었다는 한계 또한 가지고 있다. 이 실험에서 변인으로 사용된 여러 디지털 기술들을 이해하기 위해서는 모바일 컴퓨팅 환경에 대한 깊이 있는 이해가 있어야 가능할 것으로 보인다.

분산형 접촉 추적 앱의 비식별화를 통한 자발적인 사용자 정보 제공

분산형 혹은 탈중앙형 방식은 일반적으로 사용자의 데이터 주권과 익명성을 보장하여 프라이버시 보호 측면에서 사용자에게 유리한 것으로 알려졌다. 접촉 추적 앱에서 공개하는 정보가 많을수록 사용자의 개인정보 노출 위험은 커지며, 관리 주체에 따라 공유 가능한 정보도 달라질 것이다. 앞서 살펴본 바와 같이 애플과 구글의 경우 접촉 추적 앱 사용으로 인한 개인의 프라이버시 침해를 고려하여 사용자의 위치 정보나 신원 파악이 가능한 정보는 활용하지 않고 있다. 대신 블루투스를 활용하여 근접한 다른 사용자와 식별 정보를 교환하는 방식을 도입하였다. 그렇다면 현재 분산형 시스템에서 프라이버시가 더 보장된다면 사용자들은 자발적으로 사용자 정보를 제공할 것인가?

Shubina 등(2020)은 현재까지 개발된 다양한 접촉 추적 솔루션 및 기술들을 비교 분석하고 중앙집중형·분산형 접촉 추적 앱의 장단점을 분류하였다. 그리고 각 기능의 구현에 사용된 기술과 에너지 효율성도 함께 분석하였다. 이 연구는 지난 20년간 개발된 솔루션들을 비교하여 분산형 접촉 추적 기술보다는 중앙집중형 개발 사례가 더 많이 존재한다는 사실을 확인하였다. 분산형 기술이 비교적 최근에 연구되고 있는 상황을 고려하면 당연한 결과라고 볼 수 있다.

Shubina 등은 중앙 서버에서 개인정보를 관리하는 중앙집중형 기술이 분산형 기술보다 빠르고 정확하게 전염병 방지 솔루션을 제안할 수 있는 강점을 갖고 있는 반면, 개인정보 보호 측면에서는 취약점이 있음을 밝히고 있다. 중앙집중형 관리 시스템은 악의적인 제3자에 의한 개인정보 유출 및 훼손과 같은 공격에 취약할 수 있기 때문이다. 그래서 분산형 솔루션에 대한 세부 사항을 점검하는 것이 시의적절한 것으로 판단하고 있다. 또한 웨어러블 디바이스, 사물인터넷(Internet of Things)의 확산으로 사용자 개인정보 보호의 문제와 에너지 효율성에 대해서도 고려해야 한다고 주장한다.

이 연구는 건강 정보와 같은 사적인 정보를 공개적으로 활용하는 과정에서 개인정보가 유출되어 감염 의심자가 사회적으로 고립되는 부정적인 결과를 초래할 수 있음을 지적하고 있다. 실제로 국내에서도 언론 보도와 인터넷 커뮤니티 등을 중심으로 이와 같은 사례가 발생한 적이 있다. 중앙 관리 기관에서 감염자의 개인정보 일부를 공개하자 특정 개인에 대해 추론하고 사생활에 대해 비난하는 여론이 형성되기까지 한 것이다. 이렇게 사회에서 일종의 '코로나 낙인 효과'가 발생한다면 각 개인이 개인의 상태와 정보를 제공하는 것을 두려워하여 정보를 제공하는 것을 회피하고 결과적으로 방역 측면에서 부정적으로 작용할 수 있다는 사실을 우리의 경험으로부터 확인하고 있다. 지난 코로나 2차 확산 기간 중 이태원 클럽 중심으로 감염자가 확산되었을 때 개인정보 수집을 하지 않는다는 조건으로 접촉자 추적을 한 사례도 이러한 우려를 뒷받침한다.

Bae 등(2021)의 연구는 앞서 소개한 연구들과는 달리 코로나19 백신 접종과 데이터 프라이버시 이슈에 집중하여 연구가 수행되었다. 다른 연구들이 주로 감염 발생이나 동선의 확인에 초점이 맞추어져 있는 반면, 이 연구는 백신 접종 관리에 분산 기술을 어떻게 활용할지를 다루고 있다.

이 연구에서는 사용자 경험을 고려하여 코로나19 백신 접종 정보를 제공하는 분산형 모바일 앱을 제안한다. 연구에서 제안한 앱은 여섯 가지 기능을 바탕으로 설계되었다. ① 예방 접종 자격 확인, ② 백신 일정 및 관리, ③ 2차 접종과 과거 기록 정보와 연결, ④ 예방 접종 확인, ⑤ 개인의 안전 및 효능 모니터링, ⑥ 신뢰도 획득과 소통 등이다.

미국의 질병통제예방센터에서 개발 중인 VAMS(Vaccine Administration Management System)과 같은 시스템은 중앙집중형 플랫폼으로 백신의 안전과 효능을 모니터링한다. 개발한 앱은 VAMS에서 제공하는 기능을 참고하여 설계되었는데 사용자 참여에 더욱 집중하였다. 이 앱은 오픈 소스 형태로 제공되는데 사용자는 앱을 직접 다운로드하여 백신 접종과 관련한 정보를 확인하고 예약을 진행할 수 있다. 예약 과정에서 QR코드를 부여받고 접종 과정에서도 익명으로 접종을 진행할 수 있게 설계되었다. 따라서 이 앱을 통해 사용자는 익명성을 보장받는 동시에 각 개인의 백신 적격성에 관련한 정보를 확인할 수 있다. 일부 정보, 예를 들어 인종 및 성별과 같은 정보는 기록 보관과 통계를 위해 VAMS와 같은 기존 플랫폼에 전달되기도 하지만 사용자를 식별할 수 있는 정보는 최대한 보호된다.

이 연구는 현재 진행 중이며 익명화와 분산형 데이터 처리가 백신 접종률을 얼마나 개선하였는지는 명확히 밝혀지지는 않았다. 그럼에도 이 연구가 시작된 배경에는 중앙집중형 모델이 가지는 사용자와의 신뢰성·투명성·개인정보 보호의 안정성 우려가 자리하고 있다.

탈중앙화 신원 증명(Decentralized Identifier)

기존에 사용되는 중앙집중형과 분산형은 데이터가 저장되고 관리되는 위치만 다를 뿐 식별 정보는 모두 중앙집중형에 가깝다고 볼 수 있다. 대부분 전화번호 등의 신원 증명 방법을 사용하고 있기 때문에 중앙에 위치한 데이터베이스에 신원을 파악할 수 있는 정보를 참조하기 때문이다.

탈중앙화 신원 증명(DID)은 최근에 새롭게 개발되고 있는 기술로 기준의 신원 확인 방식과는 달리 중앙 시스템에 의해 통제되지 않는, 검증 가능하고 분산된 디지털 식별자[12]이다. 블록체인 기술을 기반으로 하고 있으며 사용자가 자신의 신원 정보를 관리·통제할 수 있다. DID의 사용은 웹 표준인 W3C 표준을 따르는 탈중앙화 신원 확인이 가능하다는 장점이 있다. 사용자가 정부 혹은 기업과는 독립적으로 신원을 만들고 사용할 수 있다. 분산 시스템을 기반으로 하기에 신원이 특정 기관에 종속적이지 않다. 현재 마이크로소프트·구글·애플 등의 주요 IT 기업이 DID의 개발에 참여하고 있으며, 유럽연합은 최근 운전면허증·세금 신고·은행 계좌 개설·처방전·학업 성취도 확인 등에 사용할 수 있는 자체적인 DID 계획을 발표[13]하기도 하였다. 중앙 정부 역시 DID를 적극적으로 검토하고 있는 모양새이다.

물론 DID도 극복해야 할 많은 문제가 있다. 개인 신원의 생성·관리·활용까지 모두 개인의 통제하에 있다면 개인이 정의하는 신원을 어느 정도까지 신뢰할 수 있을까. 예를 들어 DID 환경에서는 술을 살 때 성인임을 인증하기 위해 주민등록증이나 생년월일의 증거를 제시할 필요가 없다. 대신 상위 기관의 검증 책임하에 '성인'이라는 증명을 만들고 제시하면 된다. 그러나 그 성인이라는 인증이 검증되는 과정에서는 신뢰할 수 있는 중앙화된 상위 기관이 필요하다. 보통 정부가 그 역할을 하게 될 텐데 그렇다면 아직 완전히 탈중앙화되었다고 말하기는 어려운 것이다.

바이러스 팬데믹 상황과 같은 전 세계적인 상황에서는 이러한 인증 수단이 직접적으로 활용되기에 더욱 어려움이 있다. 비록 기술의 표준화 작업이 이루어지고 있지만 탈중앙화된 신원 증명 수단은 일부에게만 통용되며 사회 전체의 통합된 신분 증명 체계로 받아들여지기 어렵다는 문제가 있다. 그러나 팬데믹 방역 상황에서 프라이버시 문제가 점점 이슈가 되고 있어 이러한 탈중앙화된 신분 증명이 부분적으로나마 활용될 필요성이 있다. 실제로 최근 정부에서 코로나19 전자 예방 접종 증명서로 개발한 COOV 앱은 DID 기술을 적용[14]하고 있다. 앞서 언급한 바와 같이 예방 접종 증명을 생성하기 위해 신뢰할 수 있는 상위 기관인 정부의 검증을 받고는 있지만 제한된 형태로나마 탈중앙화 신원 증명이 활용되는 좋은 사례라고 할 수 있다.

─────── 다시 팬데믹이 오기 전에 해야 할 일

이 글은 바이러스 팬데믹 상황에서 개인정보의 수집이 방역을 위해 얼마나 중요한지를 살펴보았다. 그리고 이를 위해 수많은 기술이 개발되고 활용되고 있음을 확인하였다. 2015년 개정된 '감염병 예방 및 관리에 관한 법률'은 감염 의심자와 접촉자의 개인정보를 수집하는 절차를 개선하고 거짓 정보를 진술하는 개인의 자유를 일정 부분 박탈할 수 있는 조항까지 마련하였다. 2020년부터 진행된 코로나19 방역에 이런 조치가 큰 도움이 되었음은 여러 결과를 통해 확인할 수 있다. 그러나 그 과정에서 발생하는 프라이버시에 대한 우려 또한 커지고 있는 것도 사실이다. 효율성을 위해 개인의 자유와 인권이 침해되는 상황에 대한 지적이 시민사회를 통해 꾸준히 제기되고 있다.

이 글에서 확인한 바와 같이 여러 나라에서 다양한 연구를 통해 이러한 프라이버시 문제를 해결하고자 노력하고 있다. 현재 많은 나라에서 채택하고 있는 중앙집중형 데이터 관리 시스템이 가지는 문제점을 해결하고자 분산형 시스템에 대한 연구가 활발히 진행 중이다. 국내에서도 '코로나19 전자 예방 접종 증명' 시스템인 COOV에 분산형 기술이 도입되기도 하였다. 그럼에도 중앙집중형 시스템의 장단점과 분산형 시스템의 장단점에 대한 논의는 아직 매우 부족한 실정이다. 이는 사회 전반에 각각의 기술에 대한 이해가 부족한 데서 기인하기도 한다. 따라서 프라이버시 논의가 진행될 때 기술에 대한 논의도 함께 이루어져야 할 것으로 생각한다.

사용자의 지각(perception) 문제도 중요한 부분이다. 이 글에서도 가볍게 살펴보았지만 사용자의 기술에 대한 이해, 기술이 활용되는 목적과 범위, 기대되는 이익에 따라 개인정보의 공개 범위가 달라짐을 알 수 있다. 또한 사용자와 기술의 접점에 있는 사용자 인터페이스(User Interface)와 사용자 경험(User Experience)의 설계도 프라이버시 문제를 해결하는 중요한 요인이 된다.

현재의 코로나19 팬데믹은 언젠가는 끝나겠지만, 공익을 위해 프라이버시를 희생해야 하는 상황은 언제든 닥칠 수 있는 문제이다. 현재 연구되는 다양한 프라이버시 보호 기술의 편익을 잘 판단하고 도입해야 할 것이다.

6장

Economics

불평등의 가속,
'큰' 정부에서 '더 큰' 정부로

홍석철
(서울대학교 경제학부)

코로나19 대유행의 피해가 계층 간에 불균형적으로 발생하면서 초래된 경제·교육·건강 불평등 확대는 포스트 코로나 시대에 시급히 해결해야 할 최우선 과제이다. 급격한 인구 변화 속에 국민 삶의 질에 대한 국가 책임이 커지면서 한국 사회는 '작은' 정부에서 '큰' 정부로의 변화를 거쳐왔는데, 코로나 대유행은 정부 개입과 역할이 더 커지는 계기가 되었다. 세계 대공황과 같은 인류 삶을 뒤흔든 사회경제적 위기를 극복하는 과정에서 선진국의 정부 재정 지출이 커졌던 것처럼, 앞으로 '더 큰' 정부는 포스트 코로나 시대의 뉴노멀로 자리 잡을 전망이다. 하지만 '더 큰' 정부가 복지와 분배에만 집중한다면 직면한 난제들을 해결하기 어려울 것이다. 기술과 교육을 혁신하고 효율적 시장 구축을 뒷받침하여 성장과 분배의 상생을 이끄는 것이 더 큰 정부의 역할이어야 한다.

———— 불평등은 어떻게 코로나19의 유산이 되었나

　2019년 말부터 퍼지기 시작한 코로나19는 전 세계에 막대한 인적·물적 피해와 변화를 초래했다. 그러나 한국의 인구당 코로나 확진자 수나 사망자 수는 전 세계 평균에서 한참 벗어나 있을 정도로 인적 피해가 상대적으로 작았다. 이렇게 코로나 확산 방어에 성공한 데에는 정부의 적절한 사회적 거리 두기와 방역 전략이 중요했지만, 국민의 적극적인 참여와 희생이 있었기에 가능한 결과였다.

　방역의 성공은 경제 피해를 최소화하는 데도 큰 보탬이 되었다. 2020년 전 세계 경제는 1930년대 세계 대공황의 경기 침체 수준으로 곤두박질쳤다. 코로나19 대응을 위한 각국의 봉쇄 정책은 내수 경기의 급락을 초래했고 국가 간 이동의 차단으로 여행 등 서비스 수요도 크게 줄었다. 더 나아가 주요 국가의 봉쇄 정책은 국제 교역의 급락과 함께 연쇄적인 경기 침체로 이어졌다. 그 결과 미국과 유럽의 주요 선진국들은 근래 보기 드문 최악의 성장률을 기록했다. 한국 역시 1998년 외환 위기 이후 23년 만에 실질 경제 성장률 기준 -1퍼센트의 역성장을 기록했지만, 비슷한 경제 선진국에 비해 상대적으로 역성장 정도는 작았다. 최근에는 수출과 건설 및 기계 설비 투자가 코로나19 이전 수준으로 빠르게 회복하고 있다.

하지만 효과적인 코로나 대응에 따른 모범적인 성과에도 불구하고 코로나에 따른 불평등 문제는 한국도 피해갈 수 없었다. 불평등

〈그림 6-1〉 2020년 주요국의 실질 경제 성장률[1]

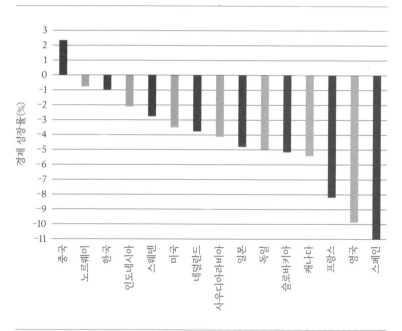

확대는 인적·물적 피해만큼 전 세계에서 관측되는 코로나19의 주요한 영향이며, 시급히 해결해야 할 사회 문제로 떠오르고 있다. 코로나 시대 불평등의 주요 원인은 감염병의 피해가 계층 간에 불균등하게 발생하였기 때문이다. 코로나 상황이 오랫동안 지속하면서 불평등은 고착되어가고 있으며 단기간에 해소하기가 쉽지 않아 보인다.

코로나가 초래한 가장 직접적이고 주목할 불평등 문제는 고강도 사회적 거리 두기와 방역 조치가 장기간 지속하면서 발생한 경제 불평등이다. 코로나 감염의 위험 때문에 소비자들은 대면 접촉이 수반되는 오프라인 소비를 크게 줄였고 방역 당국이 식당·카페·헬스장 등 다중 이용 시설의 모임 인원과 영업시간을 제한하는 고강도 사회적 거리 두기를 시행하면서, 서비스 업종과 소상공인 그리고 자영업자들을 중심으로 경제적 피해가 매우 심각하게 발생했다.

국가 주요 경제 지표인 경제 성장률은 국내총생산(GDP)의 증감률로 평가한다. 그리고 한 해 동안 만들어진 국내총생산에 대한 지출은 민간 소비 지출, 투자 지출, 정부 지출 그리고 수출에서 수입을 제한 순수출로 구분할 수 있다. 각 지출 항목별로 2020년 실질 성장률을 보면, 민간 소비만 5퍼센트 감소하였고 투자 지출은 2.6퍼센트, 정부 지출은 5퍼센트, 그리고 순수출은 9퍼센트 증가하였다. 코로나19로 경제 전반에 타격을 입었지만 피해 대부분은 민간 소비의 감소에서 비롯되었음을 알 수 있다.

그리고 민간 소비 지출 감소로 가장 큰 타격을 입은 분야는 서비스업이다. 민간 소비 지출 감소가 서비스업에 미친 영향을 살펴보기 위해 서비스업 내 분야별 실질 생산액의 변화율을 추산해보면, 숙박 및 음식점업 −16.7퍼센트, 운수업 −15.1퍼센트, 예술·스포츠 및 여가 관련 서비스업 −30.4퍼센트로 이 분야에서 경제적 타격이 매우 컸음을 알 수 있다. 이를 금액으로 환산해보면 코로나19 발생 이전인 2019년 4분기를 기준으로 볼 때 2020년부터 2021년 1분기까지 도소매 및 숙박음식업, 운수업 그리고 문화 및 기타 서비스업의 생산액 감소액 합계는 약 36조 원으로 같은 기간 국내총생산 감소액 41조 원의 대부분을 차지하는 규모이다. 한국은 다른 선진국에 비해 소상공인과 자영업자 비중이 높은 편이고 대부분 위와 같은 업종에서 경제 활동이 이뤄지고 있어 코로나의 경제적 타격이 소상공인과 자영업자에 집중되었음을 짐작할 수 있다. 또한 사회적 거리 두기 강화로 서비스업에서 온라인 매출이 급증한 것을 감안하면, 대면 서비스업의 주축인 소상공인과 자영업자들의 경제적 피해는 위에서 추산한 수치보다 훨씬 컸을 것으로 판단된다.

　정부는 특정 계층에 집중된 경제적 피해를 지원하기 위해 재난지원금 지급을 확대해왔지만 그 피해를 보상하기에는 역부족이었다. 2020년 5월 14.3조 원 규모의 1차 재난지원금을 지급했으나 이는 피해 상인에 대한 지원보다는 전 국민에 대한 보편적인 지원에 가까웠다. 같은 해 9월에는 7.8조 원의 2차 재난지원금을 지급했고 이때부터 소상공인과 고용 취약 계층에 대한 직접적인 지원이 이뤄지기 시작했다. 하지만 소상공인의 경제적 피해에 대한 직접적인 지원은

3.2조 원 규모였고 나머지는 고용 안정, 저소득층 생계 지원, 아동수당 등의 형식으로 지급되었다. 2021년 1월에 지급된 3차 재난지원금은 9.3조 원 규모로 조정되었고, 이 중 소상공인과 고용 취약 계층에 대한 긴급 피해 지원은 5.6조 원 규모로 집행되었다. 그리고 같은 해 3월부터 4차 재난지원금으로 약 8조 원 규모의 직접적인 긴급 피해 지원이 이뤄졌다.

재난지원금이 긴급 금융 지원, 고용 지원 프로그램을 포함하고 있지만 2021년 중반까지 소상공인, 고용 취약 계층 그리고 중소기업 등의 직접적인 코로나 피해에 대한 보상은 대략 17조 원 규모로 지급되었다. 이는 앞서 추산한 같은 기간 업종의 매출 감소 36조 원의 절반 정도에 해당한다. 그런데 36조 원의 생산액 감소는 온라인 생산 증가를 포함한 값이므로, 이들 계층에 집중된 코로나 피해는 36조 원을 훨씬 넘은 것이며 코로나로 인한 불균등한 경제적 피해를 온전히 보상하기에는 부족한 지원임은 분명하다.[2]

오프라인 소비를 늘리고 소상공인과 자영업자의 회복을 돕는 근본 해결책은 사회적 거리 두기를 끝내는 것이다. 하지만 코로나가 종식되지 않았는데 거리 두기를 완화하면 코로나 전파 위험이 커지는 우려가 있으며 소비자들이 코로나 이전 시기만큼의 오프라인 소비로 완전히 돌아가는 것이 쉽지 않다.

경제 불평등 못지않게 중요한 문제는 교육 격차의 발생이다. 사회적 거리 두기와 방역 조치는 일선 학교에도 큰 영향을 미쳤다. 초·중·고등학교에서는 제한적인 등교만이 이뤄져 왔고 사회적 거리 두기가 강화되면서 비대면 수업의 비중이 늘어왔다. 대면 수업의 경우 교육 환경이 비교적 동등하게 제공되어 환경에 따른 교육 격차 발생 가능성이 작지만, 비대면 수업은 가정 환경에 따라 교육 환경의 확연한 차이가 발생한다. 인터넷, 비대면 수업 장비 그리고 수업 장소의 확보는 비대면 수업의 기본 조건이며 나이가 어릴수록 수업 관리에서 부모의 역할도 중요하다. 따라서 가정의 사회·경제적 수준과 부모의 취업 또는 재택 여부에 따라 비대면 수업의 교육 성과는 큰 차이를 가져올 수밖에 없다.

코로나가 한창이던 2020년 12월의 여론 조사에 따르면,[3] 조사자 1000명 중 64.4퍼센트가 코로나로 인해 교육 격차가 커졌다고 응답했으며, 학생-교사 간 소통의 한계, 부모 돌봄 부족 등 가정 환경 차이, 자기 주도 학습 능력 차이, 온라인 학습 기기 보유 여부 순으로 교육 격차 심화의 원인을 꼽았다. 특히 교육 격차에 부모의 소득 수준이 영향을 미친다고 생각하냐는 질문에 대해 86퍼센트가 영향이 있다고 응답했다. 조사 결과는 교육 격차가 수업 환경의 차이에서만 발생하는 것이 아님을 보여준다. 학교 교육의 기능은 지식 전달을 넘는다. 학생과 교사 간의 소통, 교우 관계 그리고 다양한 비교과 활동을 통해 학생들의 인성·사회성·인적 자본을 형성하는 것도 중요하다. 코로나로 인한 학교 교육의 붕괴는 이 같은 비인지적 교육 역시 후퇴시키고 그로 인한 교육 격차를 초래할 가능성이 크다.

흔히 교육은 계층 이동의 사다리라고 불린다. 교육은 단지 인적 자본을 형성하기 위한 수단일 뿐만 아니라 사회 불평등을 줄이는 중요한 수단이라는 의미이다. 이때 교육이 실질적인 계층 이동의 방법이 되려면 교육 기회의 격차를 최소화할 필요가 있다. 코로나로 인한 사회 계층 간 교육 격차의 확대는 중장기적으로 계층 간 경제 불평등을 확대하는 결과를 초래할 여지가 크다. 그 영향은 현재 세대에만 해당하는 것이 아니며 세대 간 불평등으로 이어질 수도 있다. 우리 사회가 시급히 해결해야 할 문제이다.

크게 주목받지 않았지만 건강 불평등의 확대도 코로나 시대에 주목해야 할 현상이다. 감염의 위험과 강화된 사회적 거리 두기로 인해 신체 활동이 크게 줄면서 비만율이 빠르게 증가하고 있다. 대한비만학회의 2021년 3월 「코로나19 시대 국민 체중 관리 현황 및 비만 인식 조사」 결과에 따르면, 코로나 시대를 거치면서 국민 46퍼센트의 체중이 코로나 이전 대비 3킬로그램 이상 늘었다고 조사되었다. 코로나 발생 이전에는 18퍼센트가 거의 운동을 하지 않았으나 코로나 이후에는 그 비율이 32퍼센트로 늘었다. 또한 평균 영상 시청 시간도 크게 늘어난 것으로 조사되었다. 이러한 건강 행태의 변화는 단지 비만율 상승에만 그치지 않을 것이다. 적절한 관리가 이뤄지지 못하면 고혈압, 당뇨병 등 대사 관련 만성 질환으로 이어지고 더 심해지면 심뇌혈관 질환으로 심화되어 미래의 질병과 의료비 지출이 높아질 수 있다.

문제는 코로나로 야기된 건강 위험이 균등하게 발생하지 않을 수 있다는 점이다. 코로나 이후 비만 인구 증가와 더불어 일명 홈트(홈 트레이닝의 줄임말)와 같은 자기 관리에 대한 수요도 적지 않게 늘었다. 헬스장 이용이나 야외 활동이 제한되면서 부족한 건강 관리를 집에서 보충하려는 시도의 결과이다. 그런데 홈트 기반의 자기 관리에도 비용이 든다. 홈트에 필요한 공간과 장비를 마련하는 데 드는 직접적인 비용보다도 자기 관리를 위한 시간의 기회비용이 더욱 클 수 있다. 인구학적·사회경제적 계층에 따라 비용의 감당 정도가 다를 것이고, 이 차이는 코로나가 야기되는 비만율 상승의 격차를 초래하게 된다.

같은 맥락에서 정신 건강의 악화도 코로나가 초래한 중요한 건강 문제이다. 대인 관계의 단절, 경제 상황 악화 등으로 우울증 등 정신 건강 문제를 호소하는 사람들이 크게 늘고 있으며, 이 또한 계층 간 격차가 관측된다.[4] 정신 건강 문제를 해결하기 위해서는 적절한 의료 서비스와 전문가 도움이 필요하지만, 코로나로 인해 의료 서비스의 이용이 크게 줄면서 필요한 의료 개입이 적기에 이뤄지지 못하고 있다. 정신 건강은 신체적 건강의 중요한 기반이고 경제 활동에도 적잖이 영향을 줄 수 있다. 코로나로 인한 정신 건강의 격차가 조기에 해결되지 못하면 사회·경제적 불평등을 심화시킬 것이다.

한국은 국내총생산 기준 세계 10위 경제력을 지닌 경제 대국이다. IMF(세계통화기금)는 각국의 경제 수준과 국민 삶의 질을 고려하여 경제 선진국을 분류하고 있는데, 세계 10위 경제국 중에서 소위 G7과 한국만이 경제 선진국으로 분류된다. 물질적 측면에서 선진국 대열에 본격 합류한 것이다. 경제 성장과 함께 양극화와 불평등 문제에 관한 관심도 매우 커졌다. 그리고 경제 선진국을 넘어 복지 국가를 지향하면서 그동안 복지 지출도 빠르게 증가해왔다. 하지만 불평등 문제는 여전히 존재하며, 코로나로 인한 다양한 불평등의 확산은 복지 국가로 가는 길목에서 한국 경제의 발목을 잡을 것이다.

─────── '큰' 정부를 향한 피할 수 없는 거대한 흐름

불평등은 개인을 넘어 사회적으로 부정적 영향과 비용을 초래하는 외부성이 큰 사회 문제이다. 불평등이 높은 사회일수록 사회 갈등이 많고, 사회적 결속이 낮고, 사회 신뢰와 정치 참여 등도 저조하다. 이는 자원 활용과 배분의 효율성을 낮추고 효율적인 공공재 생산을 위한 합리적 의사결정을 방해한다. 결국 불평등은 분배의 문제에서 그치지 않으며 성장에 부정적인 영향을 주고 그 영향은 국민 모두에게 미칠 수 있다. 특히 코로나의 피해가 기존 불평등 문제와는 달리 다수의 국민에게 발생했기 때문에 앞서 살펴본 것처럼 불평등의 범위와 그로 인한 부정적인 외부 효과는 통상적인 수준 이상이다.

계층 간 소득 격차와 교육 성과의 격차 등은 개인 노력의 차이에서 발생하기도 하지만 개인 의지와 상관없이 사회 구조적 문제, 시장 실패 또는 정책 실패에서 시작되기도 한다. 후자의 경우 사회적 비용이 더 크게 발생하므로 국가적 개입 필요성이 높다. 코로나에 따른 불평등 심화는 개인의 노력 여부에 상관없이 감염병이라는 외생 요인에 의해 발생했다. 그리고 코로나 대응 과정에서 코로나 감염과 사망 위험이 큰 계층을 살리기 위해 고강도 방역과 사회적 거리 두기가 추진되었고, 그 성과는 여기에 동참한 소상공인과 자영업자들의 경제적 희생이 있었기에 가능했다.

포스트 코로나 시대에 나타날 불평등 심화의 원인은 감염병이라는 외생적 원인에서 시작했지만, 근본적으로는 정책 선택의 부작용이며 불평등의 외부성도 크다. 따라서 이를 해결하기 위한 국가의 책임과 역할이 어느 때보다 중요하다. 복지 국가를 지향하는 한국은 코로나 발생 이전에도 불평등 해소와 분배 문제 개선뿐만 아니라 저출생과 고령화 대응을 위한 정부의 역할을 크게 확대해왔다. 여전히 경제 규모 대비 정부의 복지 지출 규모가 OECD 평균에 미치지 못하고 있지만, 최근에 빠르게 증가하면서 '큰' 정부로 발전해온 것은 분명한 추이다. 그리고 포스트 코로나 시대에 불평등 심화 문제를 해결을 위한 정부의 역할이 더 커지면서 '더 큰' 정부로 발전될 것으로 예상된다.

'더 큰' 정부로 나아가는 과정에서 정부 역할의 확대는 재정 지출의 증가로 나타난다. 우리나라의 중앙정부 기준 정부 재정 규모는 2011년 309.1조 원에서 2020년 512.3조 원으로 약 66퍼센트 증가했다. 같은 기간 명목 GDP 기준 경제 규모는 1389조 원에서 1898조 원으로 약 37퍼센트 증가했기 때문에 GDP 대비 재정 지출 비율은 지속적으로 증가해서 현재는 27퍼센트 수준이다. 특히 한국의 사회복지 재정 규모는 2011년 86.4조 원(총 재정 지출 대비 28퍼센트)에서 2020년 180.5조 원(총 재정 지출 대비 35퍼센트)으로 약 두 배 증가했으며, 이는 정부 재정 확대의 주된 원인이다. 주목할 점은 GDP 대비 재정 지출과 사회복지 지출은 OECD 평균 또는 주요 선진국 수준에 미치지 못하지만, 그 증가 속도는 가장 빠르다는 점이다.[5] 증가하는 속도만큼 정부의 역할과 규모가 빠르게 커지고 있다.

한편 코로나로 발생한 경제적 피해를 지원하고 어려움에 빠진 취약 계층을 지원하기 위한 재정 지출이 대대적으로 이뤄지면서 불거

〈그림 6-2〉 GDP 대비 정부 지출과 국가 채무 비중의 추이[6]

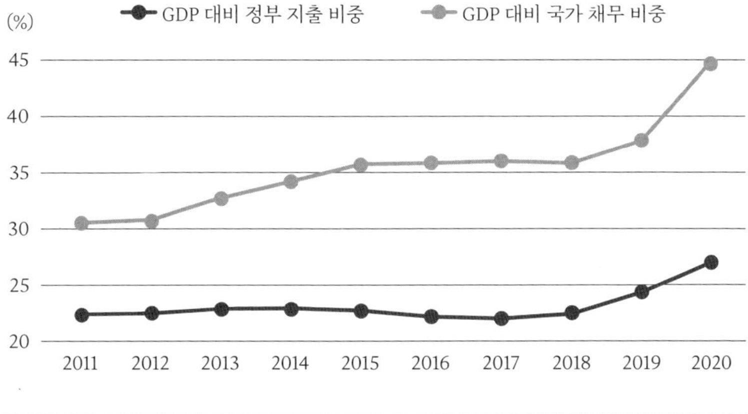

진 정부 재정의 지속 가능성에 대한 논란은 '더 큰' 정부로 나아가는 신호탄으로 볼 수 있다. 코로나의 갑작스러운 발생으로 인해 최근까지 집행된 재난지원금 예산은 추가 경정 예산으로 편성되었고 재원 대부분은 국채 발행으로 준비되면서 국가 채무 규모의 적정성 논란으로 이어졌다. 한국의 국가 채무는 2011년 420.5조 원에서 2020년 846.9조 원으로 10년 새 두 배 증가했고, GDP 대비 국가 채무 비율은 30퍼센트에서 44퍼센트로 급증했다. 경제가 성장하는 속도보다 정부가 갚아야 하는 미래 부채가 더 빠르게 증가한 것이다.

재난지원금 지급을 전 국민에게 보편적으로 하느냐 선별적으로 하느냐를 두고 정부 부처와 정치권의 첨예한 대립이 있었다. 이는 국가 재정의 효율성과 지속 가능성, 그리고 국가 채무 비율의 적정성을 둘러싼 논란을 대리하는 이슈였다. 특히 국가 채무 비율이 적정한지에 대한 의견은 분분하다. 일부에서는 한국의 GDP 대비 국가 채무 비중(44퍼센트)은 OECD 평균(109퍼센트)에 미치지 못하며 조세율도 낮아 향후 재정 여력도 충분하다고 주장한다. 특히 국가 채무 비중이 200퍼센트가 넘는 일본과 프랑스(123퍼센트), 영국(112퍼센트), 미국(107퍼센트)과 비교할 때 매우 낮음을 강조한다.

반면 국가 채무에 대해 우려를 표명하는 목소리도 적지 않다. 보통 달러, 엔화 등 기축통화를 발행하는 기축통화국의 정부 채권은 국제 금융 시장에서 수요가 높아 국가 채무를 높게 유지하는 데 문제가 없지만, 한국과 같은 비기축통화국의 경우 채무가 급증할 때 수요 부족으로 이자율 상승이 뒤따르고 그에 따라 성장 하락, 재정 위기 등이 초래될 수 있다는 것이다. OECD 국가 중 한국과 같은 비기축통화국 중에서 한국의 GDP 대비 국가 채무 비중은 이스라엘 60퍼센트, 멕시코 53.7퍼센트, 폴란드 46퍼센트에 뒤이어 4위에 해당한다. 또한 정부의 추계에 따르면, 한국의 국가 채무 비중은 2025년에는 60퍼센트를 넘어서면서 비기축통화국 중에서는 가장 높아질 전망이다.

정부 재정 지출과 국가 채무 증가를 둘러싼 논란은 코로나 이전 시기부터 있었다. 저출생·고령화 문제가 심화하면서 각종 사회복지 지출에 대한 수요가 급증하였는데, 불평등과 분배 개선을 위한 재정 지출이 크게 늘었기 때문이다. 코로나는 이러한 추이와 논란을 가속했다고 볼 수 있다. 무엇보다 코로나로 초래된 계층 간 불평등의 문제는 재정 지출과 복지 수요를 폭발적으로 증가시킬 것이고 정부 규모와 역할은 앞으로 더욱 커질 것이다.

── 팬데믹이 만든 강화된 정부의 개입과 새로운 전환

한편 코로나 대응 과정은 정부 역할과 개입이 한층 강화된 계기가 되었다. 정보의 통제는 대표적인 사례이다. 2015년 메르스 사태를 경험하면서 정부는 감염병 확산을 통제하기 위해 확진자의 동선 파악에 필요한 조치를 담은 '감염병 예방 및 관리에 관한 법률'을 개정하였다. 이를 근거로 정부는 코로나 예방 및 차단을 위해 확진자의 휴대전화 위치 정보, 카드 거래 내역 등의 정보를 강제로 활용해 왔다. 이런 강제적 조치는 공공의 안전을 지키는 데 필요하다는 명분이 충분했고 코로나 확산을 막는 실질적인 효과도 거두었다. 하지만 한편에서는 다른 국가에서 찾아보기 힘든 국민 사생활에 대한 국가의 지나친 개입이라는 목소리도 적지 않다. 강력한 사회적 거리 두기를 강제하면서 영업시간과 모임 인원을 제한한 정책에 대한 반대 목소리 역시 같은 맥락에서 이해할 수 있다. 다시 말해, 코로나 대응 과정에서 개인정보 강제 활용과 거리 두기 강제 조치는, 공공적인 편익이 크다면 정부가 개인의 정보 권리와 사적 편익을 침해할 수 있음을 보여주었다. 앞으로 정부 개입의 범위가 더 커질 수 있음을 시사하는 단면이다.

사실 정부 역할과 개입은 코로나 이전부터 점점 커져 왔다. 저성장이 지속되는 가운데 4차 산업혁명과 같은 새로운 혁신을 이끌어가기 위해서는 사회·경제 각 분야에서 규제를 개혁해야 한다는 목소리가 높아져 왔다. 그런데 동시에 분배와 공정에 대한 수요가 늘고 이 개념들이 사회적으로 중요한 가치로 자리를 잡아감에 따라 우리 사회에는 또 다른 많은 규제가 만들어지고 있다. 특히 노동, 환경, 복지 등 개인의 사회·경제 활동 및 삶의 질과 밀접히 관련된 분야에서 규제가 늘고 있다. 예를 들어 노동 시간은 주당 법정 상한을 정해서 대기업에서 중소기업으로 확대되고 있으며, 환경 규제는 기업의 생산 활동을 제한하기 시작했고, 주거 복지와 부동산 가격 안정화를 위한 각종 규제가 겹겹이 쌓여가고 있다. 물론 모든 규제가 잘못되었다는 것이 아니다. 많은 규제는 국민 삶의 질을 개선하기 위해 만들어지고 있기 때문이다. 중요한 것은 코로나를 계기로 삶의 질, 복지, 불평등 해소에 대한 국민의 수요가 더 커짐에 따라 규제를 통한 정부의 개입은 더 확대되고 있다는 점이다.

한국에서 나타나는 정부 역할 확대와 큰 정부로의 전환은 국제적인 추이와도 일치한다. 신자유주의가 팽배하던 20세기 후반의 세계화 추이는 21세기 들어 빠르게 주춤하고 있다. 자국 우선주의 입장에서 보호무역주의가 강화되면서 전 세계 역내 무역 비중은 2012년을 기점으로 다시 증가하고 있다. 국제 노동 이동과 인적 교류 역시 점차 제한되는 분위기이다. 그리고 코로나19를 계기로 이 같은 탈세계화 현상이 가속되고 있다는 점에 주목할 필요가 있다. 코로나로 경제적 타격을 크게 입은 각국에서 자국의 산업과 일자리 보호가 최우선 과제가 되었고, 코로나로 글로벌 공급망이 취약해짐에 따라 보호무역주의가 더욱 강화되고 있다.

또한 코로나와 탈세계화는 각국 정부의 역할을 더 크게 만드는 계기가 되었다. 감염병 대응과 사회 안전망에 대한 자국민들의 기대가 높아지면서 정부 개입의 여지가 커졌고, 코로나 피해 회복을 위한 재정 지출도 크게 늘었다. 세계화가 한창이던 1980년대 미국을 비롯한 많은 선진국은 정부의 경제 간섭을 최소화하는 작은 정부를 추구했지만, 이제는 자국민의 경제 이익과 안전을 위한 큰 정부가 대세를 이룰 전망이다.

───── 대공황의 교훈: 큰 정부가 등장한 역사적 장면

포스트 코로나 시대는 정부의 규모와 역할에 있어 새로운 전환점이 될 것은 분명하다. 이 같은 대전환의 시대를 제대로 대비하기 위해서는 큰 정부가 등장한 역사적 배경을 살펴보고 현재 직면한 문제와 비교하여 교훈을 찾는 것은 유익할 것이다.

큰 정부 시작의 역사적 사건은 1930년대 세계 대공황이었다. 세계 대공황은 1929년 미국에서 시작된 경기 침체가 전 세계로 확대되어 세계 각국의 경제를 곤두박질치게 한 사건이다. 당시 미국 경제는 1929년부터 시작해서 1932년까지 최저점으로 이어졌는데 산업생산지수는 절반으로 감소했고 제조업 실업률은 5.3퍼센트에서 37퍼센트로 치솟았다. 전 세계 공업 생산은 36퍼센트 감소했으며, 국가 간의 교역도 60퍼센트 이상 줄어들었다.

보통 1929년 미국의 주식시장 붕괴로 세계 대공황이 시작되었다고 알려졌지만, 주식시장 붕괴는 대공황 시작의 한 요인일 뿐 대공황을 촉발한 핵심 원인은 아니었다. 1920년대는 제1차 세계대전의 영향으로 세계 경제 구조가 크게 바뀌고 있던 시기였다. 종전으로 인해 군수 산업과 농산물에 대한 수요가 크게 줄면서 전 세계적으로 경기 불황을 겪고 있었으며, 세계대전은 경제 환경을 비신축적으로 만들고 유럽 국가들의 정부 부채가 크게 높아진 상황을 초래하였다. 또한 미국은 1920년대 말 주식시장 과열을 막기 위해 긴축적인 통화 정책을 도입했는데 이는 당시 금본위제하에서 유럽과 남미의 경기 침체를 불러왔다. 따라서 1929년부터 시작된 경기의 급속한 하강은 이러한 요인들이 복합적으로 작용한 결과이다.

세계 대공황 이후 한 세기 가까이 지난 지금, 세계 주요 국가들은 경기 침체가 시작되면 통화량을 늘려 이자율을 낮추고 투자를 활성화하는 적극적인 경기 부양책을 내놓는다. 요즘의 경기 부양책의 기본적인 내용은 일반인조차 잘 알고 있지만, 세계 대공황 시기에는 경기 침체가 심각해지고 실업률이 급증하고 유동성 부족으로 연이은 은행 부실이 발생하는 상황에서도 경기 부양책을 적극적으로 도입하지 않았다. 당시 국제금융시장은 각국의 화폐 가치를 금에 연동한 금본위제에 기반을 두고 있었다. 미국은 경기 부양을 위해 팽창적인 통화 정책이 필요한데도 금본위제 유지를 위해 긴축적인 통화 정책을 고수하고 달러의 가치 보존을 우선시하였다. 그 결과 1929년에 시작된 경기 침체는 장기 불황으로 이어졌고, 역시 금본위제를 유지하고자 했던 세계 각국 역시 미국을 따라 긴축 정책을 선택하면서 세계 대공황이 촉발되었다. 따라서 세계 대공황에 관한 최신 연구들은 금본위제를 탈퇴하고 좀 더 유연한 통화 정책이 가능해진 것이 세계 대공황의 장기 침체에서 벗어난 근본적인 원인으로 보고 있다.

한편 전통적으로 세계 대공황 극복 과정에서 미국의 뉴딜 정책이 중요한 역할을 했다고 알려져 있다. 특히 뉴딜 정책은 대규모 재정 지출을 통해 댐과 도로 건설을 추진하고 공공 취로 사업을 확대하면서 실업률을 낮추고 유효 수요를 증가시켜 경기 회복을 도모한 과정이 강조된다. 이는 소위 케인지언 경제학파의 수요 관리 정책의 시작으로 알려져 있고 지금도 경기 부양책의 한 수단으로 재정 확대의 필요성을 뒷받침하는 역사적 사례가 되고 있다. 요약하자면, 세계 대공황의 경험은 경기 회복과 장기 경제 성장을 위해 정부의 적극적인 통화 정책과 재정 정책을 활용하는 중요한 계기가 되었다고 볼 수 있다.

그런데 대공황기 미국의 뉴딜 정책의 의의는 재정 지출 확대와 더불어 정부의 역할과 개입의 확대에서 찾을 필요가 있다. 대공황 이전에도 빈번한 경기 침체와 공황이 있었지만 세계 대공황만큼 막대한 피해를 초래하지는 않았다. 대공황의 여파가 컸던 것은 과거보다 경제 규모가 더 커지고, 경제 시스템이 더 복잡해지고, 무엇보다 독과점 등 사회·경제의 구조적인 문제가 드러난 결과였다. 또한 실업과 빈곤의 문제가 걷잡을 수 없이 확산되면서 정부의 적극적인 개입이 요구되었다.

'뉴딜'의 의미는 새 판을 짠다는 것이다. 1933년 취임한 프랭클린 루스벨트 대통령은 뉴딜이라는 기조하에 경제 구조를 바꾸는 대대적인 개혁 정책을 시행하였다. 개혁은 단기 경기 회복, 산업 규제 그리고 사회적 재분배에 목적을 두었다. 테네시강 유역 개발 공사 등의 추진은 재정 지출 확대를 통해 단기 경기 회복을 목적으로 했다. 그리고 금융, 산업, 농업 그리고 임금 결정 등에 정부가 개입하기 시작하였다. 예를 들어 상업은행과 투자은행 업무의 겸업으로 대공황 위기가 심화되었다고 보고 겸업을 금지하였으며, 예금자의 보호를 위해 상업은행의 금융 상품 투자를 제한하고 예금 보험 제도를 도입하였다. 산업부흥법을 통과시켜 각 산업이 자발적으로 공정 경쟁을 위한 규약을 만들어 임금·노동 시간·최저 임금에 합의하도록 권고했고, 산업과 농업 부문의 생산을 통제하기도 하였다. 빈민 구호와 사회적 재분배를 목적으로 연방 긴급 구호법을 제정하여 공공 취로 사업을 추진하였다. 그리고 사회 안전망 확보를 위해 1935년 사회보장법을 제정하여 노인연금 등 사회보장이 확대되는 계기를 만들었다.

1930년대 대공황을 계기로 미국 정부가 큰 정부로 변화되었다는 것은 경제 규모 대비 정부 지출 비율의 추이에서 잘 나타난다. 대공황 이전인 1920년대 말까지만 해도 미국의 정부 지출 규모는 GNP 대비 10퍼센트대 초반 수준이었고, 연방정부의 지출은 GNP 대비 3~4퍼센트 규모였다. 정부 지출의 규모도 작았고 특히 중앙정부의 역할이 크지 않았다. 그러나 1930년대 세계 대공황을 겪으면서 정부 총지출은 GNP 대비 20퍼센트까지 증가했고 연방정부의 지출도 10퍼센트로 증가하게 된다.

그런데 좀 더 장기적인 관점에서 살펴보면, 1930년대 세계 대공황은 이전부터 확대되어온 정부 역할 확대가 폭발적으로 증가한 중대한 계기로 해석하는 것이 적절하다. 미국은 1860년대 남북전쟁 이후 산업화가 본격화되면서 매우 자유방임적인 경제 정책과 경제 환경이 조성되었다. 19세기 말이 되면 근대적 대기업이 등장하고 주요 기업들은 제조업뿐만 아니라 금융, 유통 등 산업 전반으로 그 영

〈표 6-1〉 국민총생산(GNP) 대비 정부 지출의 비율(%)[7]

연도	총지출	연방정부	주정부	지방정부
1902	6.9	2.4	0.8	4.0
1913	8.0	2.4	1.0	4.9
1922	12.6	5.1	1.9	6.2
1927	11.7	3.7	2.1	6.6
1932	21.4	7.4	4.9	11.0
1936	20.3	11.1	4.7	7.3
1940	20.5	10.1	5.2	7.7
1950	24.7	15.7	5.3	6.0
1960	30.0	19.3	6.3	7.8

역을 확장하고 있었다. 산업화의 심화는 번영의 밑거름이 되었지만 독과점의 병폐를 막지 못했고 노동자의 권익이 점차 열악해지는 문제에 직면하게 된다. 이 같은 사회 문제가 점차 심화하면서 19세기 말부터 사회 문제 해결에 있어 정부의 역할이 강조되었다. 미국은 독과점을 규제하기 시작했고 영국을 중심으로 실업보험 등 노동자의 권익과 삶의 질을 보호하기 위한 정책들이 속속 나타나기 시작했다. 1930년대 세계 대공황은 19세기 말부터 나타난 구조적인 문제가 장기적으로 발현된 결과이고, 뉴딜 개혁 정책은 이전의 정부의 역할 확대와 개혁 수요가 본격화된 결과였다.

세계 대공황의 여파는 쉽게 회복되지 못했다. 미국의 경우, 경제가 1929년 세계 대공황 이전 수준까지 회복되는 데 무려 7년이 소요되었다. 그리고 경제 성장의 장기 추이를 따라잡은 것은 군수 수요가 늘어난 제2차 세계대전 이후에나 가능했다. 제2차 세계대전이 끝난 이후 영국을 중심으로 대대적인 복지 정책의 확대가 시작되었다. 세계대전으로 낮아진 영국인의 삶의 질을 개선하려는 조치였다. 1942년 작성된 영국의 「베버리지 보고서」는 건강보험, 실업보험, 연금 등 생애 주기 각 부문의 복지 제도 확대를 구상했으며 제2차 세계대전 이후 영국이 지향하는 복지 국가 건설의 토대가 되었다. 이런 변화는 미국과 영국에만 한정된 것이 아니다. 1930년대 세계 대공황으로 본격화된 큰 정부의 역할은 제2차 세계대전을 거치면서 주요 선진국으로 퍼져나갔다.

현재의 코로나 대유행 사태는 1930년대 세계 대공황과 비교할 때 그 원인은 다르지만 피해 규모와 성격은 매우 흡사하다. 한국은 1998년 외환 위기 이후 처음으로 역성장을 기록했으며, 주요국의 경제 성장률 하락 폭은 세계 대공황 수준을 방불케 했다. OECD는 코로나 대유행에 따른 경기 침체로부터의 회복은 단기간에 이루기 어렵다고 내다보고 있다. 소위 V자 회복보다는 완만한 회복을 전망하고 있지만, 경기 피해 회복을 위한 충분한 대책이 성공하지 못하면 W자 경기 회복 가능성도 크다. 더욱이 최근 코로나 변형 바이러스로 인한 대유행이 빠른 경기 회복을 더디게 만들고 있다.

분명한 것은 코로나 피해를 복구하고 감염병 대응책을 강구하는 가운데 정부의 역할과 개입은 더욱 커질 것이라는 점이다. 돌이켜보면 세계 대공황과 같은 20세기 초 일련의 사건들은 불균등한 경제 피해를 초래하였고 이를 줄이려는 정부 역할이 크게 확대되었다. 토마스 피케티는 『21세기 자본론』에서 미국과 유럽의 불평등은 20세기 초까지 증가하다가 제1차 세계대전, 세계 대공황 그리고 제2차 세계대전을 거치면서 빠르게 감소하였다고 제시한다. 전쟁과 대공황으로 자본가의 실물 자산 파괴와 가치 하락이 기여한 바가 크다고 보면서도 그에 못지않게 누진적인 소득세 도입, 소득 재분배 목적의 사회보장 정책의 확대 등 정부 개입의 영향도 강조한다.

한국은 한국전쟁 이후 고도성장을 경험하면서 성장과 발전 중심의 정부 역할이 강조되었지만, 민주화와 외환 위기를 거치고 인구 변화 등 다양한 사회·경제 문제에 직면하면서 점차 큰 정부의 역할이 중요해졌다. 그리고 코로나 대유행 이후 불평등 확대의 위기에 처해 있는 지금은 큰 정부에서 더 큰 정부로 전환될 중대 시점이 될 것으로 보인다. 2022년 대선에서도 여러 이슈를 둘러싸고 정부 역할이 논란의 중심에 섰지만, 사회 문제 해결을 위해 정부의 역할이 필요하다는 관점은 정치적 입장에 따라 큰 차이를 보이지는 않았다. 어떤 진영이든 복지 국가를 지향하는 관점은 같고 코로나 경험과 결과는 그 지향점을 더 뚜렷하게 만들었다. 하지만 포스트 코로나의 위기를 극복하고 복지 국가를 실현하는 구체적인 정책에는 차이가 있을 것이다. 그 차이에 따라 더 큰 정부로 나아가는지가 결정될 것이다.

— 기본소득, 포스트 코로나 시대의 뉴노멀이 될 것인가

포스트 코로나 대전환의 시대에 큰 정부 역할 논의를 응축하는 주제는 기본소득이라는 새로운 복지 담론이다. 문재인 정부는 '내 삶을 책임지는 국가'를 주요 국정 목표로 하여 출범했고, 그 목표를 실현하기 위해 내세운 핵심 정책은 '소득 주도 성장'이었다. 소득 주도 성장은 말 그대로 가계 소득을 높이고 소득 분배를 개선하면 내수 기반이 확대되고, 궁극에는 경제 성장을 도모할 수 있다는 주장에 기반한다. 이전 정부들이 대부분 '성장' 정책에 우선순위를 두었다면, 소득 주도 성장은 '성장'보다 '분배'를 선순위에 놓았다는 것이 가장 큰 차별성이라 볼 수 있다.

소득 주도 성장 정책의 사례들은 이를 잘 뒷받침한다. 대표적인 정책은 최저 임금 1만 원 공약이었다. 비록 2020~2021년은 코로나 여파로 인해 최저 임금 인상률이 2.9퍼센트와 1.5퍼센트로 최근 10년 내 가장 낮았지만, 정권 출범 직후 2018년과 2019년에는 16.4퍼센트와 10.9퍼센트를 인상하면서 큰 변화를 실현했다. 비정규직의 정규직화, 주 52시간 근로 시간 제도화 등도 노동자의 임금과 삶의 질 개선을 목적으로 한 소득 주도 성장 정책이라 볼 수 있다. 또한 주거비, 의료비, 통신비, 교육비 등의 핵심 생계비 경감 정책, 기초생활 보장의 부양 의무자 기준 완화, 건강보험 보장성 강화, 기초연금 인상 등의 복지 정책도 큰 틀에서 보면 소득 주도 성장 목표에 근거한 정책들이다. 정부가 내세운 정책들을 보면, 비록 소득 주도 성장론이 성장을 최종적인 목표로 두기는 했지만 근본적으로는 복지 정책의 확대와 대동소이하다.

어떤 정책들은 시장 원리에 반하고 부작용이 예상되면서 논란이 지속되었다. 예를 들어 최저 임금 인상은 오히려 저임금 고용을 줄이고 소상공인과 자영업자의 경제 상황을 어렵게 한다는 반발에 부딪혔고, 근로 시간의 강제는 노동시장의 유연성을 저해하여 기업의 부담을 높인다는 목소리가 커졌다. 이런 대립 속에서 소득 주도 성장은 국가 경제 정책의 방향을 '시장'과 '성장'에서 '분배'와 '복지'로의 전환을 시도했다는 측면에서 의의가 있었다. 고도성장 시기를 거치면서 소득 증대가 한국 사회의 최우선 가치였으나, 이제는 분배와 복지가 사회적 가치가 되어야 한다는 국민 수요가 반영된 결과이기도 하다.

코로나 대유행을 계기로 이런 추이가 지속될 것으로 전망된다. 그리고 그 한가운데 '기본소득' 논쟁이 자리를 잡고 있다. 소득은 소비를 통해 윤택하고 안락한 삶을 유지하기 위해 필수적인 금전적 원천이다. 보통 소득의 획득은 노동 활동에서 비롯되므로 기본적인 삶의 질을 유지하기 위해서는 노동시장을 통해 기본적인 소득이 보장될 필요가 있다. 하지만 노동시장에서 기본적인 삶의 질 유지를 위한 충분한 소득이 제공되지 않는다면 국가가 기본소득을 지급하여 이를 보장해야 한다는 취지에서 기본소득 주장이 등장한다. 더 엄밀하게는 재난이나 노동 여부와 무관하게 사회 구성원 모두에게 최소 생계를 유지할 수 있는 기본소득을 지급하는 제도라고 정의할 수 있다.

기본소득은 그 개념이 16세기 토머스 모어의 저작 『유토피아』에서 처음 등장했다고 알려질 만큼 오래전부터 논의되어왔다. 인류 역사에서 빈곤 문제 해결은 모든 국가의 끊임없는 도전이었고 그 해결에서 국가의 역할과 책임이 중요했기 때문이다. 오랜 역사를 지닌 기본소득 개념이 최근 들어 주목을 받는 것은 4차 산업혁명 본격화와 관련이 있다. 4차 산업혁명은 정보통신 기술 중심의 기술 혁명을 기반으로 산업 생산의 효율성과 부가가치의 획기적인 개선을 목표로 한다. 4차 산업혁명의 핵심 기술은 인공지능, 빅데이터, 고도화된 자동화 등이다. 기술이 인간의 인지 수준을 위협할 만큼 진보함에 따라 4차 산업혁명이 심화하면 기계가 일자리를 대체하리라는 예측이 여기저기서 터져 나왔다.

기계화와 자동화가 일자리를 대체한 것은 최근의 현상이 아니다. 1990년대 자동 현금 지급기(ATM)가 보급됨에 따라 은행원의 고용이 줄어든 사례처럼, 그동안 반복적이거나 인지적 판단이 덜 필요한 업무의 일자리들이 기계로 대체됐다. 그러나 최근 논의가 기존의 현상과 다른 점은 인공지능과 같은 4차 산업혁명의 핵심 기술은 인지적 판단이 필요한 인간의 업무까지 대체할 수 있다는 것이다. 2016년 세계경제포럼에서 발표한 「일자리 미래」 보고서에서는 인공지능이 판사나 경제학자 등의 일자리까지 위협할 것으로 예측되었다.

예측대로 기계가 인간의 일자리를 대체하면 인간은 노동으로부터 해방되는 혜택을 누리겠지만 소득을 획득하지 못하는 문제에 직면하게 될 것이다. 특히 기계가 대체하기 힘든 고도의 인지 능력과 암묵지와 같은 능력을 지닌 사람들과 그렇지 못한 사람들 간에 고용과 소득의 격차가 커질 가능성도 존재한다. 이는 최근에 경제학자들이 제기한 기술 진보가 숙련 노동자와 비숙련 노동자 간의 노동 수요 격차를 만들어 경제 불평등을 초래할 수 있다는 논의와 일맥상통한다. 코로나 대유행에 따라 감염 위험을 낮추기 위해 비대면 기술이 주목을 받고 있는데, 한쪽에서는 카페에서 바리스타가 자동화 기계로 대체되고 있지만 다른 쪽에서는 그런 기술의 개발자 수요가 급증하고 있다. 이런 현상은 앞으로 기계가 일자리를 대체할 때 기본소득이 기본적인 삶을 유지하기 위한 중요한 수단이며 기술 진보의 결과로 불평등과 양극화가 심화하는 문제를 해결하는 수단이라는 믿음을 키우고 있다.

우리나라에서 기본소득 논의가 본격화된 것은 최근의 일이다. 그전에도 논의는 되었지만 2019년 경기도에서 청년 기본권 실현을 목적으로 청년들에게 일정 기간 지역 화폐로 지원금을 지급한 것은 기본소득제 도입의 시작이라고 볼 수 있다. 그리고 2020년 초 코로나 피해 지원 과정에서 재난지원금의 지급을 둘러싸고 기본소득제 논란이 불붙었다. 처음에 재난지원금 대상과 지급 방식에 대한 논의가 시작되었을 때, 경기도는 소위 '재난기본소득'이라는 정책을 내놓았다. 경기도 주민 모두에게 보편적으로 재난지원금을 지급한다는 측면에서 '기본소득'이라는 명칭을 달았지만, 주기적인 지급이 아니고 사용 제한이 없는 소득과 같은 현금 지급이 아니었다. 그리고 국가 재난 상황에서 기본적인 삶 유지를 위해 정부가 보편적으로 기본소득을 지급해야 하는지를 둘러싸고 여러 논쟁이 이어졌다.

특히 2022년 대통령 선거를 위한 정책 경쟁 과정에서 기본소득은 뜨거운 감자가 되었다. 전 국민 기본소득제 도입을 주장하는 쪽에서는 단기적으로는 연 50만 원 지급에서 시작하고 점차 확대하여 장기적으로 연간 600만 원 지급까지 목표를 제시하였다. 기본소득이 전 국민의 관심을 끌다 보니 여러 유력 정치인들은 공정소득, 안심소득 등 대안적인 정책들을 연이어 내놓았다. 그런데 지금까지 제시된 기본소득 공약은 기본소득의 본래 취지와는 상당히 벗어나 있다. 연간 50만 원의 금액은 노동 없이 기본적인 삶의 질을 유지하기에는 턱없는 수준이고 연간 600만 원도 부족한 금액이다.

또한 기본소득 재원 마련을 위한 구체적인 방안도 충분히 논의되지 못하고 있다. 현실적인 재원 마련 방안은 증세하거나 기존의 복지 지출을 기본소득으로 전환하는 것이다. 하지만 증세는 경제 활동 유인을 낮출 수 있고 기본소득이 충분한 삶의 질을 보장하지 못하는 상황에서 복지 지출의 축소는 국민 삶의 질을 낮출 가능성이 크다. 이렇게 효과성을 장담하지 못하고 불확실성이 큼에도 불구하고 기본소득이 주목을 받고 국민적 관심을 끌어모으는 것은 기본소득은 코로나 대유행 이후 우리 사회가 직면한 사회·경제 문제, 높아지는 복지 수요, 그리고 변화된 사회적 가치를 대변하는 키워드이기 때문이다.

혁신, 큰 정부의 또 다른 역할과 과제

아직 진행 중이지만 '기본소득'의 가치는 포스트 코로나 시대의 뉴노멀로 자리 잡을 가능성이 크다. 반드시 기본소득제의 도입이 아니더라도 코로나 시대 전후로 증가하고 있는 복지 수요와 기본적인 국민 삶에 대한 국가적 책임이 더욱 커질 것이다. 그리고 그 과정에서 더 큰 정부 역할과 이를 실현하기 위해 소요되는 재정의 지속 가능성을 두고 치열한 논쟁이 예상된다. 충분한 근거와 국민 공감이 뒷받침되지 못한다면 비효율적인 정부의 역할과 재정 지출을 초래하여 자칫 포스트 코로나 시대의 불평등 문제를 해소하지 못하고 사회 위기에 봉착할 수 있다.

더 큰 정부의 역할 확대는 반드시 복지 관련 정책에 국한되지는 않는다. 복지 정책이 시장의 실패에서 비롯된 사회 문제를 해결하기 위한 정부 역할이라면, 시장이 잘 작동하고 자원 배분이 효율적으로 이뤄지도록 제도적·정책적 뒷받침을 하는 것도 정부의 중요한 역할이다. 다시 말해, 시장이 효율적으로 잘 작동한다면 시장 실패로 인한 정부 개입을 최소화하면서 국민 삶의 질을 높일 수 있다. 코로나로 인한 경제적 불평등과 교육 격차의 문제를 정부의 힘만으로 해결하기 위해서는 막대한 재정 지출이 필요하지만, 시장을 통해 충분한 양질의 일자리를 만들어낸다면 재정 지출을 최소화면서 사회 문제를 해결할 수도 있다.

코로나 대유행은 인적·물적 피해를 초래했지만 기술 진보를 가속하는 계기가 되었다. 감염과 접촉을 줄이기 위해 비대면 기반의 기술이 빠르게 발전하고 보급되었다. 기술 진보는 누군가의 일자리를 대체하기도 했지만, 기술이 어떻게 개발되고 활용되느냐에 따라 개인 삶의 질을 높이는 역할도 한다. 코로나 시대 비대면 수업은 교육 격차를 초래했지만 온라인 교육이라는 새로운 문화와 환경 구축의 필요성을 인식시켰고, 단점을 보완해서 진화한다면 교육 격차를 줄이고 새로운 인재를 키우는 역할을 할 수도 있다. 코로나 시대 그 진가가 입증된 비대면 진료는 포스트 코로나 시대 국민의 의료 접근성을 높이는 새로운 가치를 창출할 수 있어 보인다. 이처럼 코로나 대응 과정에서 가치를 인정받은 4차 산업혁명의 기술이 사회·경제 각 분야에 접목되면서 우리 사회는 새로운 경제 환경으로 돌입하고 있으며, 이는 포스트 코로나 시대의 또 다른 뉴노멀이 될 것이다.

코로나와 함께 본격화될 4차 산업혁명은 성장과 분배 측면 모두에서 우리 삶을 크게 바꿔놓을 것이다. 긍정적인 효과를 거두기 위한 정부의 역할은 무엇일까? 우선 대한민국이 경제 선진국이 되었다는 증거인 저성장을 해결해야 한다. 우리 경제의 성장 동력을 살리는 계기를 만들어야 할 것이다. 이를 위해서는 혁신이 필요하며, 혁신적인 아이디어가 시장에서 가치를 인정받으려면 규제를 완화해야 한다. 이를 유도하려는 정부의 역할이 중요하다. 또한 앞서 논의한 것처럼 4차 산업혁명의 기술 진보는 불평등을 높일 가능성이 크다. 기본소득은 불평등이 발생한 후 정부가 개입하는 소극적인 역할이다. 보다 적극적인 정부의 역할은 교육에 대한 투자이다. 기술

진보가 불평등을 초래하는 주요 경로는 노동시장이므로 미래 수요
가 높을 기술을 겸비할 인재를 양성하기 위한 교육 투자가 중요하
다. 물론 교육 투자와 인재 양성은 기술 혁신의 출발점이기도 하다.

코로나는 한국 사회에 불평등 해소라는 도전적인 과제를 남겨주
었다. 이를 어떻게 극복하느냐에 따라 복지 국가로 나아갈 수도, 후
퇴할 수도 있다. 그 선택 과정에서 정부의 역할이 중요하다. 큰 정부
에서 더 큰 정부로 나아가는 길은 재정 규모의 확대만을 의미하지
는 않는다. 그보다는 국민의 윤택하고 안락한 삶을 위해 정부의 역
량을 집중하는 것이 더 큰 정부의 역할이어야 한다. 복지 수요에 맞
춰 복지 정책을 확대하면서도 시장의 혁신을 적극적으로 뒷받침하
고 장기적인 관점에서 교육 투자와 인재 양성을 도모해야 한다. 다
시 말해, 성장과 분배의 상생을 이끄는 것은 더 큰 정부의 역할이
되어야 한다. 이 같은 상생을 통해 현재의 위기를 조화롭게 극복하
는 것은 포스트 코로나 시대에 풀어가야 할 과제이다.

7장

Political Science and International Relations

탈세계화,
팬데믹이 만든 시대정신의 변화

조동준(서울대학교 정치외교학부)

전염병 대유행은 지구화와 밀접하게 연관된다. 지구화 이전에는 새로운 전염원이 출현하면 출현지부터 시작하여 인접 지역으로 순차적 감염이 진행되었고 이 과정에서 치명률이 약한 변이가 등장해 사람과 전염원이 균형 상태를 이루었다. 반면 지구화로 인적 이동이 빠르게 대규모로 진행되면서, 새로운 전염원이 시차를 두지 않고 여러 지역에서 발현되게 되었다. 코로나바이러스가 이미 800년 전 인류를 감염시키기 시작했지만, 19세기 후반 이후부터 인류를 감염시킨 코로나바이러스 2종만 대유행으로 이어졌다. 지구화라는 조건이 마련되었는지 여부에 따라 조용한 전파와 대유행 간 차이가 발생했다.

코로나19의 대유행은 지구화의 단점을 드러냈기 때문에 코로나19 대유행의 종식 이후 지구화가 부분적으로 후퇴될 것으로 예상된다. 국가는 공중 보건을 이유로 초국경 인적 이동을 통제하고 의료품과 생활필수품을 국내에서 생산할 수 있도록 조치를 취한다. 기업은 전염병 발생 시 의약품 수출 통제와 교역 제한의 위험과 경제적 이윤 사이에서 최적 균형점을 찾는 과정에서 사슬의 일부를 약화시킬 것이다. 시민은 자유로운 이동과 질병으로 인한 위험 사이에서 새로운 균형점을 찾는다. 이런 변화는 이미 진행되던 미·중 간 체제 경쟁과 경제 분리를 가속화시켰다. 코로나19를 대응하는 과정에서 체제 간 차이가 더 선명해졌고, 양국을 중심으로 하는 공급망이 더 분화되었다.

코로나19, 과장된 공포인가 대유행인가

코로나19의 초기 국면에서는 이 전염병이 인류사의 분기점이 될 수 있다는 예측이 있을 정도로 큰 충격을 몰고 왔다. 이 변화가 단기적으로 그치지 않을 것이며, 코로나19 이후가 코로나19 이전과 질적으로 달라질 것이라는 주장이 제기되었다. 예수 그리스도의 탄생을 기점으로 시간을 AD(Anno Domini, '주님의 해')와 BC(before Christ, '그리스도 이전')로 구분하듯이, 인류의 삶이 코로나19를 기점으로 구분될 수 있다는 의견까지 나올 정도이다(Foroohar, 2020; Friedman, 2020).

반면 코로나19에 관한 정보와 대응법이 축적되고 백신이 도입되면서, 인류는 사실상 '일상으로의 복귀'를 진행하고 있다. 2022년

4월 29일 기준으로 인류의 삶은 코로나19 발생 이전으로 81퍼센트까지 회복하였다(Economist, 2022). 더 나아가 코로나19의 여러 변이 중 치명률이 낮고 전파성이 강한 오미크론 변이가 우세를 차지하면서, 인류는 코로나19 초기보다 약한 피해를 겪으면서 사실상 집단 면역에 도달했다. 2022년 2월 9일 스웨덴이 코로나19의 대유행 종식을 사실상 선언한 이후 여러 국가가 관련 규제를 완화하고 있다.

코로나19 대유행은 지구화가 전염병 대유행의 배경이 된다는 점을 보여주었다. 지구화 이전 인류는 바닷길·비단길·초원길을 통해 느슨하게 연결되어 있었다. 하지만 인류의 과학기술은 자연 장벽을 넘어서 원거리 상호작용을 대규모로 진행하기에는 부족했다. 19세기 인류가 화석 연료를 동력으로 사용하여 원거리 이동을 할 수 있게 됨에 따라, 본격적으로 지구화가 진행되었다. 지구화로 인류의 삶이 근본적으로 변했고 인류는 전염병 대유행을 겪게 되었다. 코로나19도 인류가 겪은 여러 전염병의 대유행 중 하나로, 19세기 이후 지구화의 맥락에서 이해되어야 한다.

이 글은 크게 세 부분으로 구성된다. 첫째, 지구화와 전염병의 관계를 정리한다. 본격적인 지구화 이전 전염병이 확산되는 양상과 지구화 이후 전염병이 확산되는 양상을 비교함으로써 지구화가 전염병 대유행의 조건임을 보인다. 구체적으로 인류가 경험한 최초 전염병 대유행 사례로 제1차 콜레라 대유행(1817~1823년)을 검토한다. 둘째, 인류가 이미 최소 800년 이상 코로나바이러스와 동거하는 현상을 검토한다. 현재 사람을 감염시키는 코로나바이러스는 1200년경에 최초로 등장했는데, 본격적인 지구화가 이미 진행된 상태에서 등장한 코로나바이러스만 대유행 또는 대유행의 초기 단계로 이어졌다. 즉 자연적 변이에 의해 위험이 등장해도 지구화와 결합될 때 대유행으로 이어질 수 있음을 보인다. 셋째, 코로나19 국면 이후 지구화가 재조정될 양상을 검토한다. 지구화와 전염병 대유행 간 관계가 정치적 쟁점으로 부상하면서 지구화의 양상이 일부 조정되는 양상이 보이고 있다.

전염병 대유행의 배경이 된 지구화

물리적 공간에 의해 떨어져 있는 인류의 삶에서 상호 의존성이 증가되는 현상으로 규정되는 지구화는 15세기 지리상의 발견으로 본격화되었다. 특히 19세기 후반부터 국경을 가로지르는 경제적 활동이 증가하면서, 지구화는 그 속도와 영향이 급격히 증가하였다. 이 절에서는 지구화가 전염병 대유행의 배경이 되는 이유를 설명하고, 사례로서 제1차 콜레라 대유행을 검토한다.

지구화와 인적 이동

지리상의 발견은 지구화의 분기점이었다. 항해 기술의 발달로 인류는 자연 장벽을 극복하고 원거리 이동을 할 수 있게 되었다. 고대 초원길·해로·찻길·비단길을 통해 이미 엉성하게 연결되었던 인류가 지리상의 발견으로 서로 촘촘하고 빠르게 영향을 주고받기 시작하였다. 산업혁명은 지구화를 더욱 촉진했다. 1820년대 증기선이 등장하면서 인간 집단 간 상호작용이 매우 빠르고 대규모로 진행되었다. 현생 인류의 역사에서 지리상의 발견 이후의 시간이 차지하는 비중이 매우 낮지만, 인류의 삶에는 획기적 변화가 생겼다.

19세기 이후 지구화는 크게 세 단계로 구분될 수 있다. 첫째 단계는 대략 1870년부터 1913년으로 영국 패권기와 관련된다. 이 시기 비국가 행위자에 의해 자본과 노동의 급격한 이동, 물류비 인하와 자유무역이 이루어져 인적·경제적 교류가 증가했다. 둘째 단계는 제2차 세계대전 직후부터 1970년대 초반으로 미국의 극성기와 겹친다. 2차 대전 승전국은 경제적 자유와 주권을 조화시키는 제도를 발전시켰고, 미국은 국제 경제 질서를 유지하는 부담을 지며 동시에 국제 경제 질서로 인한 이익을 누렸다. 이 시기 다양한 국제기구를 통한 다자적 문제 해결이 이루어졌다. 셋째 단계는 1980년대부터 코로나19 발현 이전까지다. 1980년대 미국과 영국에서 시작된 신자유주의는 비국가 행위자에 의해 지구화로 추동되었다. 자유무역의 확산, 초국경 행위자의 출현, 자본과 노동의 급격한 이동 등이이 시기에 진행되었는데, 이는 시장에 대한 국가 개입을 반대하는 신자유주의의 정치 이념과 결부되어 있다.

지구화의 세 번째 단계에서는 급속한 부의 증가와 초국경 활동의 증가가 동시에 일어났다. 이 시기 국내총생산과 교역의 증가가 동시에 일어났다(《그림 7-1》 참조). 냉전으로 인한 장벽이 무너진 후 자본

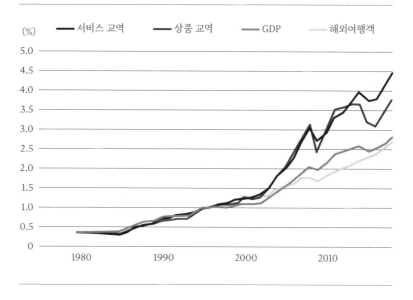

〈그림 7-1〉 세 번째 지구화 시기 변화(1995=1)[2]

서비스 교역　상품 교역　GDP　해외여행객

은 경제적 이윤을 극대화하기 위해 최적 생산 기지를 찾았다. 그 결과 세계 공급망 또는 가치 사슬로 불리는 경제 연결망이 확대되었고, 상품 교역과 서비스 교역이 급증했다. 이런 과정을 거쳐 국내총생산의 급증과 교역의 증가가 함께 진행되었다.

　대규모 인적 이동이 세 번째 단계의 지구화에서 일어났다. 부를 찾는 사람의 욕구는 초국경 이동으로 이어졌고, 부를 획득한 이후에는 국경을 넘어 휴양지를 찾았다. 과거에는 물리적 장벽으로 인해 이동할 수 없었던 사람들이 교통의 발전에 힘입어 국경을 쉽게 넘을 수 있게 되었다. 난민의 증가, 이주민의 증가, 여행객의 증가가 폭발적으로 이루어졌다. 인류에게 공간적 제약이 점차 약해졌다.

초국경 인적 이동과 전염병

비이러스·세균·인플루엔자의 유전적 변이는 시간당 무작위로 일어난다. 유전자의 변이는 한 종 안에서 유전적 다양성을 높이고, 변이 유전자는 다른 유전자와 서로 유전 정보를 교환한다. 변이와 재조합을 통해 유전자 풀 안에서 다양성이 증가하는 현상은 환경 변화에 따른 유전자의 생존 가능성을 높인다. 여러 유전자 중 변화된 환경에 적합한 유전자가 선택되면 일시적으로 유전자 풀 안에서 다양성이 줄어들지만, 변이 유전자가 다시 축적된다. 이런 과정을 반복함으로써 바이러스·세균·인플루엔자의 유전적 다양성이 유지된다.

전염원은 숙주와 두 측면에서 상호작용을 한다. 첫째, 전염원은 자체적으로 재생산에 필요한 에너지와 환경을 만들지 못하기 때문에 숙주에 기생해야 한다. 전염원이 숙주에게 과도한 피해를 주면 숙주가 물리적으로 사라지게 되어 재생산의 기회를 아예 잃어버릴 수 있다. 즉 숙주에게 과도한 피해를 주는 전염원은 장기적으로 생존할 수 없다. 반면 전염원이 숙주에게 큰 피해를 주지 않으면 재생산의 기회를 얻기 때문에 장기적 생존에 유리하다. 둘째, 전염원은 숙주와 함께 항원-항체 반응을 둘러싸고 끝없이 경쟁한다. 숙주는 전염원을 퇴치하기 위한 항체를 만드는 반면, 전염원은 숙주의 면역을 우회하는 유전자를 발전시킨다. 양측의 상호작용이 안정 상태에 이를 때까지 양측 유전자 풀 안에서 변이와 진화가 지속된다. 이상한 나라의 엘리스와 붉은 여왕이 벌이는 경쟁과 같은 현상이 일어

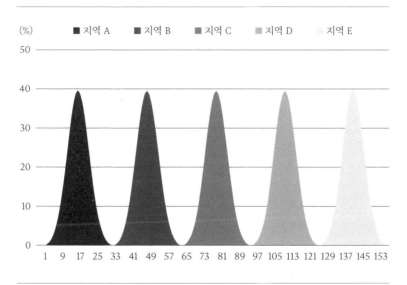

〈그림 7-2〉 지구화 이전 전염병의 지역 간 확산[3]

난다. 이 과정에서 전염원의 치명률이 자연적으로 약화되는 현상이 장기적으로 일어난다.

지구화가 이루어지기 전, 어느 한 지역에서 변이로 새로운 전염원이 등장하면, 그 지역 안에 살던 사람과 전염병 간 상호작용이 전개되었다(〈그림 7-2〉 참조). 해당 지역에서 사람이 자연 감염된 후 면역 습득 또는 사망을 하면서 그 지역에 있던 공동체가 집단 면역에 도달했다. 이 현상이 수 세대에 걸쳐 반복적으로 일어나면, 해당 지역 내 유전자 풀에서 전염병에 강한 유전자의 비중이 증가했다. 이 과정 중 전염원의 유전자 풀에서도 치명률이 약한 변이의 비중이 점차 증가했다. 양측의 상호작용으로 전염병과 사람 간 균형 상태에 도달했다. 이후 약화된 전염병이 원거리 이동을 하는 사람을 통해 다른 지역으로 퍼지면, 앞선 지역에서보다 약화된 피해가 나타났다. 즉 지구화 이전에는 전염병이 오랜 시간에 걸쳐 완만하고 순차적으로 주변 지역으로 확산되었다.

반면 지구화가 이루어진 후, 전염병과 인류 간 상호작용의 양상이 바뀌었다. 한 장소에 전염병이 노출된 여러 사람이 여러 장소로 동시에 이동하면서, 세계 곳곳에서 전염병이 동시에 진행되는 상황이 만들어졌다. 2003년 2월 21일 홍콩 메트로폴 호텔에 투숙했던 사스 환자로부터 감염된 7명의 투숙객이 항공기로 싱가포르·베트남·캐나다·대만으로 이동하여 다른 지역에서 감염을 일으킨 사건

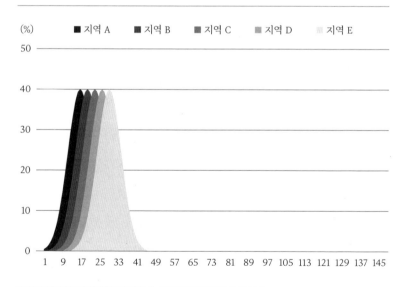

〈그림 7-3〉 지구화 이후 전염병의 지역 간 확산

에서 보이듯이, 지구화가 전염병과 결합되면 지리적 경계가 무의미해진다. 전염병 대유행과 지구화는 전염원이 자연적으로 약화되는 과정에도 영향을 미친다. 변이가 여러 곳에서 동시에 진행될 수 있기에, 특정 균주에 노출된 공동체가 집단 면역에 도달한 이후에도 새로운 변이로 인한 전염병을 경험할 수도 있다.

제1차 콜레라 대유행 사례

제1차 콜레라 대유행은 지구화와 전염병 간 관계를 잘 보여준다. 콜레라는 갠지스강 하류 지역의 풍토병이었는데, 1817년 8월 갠지스강 델타 지역에 있는 제소르(Jessore)에서 강력한 변이 콜레라가 발생했다고 추정된다(Devault et al., 2016: 337-339).[4] 제소르에서 콜레라가 발생한 후 염료 산업에 종사했던 이주 노동자가 인근 지역으로 흩어지면서 갠지스강 유역 여러 도시로 콜레라가 퍼졌다. 당시 제소르에서는 인디고를 재배하여 염료로 바꾸는 공장제 수공업이 성장했고, 많은 이주 노동자가 염료 산업에 종사했다. 이들이 콜레라에 집중적으로 감염되어 피해를 경험했고, 아직 감염되지 않은 이주 노동자가 제소르를 떠나면서 콜레라가 확산되었다(Harrison, 2020: 510-511). 1817년 9월 갠지스강 유역 도시와 마을에서 콜레라가 집단 발생했다.

갠지스강 유역 도시와 마을로 확산된 콜레라는 두 사건을 계기로 여러 지역으로 확산되었다. 첫째, 1817~1819년 제3차 영국-마라타 전쟁(Third Anglo-Maratha War)이 콜레라를 확산시켰다.

1814~1817년 핀다리(Pindari) 유목 집단이 봉기하여 마라타 제국을 약탈하기 시작했다. 1816~1817년에는 세 집단으로 나뉘어 동쪽으로 원정을 떠나 동인도회사의 보호를 받던 하이데라바드(Hyderabad)와 동인도회사가 통제하던 간잠(Ganjam)까지 약탈했다. 동인도회사는 데칸고원에 주둔하던 7만 400명, 동인도회사령 뱅골군 4만 명, 비전투 종군병 3만 명을 동원해 핀다리 유목 집단과 전쟁을 벌였다(Burton, 1910: 11-12). 1817년 9월 13일 동인도회사군이 갠지스강 상류에 있는 칸푸르(Kanpur)에 집결했는데, 콜레라가 이미 갠지스강 주변 도시에 확산된 상태였다. 동인도회사군과 비전투 종군병이 갠지스강 유역 주민과 상호작용을 하던 중 콜레라에 걸렸고, 핀다리 반란군을 찾아 교전을 벌이는 중 콜레라를 다른 지역으로 확산시켰다.

둘째, 인도의 힌두교 순례 의식인 쿰브멜라(Kumbh Mela)와 콜레라 확산이 연관된다. 불사의 영약을 담은 항아리로부터 영약 방물이 떨어졌다고 믿는 인도의 4개 도시(우타르프라데쉬(Uttar Pradesh)주 알라하바드(Allahabad), 아타라칸드(Uttarakhand)주 하리드와르(Haridwar), 마디야프라데쉬(Madhya Pradesh)주 우자인(Ujjain), 마하라슈트라(Maharashtra)주 나시크(Nashik)) 강가에서 대규모로 입례 의식과 축제가 진행되는데, 1820년 하리드와르에서 쿰브멜라가 진행되었다. 당시 갠지스 유역의 도시에서 콜레라가 창궐했었는데, 힌두교 순례객이 귀향하면서 콜레라를 인도 전역으로 확산시켰다. 또한 매년 정월에 진행되는 입욕 의식도 콜레라 확산으로 이어졌다.

인도의 여러 지역으로 산발적으로 확산된 콜레라는 전통적인 콜레라 대처법으로 인근 지역으로 확산되었다. 인도 마을에서는 젊은 여성 또는 동물을 콜레라 역신(疫神)의 대역으로 삼아 접대 후 마을을 떠나게 함으로써 전염병이 마을을 떠나는 의식을 진행했는데, 역신을 몰아내는 의례에 마을 사람이 참여함으로써 마을 안에서 콜레라가 퍼졌고, 역신의 대역으로 마을에서 쫓겨난 사람이 다른 마을로 콜레라를 옮겼다. 의례 중 사용되었던 음식을 옆 마을과 나누는 풍습 또한 콜레라의 확산으로 이어졌다(Arnold, 1986: 129-134).

인도양 주변 해상 교역로는 콜레라가 인도를 넘어 아프리카, 동아시아, 중동, 코카서스 지방까지 확산된 경로와 중첩된다. 1820년대 영국 동인도회사는 아프리카 동안에서 극동 사이에 최소 174개 항구 또는 지역에 거점을 마련했는데, 각 거점이 중국에서 영국으로 이어지는 해상 교역망으로 연결되었다. 이 가운데 최소 75개 거점이 인도, 파키스탄, 스리랑카, 방글라데시에 퍼져 있었다. 포르투갈의 해상 교역망도 5개 인도 거점을 포함하고 있었다.

1820년 3월 태국에서 콜레라가 집단 발생했고, 내륙으로 확산되었다. 태국에서 콜레라 발병은 포르투갈의 해상 교역망과 연관되어 있다고 추정된다. 1818년부터 포르투갈과 태국의 교역이 재개되었고, 방콕 근처에 포르투갈의 거점이 마련되었다. 포르투갈과 태국 간 교역이 인도 거점을 경유했기에, 인도 콜레라가 포르투갈 교역선을 매개로 확산되었을 개연성이 높다. 1820년 5월에는 마닐라에서 콜레라가 집단 발생했고, 내륙으로 확산되었다. 1821년 봄 인도네시아 자바, 중국 푸젠성에서 콜레라가 발생했다. 콜레라는 중국 해안을 따라 동북 방면으로 북상하여 1821년 8월 평양, 9월 한양에 도달했다. 1822년 여름에는 일본 규슈까지 확산되어 다음 해까지 기승을 부렸다. 영국 동인도회사의 거점에서 먼저 콜레라가 발생한 후, 인근 지역으로 추가 전파되는 규칙성이 보였다.

1821년에는 콜레라가 서진하는 현상이 나타났다. 1821년 오만에서 콜레라가 집단 발병했는데, 오만이 영국 동인도회사의 교역망에 포함되어 있었고, 제3차 영국-마라타 전쟁에 참여했던 병사의 귀국로에 들어 있었다. 해상 교역로 또는 귀국 군인을 통해 오만으로 유입되었다고 추정된다. 1822년에는 페르시아만 해변 도시와 바그다드에서 콜레라가 발생했고, 내륙으로 확산되었다. 페르시아만을 경유한 콜레라는 코카서스 지방으로까지 확산되었다. 1823년에는 인도양 서편에 있는 잔지바르와 모리셔스에서도 콜레라가 발생했다. 예멘을 중심으로 하는 해상 교역망을 경유하거나, 영국 동인도회사의 교역망을 통해 콜레라가 아프리카 동안으로 확산되었다.

1823년 세계의 기온이 급감하면서 콜레라 대유행이 진정 국면으로 접어들었다. 1823년 영국에서 관측된 여름 기온이 1659년 이래 가장 낮을 정도로 급격한 기후 변화를 겪었다. 이런 변화는 1824년 초봄까지 이어졌다. 1823~1824년에 걸친 세계적인 기온 저하는 콜레라의 활동성을 저하시켰다. 또한 이미 콜레라를 겪은 공동체 안에서는 항체를 가진 사람이 증가했다. 이런 이유로 1824년을 기점으로 1차 콜레라 대유행이 종결되었다.

―――― 800년 전부터 인류와 동거해온 코로나바이러스

'코로나바이러스는' Coronaviridae과(科)에 포함되는 모든 바이러스를 포함하는데, 외피 밖으로 돌기가 솟아 마치 왕관 또는 이글거리는 태양과 비슷하게 보여 '코로나'라는 이름을 가지게 되었다. 3억 2500만 년 전 Coronaviridae과는 알파·베타·델타·감마 코로나바이러스 속(屬)으로 분화되었다(Wertheim et al., 2013: 7039). 현재까지 사람에게 감염되는 코로나바이러스가 총 7종 보고되었다. 코로나19는 베타 코로나바이러스속, Coronaviridae과, SARS-CoV-2종으로 분류된다. 이 절에서는 인류가 이미 800년 동안 코로나바이러스와 불편한 동거를 하고 있는 현상을 기술하고, 지구화가 코로나바이러스 대유행과 관련됨을 보인다.

800년 전부터 함께한 코로나바이러스

현재까지 확인된 코로나바이러스 중 사람에게 감염되는 코로나바이러스는 총 7종이다. 인류에게 발견된 순서로 정리하면, HCoV-229E(1966), HCoV-OC43(1967), 사스바이러스(SARS-CoV, 2003), HCoV-NL63(2004), HCoV-HKU1(2005), 메르스바이러스(MERS-CoV, 2012), 그리고 코로나19(SARS-CoV-2, 2019)이다. 1966년 항생제로 치료되지 않는 폐렴을 조사하는 과정에서 HCoV-229E가 최초 분리되었다. 비슷한 시기 감기를 일으키는 원인을 찾는 과정에서 1967년 HCoV-OC43이 분리되었다. HCoV-OC43과 HCoV-229E가 겨울과 초봄 주로 감기로 발현되는데, 전체 감기 사례의 10~30퍼센트를 차지한다. 이처럼 인류를 감염시키는 코로나바이러스가 1960년대 확인되었지만, 치명률이 상대적으로 낮았고 항바이러스 약을 만들기 어려웠기 때문에 인류는 코로나바이러스에 대한 관심을 크게 가지지 않았다.

2003년 사스바이러스가 확인되면서 인류는 코로나바이러스에 반짝 관심을 가졌다. 기존 호흡기 질환보다 악화 속도가 빨라 '중증급성호흡기증상(severe acute respiratory syndrome, SARS)'으로 명명된 이 질병을 치료하기 위한 약이 없다. 의료진이 인공호흡기를 통해 생명을 유지하고 합병증을 막아 시간을 벌면, 환자가 자신의 항원-항체 반응으로 이를 이겨내는 수밖에 없었다. 2003년 7월 31일 기준 총 8096명이 감염되고, 이 중 9.6퍼센트가 사망하였다(WHO, 2004). 2003년 사스바이러스의 확산으로 인해 코로나바이러스에 대한 의식 제고와 연구가 진행되면서 2004년 HCoV-NL63, 2005년 HCoV-HKU1이 추가적으로 확인되었다.

2004년 이후 코로나바이러스에 대한 관심이 사라졌다. 먼저 사스바이러스의 감염력이 급속히 약화되고 2005년 이후 사라졌기 때문이다. 2012년 중동 지역에서 '중증급성호흡기증상'을 일으키는 메르스바이러스도 세계적 관심을 불러일으키지는 못했다. 2012년 6월 사우디아라비아 제다에서 첫 환자가 확인된 이래 2020년 1월 말 기준 총 2519명이 확진되었고 이 중 866명이 사망했지만, 이 가운데 사우디아라비아의 확진 비중이 84퍼센트일 정도로 국지적이기 때문이다. 이 바이러스의 치명률이 40퍼센트에 근접할 정도로 높지만 전염력이 낮다. 사우디아라비아를 제외하고 25개국에서도 확진 사례가 보고되고 2019년 12월 17건 확진 사례가 보고될 정도로 진행형이지만, 큰 위험은 아니다.

코로나바이러스의 존재가 1966년 처음으로 보고되었지만, 유전자 검사 기법에 따르면 코로나바이러스는 최소 800년 동안 인류와 공존했다고 추정된다. 돌연변이가 무작위로 일어난다는 전제 아래서 유전자의 염기서열을 비교 분석하면, 공통 유전자로부터 분화된 정도와 분화된 시점을 역추산할 수 있다. 이 기법에 따라 사람과 동물을 감염시키는 코로나바이러스의 염기서열을 비교 분석한 결과, 박쥐에 기생하던 코로나바이러스 공통 균주로부터 HCoV-NL63은 1200년경, HCoV-229E는 1800년경, HCoV-OC43은 19세기 말, HCoV-HKU1은 1950년대, 사스바이러스는 2006년을 기점으로 4~17년 전, 메르스바이러스는 2006년경 분화되었다고 추산된다(Ye et al., 2020: 1689-1692).

박쥐에 기생하는 코로나바이러스 공통 균주, 일부 동물에 기생하는 코로나바이러스 균주 등을 비교 분석하면, HCoV-OC43은 소, 사스바이러스는 사향고양이, 메르스바이러스는 낙타를 통해 사람에게 감염되었다. HCoV-229E는 라마를 통해 사람에게 왔다고 추정된다. HCoV-NL63과 HCoV-HKU1의 중간 매개체는 아직 확인되지 않았다. 코로나바이러스 6종이 중간 매개체에서 어느 정도 머물렀는지는 알 수 없다. 사스바이러스가 출현한 후 사람을 감염시키는 데 걸린 시간이 3~16년, 메르스바이러스가 등장한 후 사람을 감염시키는 데 6년 정도 걸렸다고 추산될 뿐이다.

종합하면, 코로나바이러스는 인류와 함께 최소 800년 공존했다. 정확한 기록이 없어 확인할 수 없지만, 지구화가 심화되기 전에 인류에 들어온 코로나바이러스는 천천히 전파되었다고 추정된다. 인류에게 호흡기 질환을 빈번하게 일으키는 HCoV-229E와 계절성 감기를 일으키는 HCoV-NL63은 오랫동안 인류와 공존하고 있다. 반면 지구화가 심화된 이후 인류에 들어온 코로나바이러스는 매우 빠르게 전파되었기에 인류에게 큰 충격을 주었다. HCoV-OC43은 1889~1890년 '러시아독감' 대유행의 원인으로 추정되고, 2003~2004년 사스바이러스(SARS-CoV)는 동아시아를 강타했고, 2012년 메르스바이러스(MERS-CoV)는 지금도 우려를 일으킨다. 2019년 등장한 코로나19(SARS-CoV-2)는 대유행으로 이어졌다.

러시아독감 사례

1889~1890년 유럽과 북미에서 최소 100만 명의 목숨을 앗아간 '러시아독감(Russian flu)'이 진행되었는데, 이 질병의 발생 원인에 대해 두 주장이 경쟁한다. 통설은 1918~1919년 '스페인독감'의 전조 현상으로 A형 인플루엔자의 한 균주에 의해 발생했다고 추정한다. 1990년대 이전까지는 A형 인플루엔자 중 H2 균주가 러시아독감을 일으켰다고 널리 알려졌는데, 1990년대 후반 이후 여러 연령대 표본의 혈청에 남아 있는 항체의 비율을 확인하는 기법으로 A형 인플루

엔자 H3 균주가 원인이라는 추정이 제기되었다.

반면 새로운 주장에 따르면 HCoV-OC43이 러시아독감을 일으켰다. 러시아독감에 걸린 환자가 중추신경 장애를 겪는 비율이 높았는데, HCoV-OC43이 중추신경계에 감염될 경우 중추신경 장애로 이어질 가능성이 크다. 이는 인플루엔자 감염과 무관하다. 또한 러시아독감의 발현 시기와 HCoV-OC43의 분화 시기가 겹친다. HCoV-OC43가 박쥐를 감염시키는 BCoV로부터 1880년대에 분화되었을 것이라고 추정되는데, 비슷한 시기 러시아독감이 대유행했다. 만약 러시아독감이 HCoV- OC43에 의해 일어났다면, 인류는 이미 코로나 대유행을 겪었다고 말할 수 있다.

러시아독감은 1889년 5월 러시아(현 우즈베키스탄) 부하라 지역에서 처음으로 집단 발병했다. 러시아독감의 초기 전파 경로는 분명하지 않지만, 카스피 횡단 철도(Trans-Caspian Railway)와 볼가강 수로로 추정된다. 그해 늦가을부터 카스피해에서 볼가강으로 이어진 수로의 남쪽에 있는 도시부터 북쪽으로 올라가면서 집단 발병이 보고되었는데, 카스피 횡단 철도의 서쪽 종점이 카스피해의 동쪽에 있는 크라스노버스크(Krasnovodsk)에 도착한 러시아독감이 볼가강 수로를 따라 천천히 퍼졌다고 추정된다. 1889년 12월 1일 상트페테르부르크(St. Petersburg)에서는 사망자 숫자가 최고점을 찍었다.

상트페테르부르크에 도착한 러시아독감은 유럽 철도를 따라 서진했다. 1848년 빈과 바르샤바를 연결하는 철도가 개통되고, 1862년 상트페테르부르크와 바르샤바를 연결하는 철도가 개통되면서, 사람은 물론 병원균도 러시아 내부로부터 유럽으로 이동할 수 있었다. 유럽에서는 1주당 평균 394킬로미터 서진했다. 서유럽의 끝에 도착한 러시아독감은 증기선을 통행 미주로 건너갔다. 미국 동부 도시에서는 1890년 1월 12일 사망자가 정점에 도달했는데, 영국 주요 도시와 6일 시간 차를 보인다. 6일 시간 차는 당시 증기기관선 '파리시'호(SS City of Paris)가 영국 퀸스타운에서 미국 샌디훅(Sandy Hook)까지 대서양을 건너는 데 소요된 시간(5일 19시간)과 거의 겹친다. 미국 동부에 도착한 러시아 독감은 철도를 따라 1주당 평균 1015킬로미터 속도로 서진했다(Valleron et al., 2010: 8778).

1890년 2월 아시아에서도 러시아독감이 관측되었다. 인도에서는 1890년 2월, 인도네시아·싱가포르에서는 1890년 3월, 일본에서는 4월, 중국에서는 5월 러시아독감이 보고되었다. 『조선왕조실록』은 1890년 8월 민간에 퍼진 '괴질'을 세 차례 언급하는데, 이 질병이 러시아독감으로 추정된다. 조선으로 러시아독감이 유입된 경로가 분명하지 않지만, 개항했던 조선도 러시아독감의 확산을 비켜 갈 수 없었다.

러시아독감은 다른 전염병과 비슷한 경로를 보이면서 퇴장했다. 먼저, 러시아독감의 초기 재생산 지수가 2.1로 추산되어 대유행을 유발할 수 있는 전염력을 가진 듯 보였지만, 전염이 최대 고점에 이른 후 매우 급속하게 사라졌다. 지리적 거리와 사람 간 상호작용의 강도가 다르기 때문에 지역별 차이가 있었지만, 퇴조 경로는 모두 비슷했다. 즉 감염 후 회복된 사람의 비중이 집단 면역에 필요한 수준에 도달하면서 질병이 퇴조했다고 추정된다. 러시아독감이 유행할 때 일부 선진국은 '사회적 거리 두기'에 해당하는 조치를 통해 질병의 확산을 막으려 했지만, 결국 집단 면역이 대유행의 종식으로 이어졌다.

코로나19 사례

코로나19는 염기서열 분석 결과 2003~2004년 동아시아 지역에서 창궐했던 사스바이러스보다는 박쥐와 천산갑을 감염시키는 박쥐코로나바이러스(Bat-CoV-RaTG13)에 가장 근접하다는 점이 확인되었다. 즉 2003~2004년 동아시아를 강타했던 사스바이러스가 돌연변이를 일으켜 코로나19로 진화했다기보다는, 박쥐코로나바이러스가 돌연변이를 거쳐 현재 코로나19로 진화했다고 추정된다. 코로나19가 베타속(屬)에 포함되기에 사람은 물론 다른 포유류로 전파될 수 있다. 현재까지 코로나19에 감염된 사람으로부터 개·고양이·호랑이·밍크·사슴·족제비가 감염된 사례가 보고되었고, 밍크의 경우 사람→밍크→사람으로 감염이 이루어졌다고 추정되는 사례가 있다.

코로나19의 확산 과정에서 항공기가 장거리 전파 경로로 드러났다. 박쥐코로나바이러스가 돌연변이를 일으켜 코로나19가 되어 사람을 감염시킨 후, 첫 감염자 주변에 있던 사람이 감염되어 지역사회에서 집단 감염이 되었다. 이 과정에서 코로나19에 노출된 사람이 항공기 또는 선박으로 다른 지역으로 이동하면서, 코로나19가 원거리로 이동했다. 원거리를 이동한 코로나19 확진자는 다른 지역에서

〈그림 7-4〉 중국발 여객기 수와 100번째 확진자 등장까지 소요 일수[5]

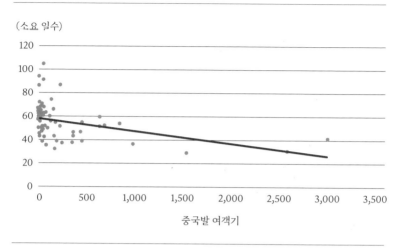

(소요 일수)

중국발 여객기

집단 감염의 출발점이 되었다. 이 과정이 연쇄적으로 일어나면서, 짧은 시차를 두고 세계 곳곳에서 코로나19가 발생하게 되었다. 코로나19의 대유행 중 돌연변이가 동시다발적으로 진행되고, 그중 우세종이 등장해 다른 지역으로 확산되고 있다.

〈그림 7-4〉는 항공기가 코로나19 확산의 주요 경로임을 보여준다. 2019년 11월 17일 첫 코로나19 확진자의 등장부터 2020년 1월 23일 우한발 항공기 이륙의 금지까지 중국에서 외국으로 향한 여객기의 수와 100번째 확진자가 등장하기까지 소요 시간(중국에서 100번째 확진자가 나온 2020년 1월 22일이 기점)이 연관되어 있다(Pearson 상관계수 = -0.370). 해당 기간 중국으로부터 2988대 여객기를 수용한 미국 사례를 이례값으로 제거하면, 항공기와 코로나19의 유입 시간 간

〈그림 7-5〉 지구화 지표와 100번째 확진자 등장까지 소요 일수[6]

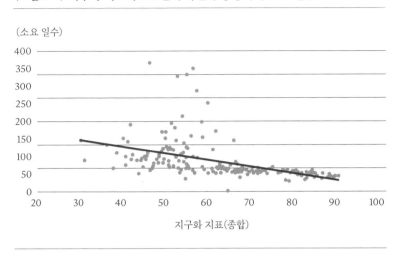

(소요 일수)

지구화 지표(종합)

관계는 더욱 선명하다. 중국 우한에서 코로나19의 집단 발병 후 코로나19에 노출된 사람이 항공기로 코로나19를 멀리 떨어진 지역으로 확산시켰다고 추정할 수 있다.

〈그림 7-5〉는 국가별 지구화의 정도가 전염병 유입과 밀접하게 연관되어 있음을 보여준다. 스위스경제연구소(Swiss Economic Institute, KOF)가 측정한 국가별 지구화 지수(KOF Globalisation Index)가 X축에 있고, Y축은 100번째 코로나19 확진 환자가 등장하기까지 걸린 시간(중국에서 100번째 확진자가 나온 2020년 1월 22일이 기점)을 나타낸다. 〈그림 7-5〉는 지구화 지수가 높을수록 100번째 확신 환자가 등장하는 시간이 짧아지고 있음을 명확히 보여준다. 앤티가바부다(252일), 도미니카(350일), 그레나다(331일), 리히텐슈타인(214일), 세인트빈센트그

레나딘(328일), 세인트루시아(286일), 동티모르(367일) 등 이례값들이 있음에도 불구하고, 두 변수 간 관계는 명확하게 드러난다. 양자 간 상관계수가 −0.464이고, 만약 이례값 6개를 제외하면 양자 간 상관계수가 −0.603까지 높아진다. 지구화와 연관된 전염병 확산 위험이 코로나19 전파에서 확인된다.

─────────── 팬데믹 이후, 분화된 세계의 미래

코로나19의 대유행은 지구화와 전염병 대유행 간 위험을 드러냈다. 코로나19 대유행 국면에서 각국이 국경 봉쇄를 진행하면서, 지구화가 되돌이킬 수 있는 현상이라는 점도 드러났다. 코로나19 대유행의 종식을 눈앞에 두고 '일상으로의 복귀'가 화두이지만, 인류가 직면할 일상은 코로나19 이전과 다를 수 있다. 과연 코로나19는 지구화를 어떻게 변화시킬까?

코로나19 이후 지구화의 향방

코로나19는 지구화의 약점을 두 측면에서 드러냈다. 첫째, 국경을 가로지르는 상호작용이 정치적 요인에 의해 심각하게 규제되어, 세계 가치 사슬의 위험이 드러났다. 가치 사슬이 경제적 이윤 창출로 이어지기 위해서는 정치적 마찰이 작아야 한다. 즉 경제적 이윤을 따라 상품·서비스·사람의 이동이 정치적 요인에 의해 통제되지 않아야 한다. 하지만 코로나19 대유행이 시작되면서, 각국은 경쟁적으로 자국 내 의료품의 수출을 금지하여 국내적 수요에 부응하는 조치를 취했다. 그 결과 제조업을 가진 국가는 상대적으로 재빠르게 코로나19의 위기에 대처할 수 있었지만, 연구개발·고부가가치 서비스·관광 등에 집중하던 국가는 심각한 피해를 겪었다.

미국을 포함한 선진국에서 2020년 상반기 코로나19의 검진이 늦어진 이유가 면봉의 부족이라는 희극적 사실이 가치 사슬의 한계를 대표적으로 보여준다. 검체를 추출하려면 면봉이 필요한데, 면봉 생산이 단순노동을 집약적으로 요구한다. 선진국에서는 노동력이 비싸기 때문에 평소 자국에 필요한 면봉의 일부만 생산하고 대부분 외국으로부터 수입했다. 미국의 경우 미국 메인주에 있는 퓨리턴 메디컬 프로덕츠(Puritan Medical Products)와 이탈리아에 있는 코판 다이에그노스틱스(Copan Diagnostics)로부터 면봉을 조달했는데, 이탈리아로부터 면봉 수입이 끊어지자 검체를 추출하는 데 필요한 면봉이 부족해 검진을 할 수 없게 되었다(Pfeiffer, 2020). 반면 검체 추출용 면봉을 생산하던 국가는 면봉을 국내용으로 확보했고, 일반 면봉을 생산하던 국가는 검체 추출용 면봉을 생산하면서 자국 내 수요를 충족했다.

둘째, 국경을 가로지르는 인적 교류가 전염병의 확산 속도와 정도를 악화시킨다. 지구화 이전 전염병이 국지적으로 제한된 이유는 인적 교류가 지리적 한계를 극복하지 못했기 때문이다. 반면 19세기 해운 발달과 콜레라의 전파, 철도와 러시아독감의 확산에서 보이듯이, 사람이 국경을 가로지르면서 전염병 또한 국경을 가로지르게 되었다. 항공 운송을 통한 인적 교류는 전염병이 대륙 간 지리적 장벽을 몇 시간 만에 넘을 수 있게 만들었다. 코로나19가 창궐하자 각국은 경제적으로 여행 금지와 봉쇄를 선택하였다. 코로나19 국면은 인적 교류의 부정적 측면을 드러냈다.

코로나19 이후가 어떤 궤적을 통해 이루어질지 아직 명확하지 않지만, 지구화의 퇴조로 이어질 것임에는 이론의 여지가 없다. 세계적 가치 사슬이 약화되어 '경제적 분립(decoupling)' 현상이 나타날 수밖에 없다. 특히 소비로 얻어지는 효용이 적지만 공급되지 않을 경우 심각한 효용 상실을 초래하는 '가치재(merit good)'는 경제 논리가 아니라 정치 논리에 의해 국내 생산으로 돌아설 가능성이 크다. 또한 인적 교류에 대한 통제도 일정 정도 유지될 개연성이 높다. 현재처럼 격리 기간을 강제하지는 않겠지만, 인적 교류가 전염병의 확산으로 이어지는 연결 고리를 차단하기 위한 노력이 국가 차원에서 진행될 수밖에 없다. 코로나19 이후 지구화를 추동하는 동력이 상대적으로 약화되는 반면, 자립 경제를 지향하는 동력은 상대적으로 증가할 것으로 예상된다.

공동체의 공익을 이유로 국가는 지구화의 방향을 돌리려고 하는 반면, 시장은 경제적 이윤 추구에 유리한 지구적 가치 사슬을 유지하려 할 것이다. 또한 개인은 자유로운 이동을 선호한다. 코로나19 이후 방향을 두고 세 주체가 상이한 선호를 가지기에 치열한 경쟁이 벌어지리라 예상할 수 있다. 코로나19 과정에서 상대적으로 역할이 증대된 국가가 전반적으로 우세를 점하게 될 것으로 보인다.

벌어지는 미·중 간극

코로나19 이전 이미 미국 중심의 가치 사슬과 중국 중심의 가치 사슬이 분화되는 양상이 전개되고 있었다. 중국의 내수 산업이 성장하면서, 미국 시장이 중국의 수출에서 차지하는 비중이 점차 줄고 있었다. 또한 미국의 경우 트럼프 행정부의 등장 이전부터 산업을 미국으로 불러들이는 정책이 오랫동안 진행되었다. 트럼프 행정부는 이런 추세를 심화시켰다. 이러한 미국의 정책으로 인해 양국 간 상호 의존이 점차 줄어들고 있었다. 반면 두 경제 대국을 구심점으로 하는 경제 연결망의 강도가 증가하고 있었다. 중국은 동남아시아 국가를 포함하는 중국 중심의 경제 연결망을 발전시켰고, 미국은 미국 중심의 경제 연결망을 발전시켰다.

코로나19 이후 미국 중심의 가치 사슬과 중국 중심의 가치 사슬 간 간극이 더 벌어질 개연성이 있다. 예를 들어 미국계 제약 회사가 연구개발·마케팅 등 핵심 영역을 미국에서 진행하지만 실제 생산을 중국에서 진행하던 과거 방식이 한 국가 안에서 완결한 주기(연구개발→생산→마케팅→소비)로 바뀌는 경향이 나타나고 있다. 이런 추세는 의약품 분야에 국한되지 않고 다른 산업계로 확산되고 있다. 바이든 행정부는 미국 중심의 공급망을 만들겠다고 공약했고, 취임 후 미국 안에서 중요 산업이 가동시키는 정책안을 제시했다(The White House, 2021: 74-80, 134-147, 194-203, 240-249).

미·중 간 상호 의존이 점차 줄어들면, 경제적 상호 의존으로 인한 양국의 자제 기제가 점차 약화될 수밖에 없다. 이는 양국 간 이해 갈등이 상대적으로 증폭될 가능성을 높인다. 전쟁으로 인한 피해가 워낙 크기 때문에 이런 변화가 극단적 갈등으로 비화하지는 않겠지만, 양국 간 갈등이 악화될 위험이 커진다. 실제 미국과 중국은 해양 쟁점, 사이버 안보, 인권 쟁점을 둘러싸고 유례없는 공방을 벌이고 있다. 미국 산업계가 미·중 경제 경쟁으로 인한 피해를 줄이기 위해 타협을 촉구하지만, 양국 간 관계가 쉽게 복원되기 어려워 보인다.

경제적 분화보다 더 심각한 위험은 정치적 분화이다. 코로나19 이전 미국식 민주주의와 중국식 권위주의가 경쟁했다. 미국이 사회적 일탈 행위를 상대적으로 높게 수용하는 문화를 대표했다면, 중국은 사회적 일탈을 용인하지 않고 통제하는 문화를 대표했다. 양국 간 경쟁이 과거 냉전과 같이 극심하지 않았지만, 양국 간 체제 경쟁이 낮은 수준에서 이미 이루어지고 있다가 코로나19를 대처하는 과정에서 양국 간 차이가 더 선명해지고, 체제 경쟁의 성격이 강화되었다. 중국은 봉쇄를 포함한 통제와 감시를 통해 코로나19의 확산을 차단하였다. 중국에서 재확산의 위험을 배제할 수 없지만, 중국식 통제는 현재까지 성공적이다. 반면 미국도 외형적으로는 봉쇄와 같은 방식으로 코로나19를 대처했지만 질병 예방에서 개인의 역할을 강조하는 기조를 유지했다. 코로나19는 양국 간 정치 체제의 차이를 드러냈다.

지구화는 전염병의 대유행이 가능한 환경을 조성했다. 지구화 이전에는 지역 차원의 전염병이 느리게 순차적으로 퍼지는 동안 사람과 전염원의 상호작용으로 치명률이 약한 변이가 우세종이 되는 현상이 나타났다. 인류는 순차적으로 전염병 확산을 겪으면서 약화된 변이와 공존하게 되었다. 반면 지구화 이후에는 전염병이 출현하면, 사람의 초국경 활동으로 인해 감염이 지역 사이에 시차를 두지 않고 진행된다. 인류가 겪은 최초 전염병 대유행인 콜레라 사례는 영국 동인도회사가 구축한 연결망으로 인해 세계 곳곳에서 전염병이 진행되는 환경을 마련했음을 보여준다. 즉 지구화가 전염병을 일으키는 자연 변이를 촉발한 직접적 원인은 아니지만, 전염병을 일으키는 원인이 인류에게도 들어오면 대유행으로 이어질 위험을 높였다.

코로나19가 현존 인류에게는 새로운 현상이지만, 인류사의 관점에서 보면 전염병의 대유행 사례 중 하나일 뿐이다. 지구화 이전 인류는 느리게 확산된 여러 전염병을 겪었다. 지구화 이후 이미 수차례 대유행을 경험했다. 20세기까지 이미 4종의 코로나바이러스가 인간계로 들어왔지만, 인류는 이를 인지하지 못했다. 인류의 과학기술이 발달하지 못했기 때문에, 코로나바이러스가 인간계로 들어올 때 일으키는 충격을 인지하지 못했고 상세하게 기록으로 남기지 않았을 개연성이 높다. 특히 인류가 겪은 두 번째 대유행인 '러시아독감'이 HCoV-OC43과 관련되어 있다는 증거를 고려하면, 현재 코로나19 국면이 그리 새롭지 않을 수 있다. 코로나19가 인간계에 들어와 단기적으로 충격을 주었지만 치명성이 약화되는 과정을 거쳐 현재 인류와 함께 공존할 개연성이 높다.

코로나19는 지구화를 일정 정도 되돌릴 개연성이 크다. 초국경 교역, 특히 서비스 교역이 줄어들고, 초국경 인적 이동이 통제된다. 지구화에 미치는 충격의 정도는 코로나19의 궤적에 따라 달라진다. 코로나19 국면이 진행 중이기 때문에 코로나19의 궤적을 예측하기 어렵지만, 세계 분업망의 약화, 인적 이동의 통제가 불가피하다. 과거 영국 패권의 쇠퇴가 지구화의 퇴조로 이어졌듯이 미국의 퇴조가 지구화의 퇴조로 이어지는 국면에서 코로나19가 이를 가속하였다.

미·중 관계가 나빠질 위험성이 커졌다. 코로나19와 관련된 책임 논쟁을 벌이는 양국은 체제 경쟁 문턱까지 왔다. 특히 양국 정부가 모두 민족주의적 색채를 가지고 있기에 양국 간 갈등이 국내 정치에 의해 증폭될 우려가 있다. 인권·무역·홍콩 자치·금융 등에서의 경쟁이 코로나19로 더욱 복잡해졌다. 양국 관계가 아직 본격적 대결 국면으로 접어들지 않았고 양국 갈등이 양국에 모두 손해를 끼치기 때문에 양국 관계의 미래를 예단하기 어렵지만, 양국 간 갈등의 위험성이 높아졌다.

코로나19와 함께 살아가는 인류의 모습은 인류에 의해 결정될 것이다. 구조적 측면에서 보면 코로나19는 지구화의 퇴조와 연결되지만, 지구화의 퇴조가 결정된다고 할 수는 없다. 인류가 그동안 수많은 물리적·사회적 장벽을 넘어 현재 지구화에 도달했듯이, 인류가 코로나19로 인한 장벽도 극복할 수도 있다. 인류가 사회적 이유로 폐쇄적 사회로 돌아갔던 전례와 비슷하게 코로나19로 인한 두려움으로 지구화가 심각하게 후퇴할 수도 있다. 인류의 미래는 인류 자신의 손에 의해 최종 결정될 것이다.

참고문헌

1장 가치의 재구성, 대한민국의 미래를 바꾸는 거대한 전환

이재열·하상응·임동균·이원재·김병준·조은아·강정한·이호영·한준(2021), 『플랫폼 사회가 온다: 디지털 플랫폼의 도전과 사회질서의 재편』, 한울아카데미.

Badaan, V.·Jost, J. T.·Fernando, J. & Kashima, Y.(2020), "Imagining better societies: A social psychological framework for the study of utopian thinking and collective action", *Social and Personality Psychology Compass*, 14(4), e12525.

Bartels, L.M.(2005), "Homer gets a tax cut: Inequality and public policy in the American mind", *Perspectives on Politics*, 3, 15–31.

Fernando, J. W.·Burden, N.·Ferguson, A.·O'Brien, L.V.·Judge, M. & Kashima, Y.(2018), "Functions of utopia: How utopian thinking motivates societal engagement", *Personality and Social Psychology Bulletin*, 44(5), 779–792.

Fong, C.(2001), "Social preferences, self-interest, and the demand for redistribution", *Journal of Public Economics*, 82, 225–246.

Gallagher, M.W. & Lopez, S. J. (Eds.)(2018), *The Oxford handbook of hope*. Oxford University Press.

Gilens, M. & Page, B.(2014), "Testing Theories of American Politics: Elites, Interest Groups, and Average Citizens", *Perspectives on Politics*, 12(3), 564–581.

Norton, M.I. & Ariely, D.(2011), "Building a better America—One wealth quintile at a time", *Perspectives on psychological science*, 6(1), 9–12.

Schiefer, D. & Van der Noll, J(2017), "The essentials of social cohesion: A literature review", *Social Indicators Research*, 132(2), 579–603.

Soss, J. & Schram, S.(2007), "A Public Transformed? Welfare Reform as Policy Feedback", *The American Political Science Review*, 101(1), 111–127.

2장 관계의 해체, 다시 '우리'가 되는 새로운 방법

Bailenson, J.(2018), *Experience on demand: What virtual reality is, how it works, and what it can do*, WW Norton & Company.

Baumeister, R.F. & Leary, M. R.(1995), "The need to belong: desire for interpersonal attachments as a fundamental human motivation", *Psychological Bulletin*, 117, 497–529.

Capraro, V.·Jagfeld, G.·Klein, R.·Mul, M. & de Pol, I.V.(2019), "Increasing altruistic and cooperative behaviour with simple moral nudges", *Scientific Report*, 9, 11880.

Cohan, D.I. & Cole, S.W.(2002), "Life course transitions and natural disaster: marriage, birth, and divorce following Hurricane Hugo", *Journal of Family Psychology*, 16, 14–25.

Dunbar, R. I.(2014), "The social brain: Psychological underpinnings and implications for the structure of organizations", *Current Directions in Psychological Science*, 23(2), 109–114.

Greenaway, K.H.·Jetten, J.·Ellemers, N. & van Bunderen, I.(2015), "The dark side of inclusion:

undesired acceptance increases agression", *Group Process Intergroup Relations*, 18, 173–189.

Hampton, K. et al.(2011), "Social Networking Sites and Our Lives", *Pew Internet and American Life Project*, 16, 1–85.

Hancock, J.(2019), "Psychological well–being and social media use: A meta–analysis", International Communication Association, May 2019.

Hawkley, I.C. & Cacioppo, J.T.(2010), "Loneliness matters: a theoretical and empirical review of consequences and mechanisms", *Annual Behavioral Medicine*, 40, 218–227.

Rand, D.G.·Dreber, A.·Ellingsem, R.·Fudenberg, D. & Nowak, M.A.(2009), "Positive interactions promote public cooperation", *Science*, 325, 1272–1275.

Sharot, T.(2011), "The optimism bias", *Current Biology*, 21, R941–R945.

Waytz, A. & Gray, K.(2018), "Does online technology make us more or less sociable? a preliminary review and call for research", *Perspectives in Psychological Science*, 13, 473–491.

Wright, S.C.·Aron, A.·McLaughlin–VOlpe, T. & Ropp, S.A.(1997), "The extended contact effect: knowledge of cross–group friendship and prejudice", *Journal of Personality and Social Psychology*, 73, 73–90.

3장 정지된 일상, 포스트 코로나 시대를 위한 지리의 법칙

이희상(2016), 『존 어리, 모빌리티』, 커뮤니케이션북스.

자크 아탈리 저, 이효숙 역(2005), 『호모 노마드 유목하는 인간』, 웅진닷컴.

제레미 리프킨 저, 이창희 역(2015), 『엔트로피』, 세종연구원.

존 어리 저, 강현수·이희상 역(2014), 『모빌리티』, 아카넷.

질 들뢰즈·펠릭스 가타리 저, 김재인 역(2001), 『천 개의 고원: 자본주의와 분열증 2』, 새물결.

서울인포그래픽스(2021. 6. 21), 「2020년 스트레스로 본 서울 청소년의 고3·중2병」, 서울연구원.

Bærenholdt, J. O.(2013), "Governmobility: The Powers of Mobility", *Mobilities*, 8(1), 20–34.

Dueñas, M.·Campi, M. & Olmos, L.E.(2021), "Changes in mobility and socioeconomic conditions during the COVID–19 outbreak", *Humanities and Social Sciences Communications*, 8, 101.

Eisenmann, C.·Nobis, C.·Kolarova, V.·Lenz, B. & Winkler, C.(2021), "Transport mode use during the COVID–19 lockdown period in Germany: The car became more important, public transport lost ground", *Transport Policy*, 103, 60–67.

Hale, T.·Angrist, N.·Goldszmidt, R.·Kira, B., Petherick, A.·Phillips, T.·Webster, S.·Cameron–Blake, E.·Hallas, L., Majumdar, S. & Tatlow, H.(2021), "A global panel database of pandemic policies(Oxford COVID–19 Government Response Tracker)", *Nature Human Behaviour*, 5, 529–538.

Hattrup–Silberberg, M.·Hausler, S.·Heineke, K.·Laverty, N.·Möller, T.·Schwedhelm, D. & Wu, T.(2020), *Five COVID–19 aftershocks reshaping mobility's future*, McKinsey & Company.

Luan, S·Yang, Q.·Jiang, Z.·Wang, W.(2021), "Exploring the impact of COVID–19 on individual's travel mode choice in China", *Transport Policy*, 106, 271–280.

Medimorec, N.·Enriquez, A.·Hosek, E.·Peet, K & Cortez, A.(2020), *Impacts of COVID–19 on mobility preliminary analysis of regional trends on urban mobility*, SLOCAT Partnership.

Nouvellet, P.·Bhatia, S.·Cori, A. et al.(2021), "Reduction in mobility and COVID–19 transmission", *Nature Communications*, 12, 1090.

Thompson, C.(2020), "What If Working From Home Goes on…Forever?", *New York Times Magazine*, 2020. 6. 9.

Ullman, E. L.(1956), "The Role of Transportation and the Bases for Interaction, in W. L. Thomas jr. et al.(eds)", *Man's Role in Changing the Face of the Earth*, Chicago: University of Chicago Press.

OurWordInData (https://ourworldindata.org/grapher/covid-stringency-index).

4장 복지국가의 역설, 펜데믹에서 발견한 돌봄과 통제의 양면성

김수영(2016), 「사회복지 정보화의 윤리적 쟁점: 사회보장 정보 시스템을 통한 데이터 감시를 중심으로」, 《한국사회복지학》, 68(1), 193-224.

라포르시안(2014. 10. 14.), 「무심한 복지 정책…4년간 자살한 기초생활수급자 1238명」.

미셸 푸코 저, 오생근 역(2003), 『감시와 처벌』, 나남.

보건복지부(2009), 「능동적 복지 확충을 위한 복지실태 조사연구」.

울리히 백 저, 홍성태 역(2006), 『위험사회: 새로운 근대성을 향하여』, 새물결.

장 보드리야르 저, 이은민 역(2001), 『무관심의 절정』, 동문선.

제러미 리프킨 저, 이희재 역(2000), 『소유의 종말』, 민음사.

프랭크 웹스터 저, 조동기 역(2016), 『현대정보사회이론』, 나남.

한국보건사회연구원(2002), 「한국의 사회복지추계: 1990-1999 순사회복지지출을 중심으로」.

한국사회보장정보원(2021), 「주요사업현황: 사회보장 정보 시스템(행복e음)」, 공공 기관 경영 정보 공시 자료.

Bauman, Z.(2000), *Liquid modernity, Cambridge*, Malden: Polity Press.

Brandeis, L., and Warren, S.(1890), "The Right to Privacy", *Harvard Law Review*, 4, 193-220.

Clarke, R. A.(1988), "Information Techonology and Dataveillance", Communications of the ACM, 31(5), 498-512.

Flora, P. and Alber, J.(1981), *The Development of Welfare States in Europe and America. New Brunswick*, London: Transaction Publishers.

Garland, D.(1985), *Punishment and Welfare*, Aldershot: Gower.

Hasking, P., and Boyes, M.(2018), "Cutting words: A commentary on language and stigma in the context of nonsuicidal self-injury", *The Journal of Nervous and Mental Disease*, 206(11), 829-833.

Lewis, J. D., and Weigert, A.(1985), "Trust as a Social Reality", *Social Forces*, 63(4), 967-985.

MacFarlane, A.(1970), *The Family Life of Ralph Losselin, a Seventeenth-century Clergyman: An Essay in Historical Anthropology*, New York, London: W. W. Norton & Company.

Mathiesen, T.(1997),"The Viewer Society: Michel Foucault's Panopticon' Revisited", Theoretical Criminology, 1(2), 215-234.

OECD(1980), OECD Guidelines on the Protection of Privacy and Transborder Flows of Personal Data.

Sen, A.(1987), *On Ethics and Economics*, Malden, Oxford: Blackwell Publishing.

5장 정보 시스템의 진화, 방역과 프라이버시의 균형점을 찾아서

천병철(2011), 「우리나라 감염병 관련 법률 및 정책의 변천과 전망」, 《Infect Chemother》, 43(6), 474-

484. https://doi.org/10.3947/ic.2011.43.6.474

Abuhammad, S. · Khabour, O.F. & Alzoubi, K. H.(2020), "COVID-19 Contact-Tracing Technology: Acceptability and Ethical Issues of Use", *Patient Prefer Adherence*, 2020(14), 1639-1647. https://doi.org/10.2147/PPA.S276183

Anderson, C. L. & Agarwal, R.(2011), "The Digitization of Healthcare: Boundary Risks, Emotion, and Consumer Willingness to Disclose Personal Health Information", *Information Systems Research*, 22(3), 469-490. http://www.jstor.org/stable/23015590

Bae, J., Sukumaran, R., Shankar, S., Sharma, A., Singh, I., Nazir, H., Kang, C., Srivastava, S., Patwa, P., Singh, A., Katiyar, P., Pamplona, V., & Raskar, R.(2021), Mobile Apps Prioritizing Privacy, Efficiency and Equity: A Decentralized Approach to COVID-19 Vaccination Coordination, *arXiv Preprint*, arXiv:2102.09372, https://arxiv.org/abs/2102.09372

Bansal, G. · Zahedi, F. "Mariam" & Gefen, D.(2010), "The impact of personal dispositions on information sensitivity, privacy concern and trust in disclosing health information online", *Decision Support Systems*, 49(2), 138-150. https://doi.org/10.1016/j.dss.2010.01.010

Dinev, T., & Hart, P.(2006). An Extended Privacy Calculus Model for E-Commerce Transactions. *Information Systems Research*, 17(1), 61-80. http://www.jstor.org/stable/23015781

Jackson, C.B. & Wang, Y.(2018). "Addressing The Privacy Paradox through Personalized Privacy Notifications", *Proc. ACM Interact. Mob. Wearable Ubiquitous Technol*, 2(2). https://doi.org/10.1145/3214271

Keith, M.J. · Thompson, S.C. · Hale, J. · Lowry, P.B. & Greer, C.(2013). "Information disclosure on mobile devices: Re-examining privacy calculus with actual user behavior", *International Journal of Human-Computer Studies*, 71(12), 1163-1173. https://doi.org/10.1016/j.ijhcs.2013.08.016

Kendall, M. · Milsom, L. · Abeler-Dörner, L. · Wymant, C. · Ferretti, L. · Briers, M. · Holmes, C. · Bonsall, D. · Abeler, J. & Fraser, C.(2020), "COVID-19 incidence and R decreased on the Isle of Wight after the launch of the Test, Trace, Isolate programme", *medRxiv*, https://doi.org/10.1101/2020.07.12.20151753

Krasnova, H. & Veltri, N.F.(2010), "Privacy Calculus on Social Networking Sites: Explorative Evidence from Germany and USA", *Hawaii International Conference on System Sciences*, 2010 43rd, 1-10. https://doi.org/10.1109/HICSS.2010.307

Li, T. · Jackie · Yang · Faklaris, C. · King, J. · Agarwal, Y. · Dabbish, L. & Hong, J.I.(2020), "Decentralized is not risk-free: Understanding public perceptions of privacy-utility trade-offs in COVID-19 contact-tracing apps", *arXiv Preprint*, arXiv:2005.11957, https://arxiv.org/abs/2005.11957

Li, T. · Cobb, C. · Yang, J · (Junrui) · Baviskar, S. · Agarwal, Y. · Li, B. · Bauer, L.& Hong, J. I.(2021), "What makes people install a COVID-19 contact-tracing app? Understanding the influence of app design and individual difference on contact-tracing app adoption intention", *Pervasive and Mobile Computing*, 75, 101439. https://doi.org/10.1016/j.pmcj.2021.101439

Shubina, V. · Holcer, S. · Gould, M. & Lohan, E.S.(2020), "Survey of Decentralized Solutions with Mobile Devices for User Location Tracking, Proximity Detection, and Contact Tracing in the COVID-19 Era", *Data*, 5(4), 87. MDPI AG. http://dx.doi.org/10.3390/data5040087

Utz, C. · Becker, S. · Schnitzler, T. · Farke, F.M. · Herbert, F. · Schaewitz, L. · Degeling, M. & Dürmuth, M.(2021), "Apps Against the Spread: Privacy Implications and User Acceptance of COVID-19-Related Smartphone Apps on Three Continents", *Proceedings of the 2021 CHI Conference on Human Factors in Computing Systems*, https://doi.org/10.1145/3411764.3445517

7장 탈세계화, 팬데믹이 만든 시대정신의 변화

조동준(2020), 「코로나19와 지구화의 변화」, 《국제정치논총》, 60-3.

조동준, 「코로나19의 대응과 정치문화」, 김상배 편(2022), 『코로나19와 신흥안보의 세계정치』, 사회평론.

Arnold, David(1986), "Cholera and Colonialism in British India", *Past & Present*, 113.

Burton, R. G.(1910), *The Mahratta and Pindari War*, Simla, India", The Government Monotype Press.

Devault, Alison M. · G. Brian Golding · Nicholas Waglechner · Jacob M. Enk · Melanie Kuch · Joseph H. Tien · Mang Shi · David N. Fisman · Anna N. Dhody · Stephen Forrest · Kirsten I.Bos · David J. D. Earn · Edward C. Holmes · Hendrik N. Poinar(2014), "Second-Pandemic Strain of Vibrio Cholerae from the Philadelphia Cholera Outbreak of 1849", *Journal of Medicine*, 370.

Economist(2022), "The Global Normalcy Index", *Econoimist* (2022. 4. 29), https://www.economist.com/graphic-detail/tracking-the-return-to-normalcy-after-covid-19 (검색일: 2022. 6. 3).

Foroohar, Rana(2020. 3. 23), "Life BC and AC", *Financial Times*.

Friedman, Thomas(2020. 3. 17), "Our New Historical Divide: B.C. and A.C. — the World Before Corona and the World After", *NewYork Times*.

Gygli, Savina · Florian Haelg · Niklas Potrafke & Jan-Egbert Sturm(2019), "The KOF Globalisation Index - Revisited", *Review of International Organizations*, 14-3.

Harrison, Mark(2020), "A Dreadful Scourge: Cholera in Early Nineteenth-century India", *Modern Asian Studies*, 53-2.

International Civil Aviation Organization, "Daily Flights / New Covid Cases by Origin", COVID-19 Air Traffic Dashboard, https://data.icao.int/coVID-19/country-pair.htm (검색일: 2022. 6. 3).

Jameson, James(1820), *Report on the Epidemick Cholera Morbus*, Calcutta, India: Government Gazett Press.

Pfeiffer, Sacha, Meg Anderson and Barbara Van Woerkom(2020. 5. 12), "Despite Early Warnings, U.S. Took Months To Expand Swab Production For COVID-19 Test", *NPR*.

Ritchie, Hannah and Max Roser, Coronavirus Source Data/ https://ourworldindata.org/coronavirus-source-data, (검색일: 2022. 6. 3).

Valleron · Alain-Jacques · Anne Cori · Sophie Valtat · Sofia Meurisse · Fabrice Carrat & Pierre-Yves(2010), "Transmissibility and Geographic Spread of the 1889 Influenza Pandemic", *Proceedings of the National Academy of Sciences of the United States of America*, 107-19.

Wertheim, Joel O. · Daniel K.W. Chu · Joseph S. M. Peiris · Sergei L. Kosakovsky Pond · Leo L. M. Poon(2013), "A Case for the Ancient Origin of Corona-Viruses", *Journal of Virology*, 87-12.

White House(2021. 6), "Building Resilient Supply Chains: Revitalizing American Manufacturing, and Fostering Broad-Based Growth" (100-Day Reviews under Executive Order 14017).

World Bank, "World Bank Open Data", https://data.worldbank.org/ (검색일: 2022. 6. 3).

Ye, Zi-Wei · Shuofeng Yuan · Kit-San Yuen · Sin-Yee Fung · Chi-Ping Chan · Dong-Yan Jin(2020), "Zoonotic Origins of Human Coronaviruses", *International Jouranl of Biological Sciences*, 16-10.

미주

1장 가치의 재구성, 대한민국의 미래를 바꾸는 거대한 전환

1) 한국학중앙연구원, 〈현대인들의 사회의식과 일상생활에 관한 조사〉

3장 정지된 일상, 포스트 코로나 시대를 위한 지리의 법칙

1) 사전적으로는 이동성 또는 이동으로 번역되기도 하며, 사람, 물건, 정보 등의 흐름과 관련한 이동 수단이나 기술, 관련 서비스, 이동 용이성 등 폭넓은 의미로 사용될 수 있다.

2) 유목주의 또는 유목론(nomadology)으로 번역될 수 있는데, 한곳에 정착하지 않고 떠돌아다니는 유목민, 노마드(nomad)의 삶의 방식과 사고를 의미한다. 프랑스 철학자 질 들뢰즈(Gilles Deleuze)와 정신분석학자 펠릭스 가타리(Felix Guattari)의 저서, 『천 개의 고원(Capitalisme et schizophrénie 2: Mille Plateaux)』(김재인 역, 2001)에서 강조한 철학적 개념으로 이해할 수 있으며, 특정한 삶의 방식이나 가치에 얽매이지 않고 유목민이 불모지를 새로운 땅으로 바꾸는 것처럼 끊임없이 새로운 것을 창조하고 바꾸어가는 과정을 의미한다.

3) 물질의 열역학적 상태의 변화에 대한 물리학적 법칙으로 열역학 제2법칙으로 알려져 있다. 에너지 보존 법칙으로 알려진 열역학 제1법칙과 함께 에너지 전달의 방향성을 규명하는 열역학 법칙이다. 고립된 자연계에서 총 엔트로피는 일정하며 항상 증가하는 방향으로 이동하고 극대값을 가지는 평형 상태에 도달하는 법칙이다. 이때 엔트로피는 무질서 정도를 나타내며, 따라서 우주에서 일어나는 모든 과정은 질서에서 더 무질서한 상태로 변해가는 자발적 과정이라 할 수 있다. 제레미 리프킨은 『엔트로피(Entropy: A New World View)』(이창희 역, 2015)라는 책에서 과학기술의 발달과 인류 역사의 진보를 질서 있는 사회로의 수렴이 아닌 무질서로 진행이라는 엔트로피 개념으로 바라보기도 한다.

4) 데이터 출처: Hale 등(2021), Our World in Data.

5) 데이터 출처: 질병관리청

6) 데이터 출처: 구글 커뮤니티 이동 보고서

5장 정보 시스템의 진화, 방역과 프라이버시의 균형점을 찾아서

1) https://www.youtube.com/watch?v=6BOKgSCPD4E&t=1060s

2) http://ncov.mohw.go.kr/socdisBoardView.do?brdId=6&brdGubun=1&dataGubun=&ncvContSeq=&contSeq=&board_id=&gubun=

3) 출처: https://covid19.apple.com/mobility

4) World Health Organization(2020), "The First Few X cases and contacts (FFX) investigation protocol for coronavirus disease 2019 (COVID-19)".

5) BBC

6) 감염병예방법 제76조의2

7) http://kipass.co.kr/

8) http://kipass.co.kr/

9) 한국 인터넷 진흥원(2020), "코로나19 대응을 위한 데이터 활용 현황 및 사례".

10) https://support.tracetogether.gov.sg/hc/en-sg/categories/360004419594-TraceTogether-Programme

11) https://www.donga.com/news/Society/article/all/20200613/101489570/1

12) https://en.wikipedia.org/wiki/Decentralized_identifiers

13) https://www.forbes.com/sites/forbestechcouncil/2021/08/06/decentralized-identity-giving-consumers-power-over-their-identities/?sh=260848ea3bf7

14) https://www.korea.kr/news/visualNewsView.do?newsId=148893058

6장 불평등의 가속, '큰' 정부에서 '더 큰' 정부로

1) 출처: OECD 통계 자료

2) 2021년 하반기에 5차 재난지원금이 지급되었고 소상공인의 손실 보상이 시작되었지만, 최근까지 고강도 방역 정책이 시행되고 있어 소상공인들의 피해 규모에 비해 지원 규모는 미흡한 실정이다.

3) 출처: 2020년 12월 이탄희 의원실·리서치뷰 여론조사 결과 언론보도

4) 보건복지부가 한국트라우마스트레스학회에 의뢰해 실시한 '코로나19 국민 정신건강 실태조사' 결과에 따르면, 국민의 우울 위험군 비율은 2018년 3.8퍼센트에서 2020년 22.8퍼센트로 6배 증가한 것으로 나타났다. 특히 20~30대, 그리고 여성에서 우울 위험군 비율이 높은 것으로 조사되었다.

5) IMF가 분류한 경제 선진국 35개국의 2019년 기준 GDP 대비 재정 지출 비율의 평균은 39.1퍼센트로 한국은 이에 한참 미치지 못한다.

6) 출처: e-나라지표(https://www.index.go.kr)

7) 출처: 미국의 역사 통계

7장 탈세계화, 팬데믹이 만든 시대정신의 변화

1) 이 글은 저자의 연구 논문 [「코로나19와 지구화의 변화」, 《국제정치논총》, 60-3, 2020]과 [「코로나19의 대응과 정치문화」, 김상배 편, 『코로나19와 신흥안보의 세계정치』, 사회평론, 2022]을 일부 수정하여 작성되었다.

2) Y축 숫자는 연도별 서비스 교역량, 상품 교역량, 해외 여행객의 총수를 1995년 기준으로 변환한 배수다. 예를 들어 해외 여행객은 1995년 약 5억 3295만 명이었고, 2018년 약 14억 4195만 명이었다. 따라서 2018년 해외 여행객의 규모는 1995년 해외 여행객의 2.7배이다. (출처: World Bank's Open Data, 2022)

3) 전염병이 한 지역에서 발현되어 지역 내 구성원이 모두 감염되기까지 정규분포와 비슷한 현상을 보이며 한 공동체에서 전염병이 거의 종식될 무렵 다른 공동체로 전파된다는 가정 아래 〈그림 7-2〉는 한 지역 내 감염이 확산되며 다른 지역으로 전파되는 현상을 단순하게 보여준다. X축은 한 지역에서 전염병이 출현한 후 시간의 흐름을 보여준다. Y축은 지역 안에서 전염병에 감염되는 구성원의 비중을 보여준다. Z축은 지리적으로 구분되지만 인접한 지역을 의미한다.

4) 흥미롭게도 1817년 콜레라 대유행이 진행되는 과정에서도 변이가 등장했을 가능성이 제기된다. 최초 발생지 제소르와 가까운 지역에서 콜레라의 치명률이 높았던 반면, 제소르로부터 멀리 떨어질수록 치명률이 떨어지는 현상이 보고되었다(Arnold, 1986: 121; Jameson, 1820: 170-175). 치명률이 최초 발병지로부터 점차 떨어지는 현상은 콜레라 대유행 중 치명률이 약한 변이가 등장해 우세 균주가 되었다고 추정할 수 있게 한다.

5) 출처: ICAO, 2022; Ritchie and Roser, 2022.

6) Gygli et al., 2019; Ritchie and Roser, 2022.